本书撰写人员名单

主　编：万江红

撰写人员：万江红　胡艳华　周　娟　钟祥虎　段　丹

新时代中国县域脱贫攻坚案例 研究丛书

西盟

素质型贫困治理

全国扶贫宣传教育中心／组织编写

人民出版社

目 录

CONTENTS

概　　要

西盟佤族自治县位于祖国西南边陲，地处云南省西南部，是普洱市最偏远的县。东与澜沧拉祜族自治县连接，南与孟连傣族拉祜族佤族自治县接壤，西与缅甸毗邻，国境线长 89.33 公里，县境 1353.5 平方公里，是全国两个佤族自治县之一，是《阿佤人民唱新歌》的诞生地。全县总人口 9.66 万人，辖 2 乡 5 镇 36 个村委会 3 个社区 366 个村民小组，少数民族人口占总人口的 93.7%，其中佤族占总人口的 70.3%。[1]

1956 年置县前，西盟佤族社会还处于原始社会末期、奴隶社会初期，原始公社正在崩溃，阶级社会正在形成，处于不完全的奴隶制社会。[2]"刀耕火种、男猎女织、衣不遮体、食不果腹"，这是西盟前人勾勒的悲情轮廓。"经济发展落后、基础条件薄弱、产业发展滞后、人口素质偏低"，这是外界给西盟贴上的落后标签。西盟曾经留给人们的印象是偏远蛮荒、脱困无望。西盟是全国脱贫攻坚的主战场之一，是少数民族自治县、典型的"直过民族"自治县[3]，发展基础薄弱、群众思想观念落后、内生动力不足，所面临的诸多脱贫攻坚难

---

[1] 肖会军等主编：《文化普洱·西盟》，云南人民出版社 2016 年版，第 6 页。

[2] 西盟县地方志办编纂委员会：《西盟佤族自治县志（1978—2008）》，内部资料，第 6 页。

[3] 新中国成立后，在党和政府领导下，经过民主改革，由原始社会跨越几种社会形态直接过渡到社会主义的民族称"直过民族"。当时的佤族即为"直过民族"。

题具有普遍性。

西盟作为共和国西南边疆的深度贫困县，经济基础十分脆弱，其贫困人口之多，贫穷程度之深，脱贫难度之大众所周知。西盟落后，但不甘落后；西盟贫困，但西盟人民希望摆脱贫困。多年来，西盟坚决贯彻落实党中央决策部署，探索符合县情实际的减贫举措，推动贫困人口脱贫，贫困面貌发生明显变化。

中国共产党第十九次全国代表大会以来，全县上下坚持以习近平新时代中国特色社会主义思想为指导，全面贯彻落实习近平总书记关于扶贫工作的重要论述，增强"四个意识"，坚定"四个自信"，坚决做到"两个维护"。从实际出发，西盟早谋划、早安排、早部署、早落实，集中人力、财力和物力向脱贫攻坚聚集，全力推动责任落实、政策落实、工作落实，确保了党中央各项决策部署真正落到基层一线。脱贫攻坚连战连捷、再战再胜，经过几轮动态调整，2019 年末，西盟共有建档立卡贫困人口 9230 户 31502 人。先后接受云南省第三方评估检查、国家第三方评估抽查，2019 年 4 月 30 日，云南省人民政府宣布西盟县正式退出贫困县序列。西盟率先在全国"直过民族"地区实现脱贫摘帽，结束了数千年的贫困状况。2018 年、2019 年连续 2 年在全省脱贫攻坚成效考核中排名第一，荣获"全国脱贫攻坚组织创新奖"，是云南省唯一获奖县，从"阿佤人民唱新歌"到"阿佤人民再唱新歌"，创造了跨越千年的人间奇迹。

西盟变了，变得令人耳目一新，人们脸上流淌出自信和明朗的笑容。今天，当站在西盟这座佤族文化浓郁的县城之中，放眼四周一座座拔地而起的崭新村庄，你会感受到这是一片被唤醒的土地。① 西盟成功实现脱贫摘帽，意味着中国"直过民族"脱贫史翻开了崭新一页。研究西盟脱贫攻坚的做法与经验，对于透视中国边疆地区的深度贫困，总结民族地区脱贫攻坚经验，具有重要的理论与实践意义。

---

① 参见张孙民主编：《佤山足印》，云南科技出版社 2013 年版，第 17 页。

　　本书共分为八章。第一章从佤族部落的产生与发展历史入手，分析西盟贫困的原因与扶贫历史，展现西盟从贫困落后到精准脱贫的变迁之路。同时对拉勐的事迹与精神作了提炼，"听党话、跟党走"是拉勐精神的主题曲，拉勐精神的传承有助于西盟人民团结一心合力脱贫。西盟的脱贫攻坚工作，离不开党的先进思想的指引，是党建统领下的脱贫攻坚。第二章从西盟女书记抓党建促脱贫的总部署开始，具体梳理脱贫攻坚的各项措施，分别涉及教育、住房、产业、人才培养等四个主要的方面。第三章重点阐释西盟"村民小组脱贫工作委员会"这一组织创新的特色做法。分别讨论"村民小组脱贫工作委员会"的创建、逻辑与运作模式、运行机制和典型事迹。第四章主要介绍西盟的教育扶贫，分别回顾了西盟教育发展的历史和学前教育、义务教育到高中教育及职业教育各阶段的具体做法；同时通过阿佤青年的故事向读者展示教育脱贫的成效，最后对教育脱贫的经验做总结。第五章聚焦西盟的安居工程建设，回顾了佤族部落的住房变迁历史，讲述安居工程开展的具体做法与经验；同时通过博航八组的美丽村寨建设，展示了安居工程对整个居住环境、生活条件改善的重要作用。第六章分析西盟的产业扶贫，从原始农业的改造与扶贫工作出发，去论证产业扶贫的基础与意义；同时对西盟产业扶贫的新措施作了经验总结，并以富母乃寨的产业脱贫之路来展示西盟的产业兴村。第七章总结了西盟脱贫攻坚后对接乡村振兴的思路与规划，以及为实现这些规划西盟所做的准备。第八章总结西盟脱贫攻坚的成效和做法，并对西盟的脱贫攻坚成效作反思。

第一章

"直过民族"的悲欢岁月

在共和国西南边陲高高的群山间，一片新县城，一座座佤族建筑风格浓郁的建筑群已经清朗地腾地而起。初来乍到的游客，立马就会被眼前古朴且略带神秘色彩的西盟县城所震撼。仿佛走进的不是一座边境县城，而是中国独一无二的佤族艺术殿堂。置身这样的边境县城，那种民族艺术的温润之风阵阵涌动，那种祥和的民族风情款款而来①。在阳光的映衬下，充满佤族风情的西盟显得格外宁静，它仿佛在诉说着阿佤人民的历史记忆、追寻着今日西盟的脱贫攻坚、展望着西盟的美好未来。

第一节　原始部落：阿佤人民的历史记忆

西盟是一个以佤族为主，拉祜族、傣族等多种少数民族聚居的边疆民族自治县，位于云南省西南部，普洱市西部，有"治府之西，歃血盟誓"之意。② 西盟自古以来就是偏远蛮荒的流放之地，西汉属哀牢地，东汉、蜀汉、两晋均为永昌郡地，唐朝南诏时为银生节度地，宋朝大理国兴起时为倮黑部地。中华人民共和国成立后，1950年成立西盟区人民政府，1956年西盟从澜沧县划出，成立西盟佤族

---

① 参见张孙民主编：《佤山足印》，云南科技出版社2013年版，第2页。
② 肖会军等主编：《文化普洱·西盟》，云南人民出版社2016年版，第1页。

自治县筹备委员会，1965 年正式成立西盟佤族自治县人民委员会（人民政府），隶属思茅地区行政专员公署至今，全县有 24 个民族，佤族占有 70%的人口。①

佤族，又称"阿佤人"，是古"濮人"的一支，系中国西南部古老民族之一。佤族部落是从原始社会末期直接过渡到社会主义社会的民族，即"直过民族"，社会发育程度低，经济社会发展滞后，阿佤人民处于极度贫穷状态。由于历史的原因，1956 年置县前的西盟，民族纠纷械斗频繁，部落斗争不断，仍旧保留着猎人头祭祀的习俗，社会生产力发展水平和人民生活水平极为低下，在经济、社会、医疗、教育等各个方面均较为落后与贫穷，一直处于"人类童年"的自然状态。②

新中国成立前，西盟人民由于与外界的联系交往较少，十分封闭，社会处于原始社会末期的生存状态。千百年来刀耕火种，砍人头祭谷，生活不讲积累，杀猪一齐吃，种菜人人拿，建房全村到，吃喝歌舞盖草房等生活观念构成西盟人特有的平均意识。那时的西盟没有公路，甚至没有集镇，更没有医院、学校。生病靠"魔巴"念咒驱邪；记录历史靠刻木记事、结绳记数。因当地婴幼儿夭折率很高，当时西盟流传一句民谣"只见娘怀胎，不见儿上街"，足见其原始、落后、封闭的蛮荒景象。③

一、食不饱腹衣不遮体

西盟佤族部落的经济极为贫困，受经济条件所限，大多人只能获得维持生存所必需的食物，无法做到饱腹，甚至食盐都难以获得。可

① 西盟县地方志办编纂委员会：《西盟佤族自治县志（1978—2008）》，内部资料，第 8—9 页。
② 肖会军等主编：《文化普洱·西盟》，云南人民出版社 2016 年版，第 63 页。
③ 参见张孙民主编：《佤山足印》，云南科技出版社 2013 年版，第 8 页。

以说，广大阿佤人民过着"七月饥饿两月饱、背滚木板肚烤火"的生活。

西盟阿佤人民好酒，有"无酒不成礼"的习俗，但只有少数富裕人家会酿造白酒，大多数人家只能酿造水酒，因为水酒所用的材料较容易获得，而白酒则需要粮食，但大多人家家中粮食饱腹都不够。

在佤族地区煮饭做菜没有专门的厨房炉灶，厨房就在住房的主间，煮饭做菜的地方是住房中的主火塘，火塘上支铁三脚架，或用三个石头支成锅柱，把锅放上即煮饭做菜；只有极少的有钱人家会使用铜锅、铁锅，大多数人家仍旧使用的是土陶锅，相较于中国其他地区所使用的炊具较为原始；佤族人吃饭习惯用手抓，盛饭用木板上面放芭蕉叶、大枇杷叶，没有筷子、碗等餐具。

最初，佤族地区的人常以采食野果充饥，随着佤族社会的发展，虽然食物有了增加，但仍旧食不果腹。佤族人主食大米，其次是小红米、荞子、小豆、玉米、小麦等食物，但由于粮食产量非常低，受粮食产量限制，无法用粮食养活全部人口，阿佤人大部分时间吃的是山茅野菜、毛薯等。[①] 总之，在佤族地区粮食非常缺乏，尤其大米更为珍贵，即便是有粮时期吃的也是稀饭。阿佤人的饮食非常简单，普遍食用烂饭，一般日食两餐。在佤族人心中，稀饭是最好的食物，用来招待贵客。受经济条件限制，西盟人民的饮食范围很广，有"一动就是肉，一绿就是菜"的说法，对于当地人而言，凡是可以吃的动植物都会去猎取、采集，坚持"住山吃山"，所食用的肉类有家养的猪、牛、鸡、狗和猎获的飞禽走兽。但并不是所有的人都有经济条件去购买肉类，因此猎获的飞禽走兽则是阿佤人主要的肉食来源，但极少食用，仅在特定的节日庆典、祭祀或招待贵客时食用，平时主要食用人工种植的各种蔬菜和山薯野菜，仅仅只能维持基本的生活。遇到

---

① 《西盟佤族自治县概况》编写组：《西盟佤族自治县概况》，内部资料（1984），第60页。

恶劣的天气，佤族人无法从山中获取食物，同时由于贫穷无经济条件，常常食不果腹。

在佤族地区，织布所用的纺车与棉花均为佤族人独立制作，利用手工将棉花转变为线，在织布的过程中，没有任何现代工业文明的气息，全是佤族人手工完成。染布所用染料是当地植物的根、茎、叶混合煮后的汁，没有任何化工原料的参与，所制造的布也是极为普通的土布。在西盟置县之初，土布都极为稀有，大部分家庭因贫穷而没有经济能力织布穿衣。已婚妇女则终年裸露上身，男人除头上一块儿包头外，仅系一条三指宽的"麻费"遮羞。

佤族地区人民除因贫穷导致的衣不蔽体外，饰品对于阿佤人而言也极为奢侈。佤族女性有佩戴耳饰的习俗，未婚女性所戴耳饰较已婚女性小，佤族的耳环分为银耳环、藤耳环、竹篾耳环，银耳环含银成分非常低，而藤耳环、竹篾耳环则是使用野山藤与细竹篾编制而成。同时，耳环对于阿佤人而言也是一个小的储物袋，由于无多余物品可以制作储物袋，阿佤人便将耳环作储物袋使用，一般佤族妇女会在耳环中放针线、草烟等各种物品。[①]

随着社会的发展，佤族人民用纺车织土布增多，但由于纺车织布皆为人工操作，效率低下，大多阿佤人仍旧无法正常穿衣，村中老人仍旧只穿下半身的衣物，只有部分年轻女性会穿少部分可以遮挡上半身的衣物。同时，佤族人民所织的布样式并不精美，皆为直纹布，染布所用颜色为最简单的蓝色、黑色、红色、白色，因此佤族人的衣物较少且颜色单一，仅能遮挡身体。

二、住房原始交通不便

由于阿佤人民长期处于原始社会阶段，住房条件极其简陋，过着

---

① 参见肖会军等主编：《文化普洱·西盟》，云南人民出版社 2016 年版。

原始部落的生活。解放前的西盟阿佤地区，几乎看不见任何的住房，在佤族流传着"司岗里"的传说，认为人类祖先是从坚硬的岩洞中走出来的，因此，大多无房可住的人民就选择到岩洞中居住。

随着佤族社会的逐渐发展，产生了少数有房可住的人家，但所住的房子也仅是简易的茅草屋与杈杈房。不过佤族地区多雨，居住条件恶劣，所居住的房子首先需要可以遮雨，而茅草屋与杈杈房遮雨效果并不好。

佤族部落中存在的茅草屋和杈杈房极为简陋，茅草屋由茅草建造而成，建屋的茅草不用花费任何金钱，在阿佤地区比较容易采集。茅草屋是从地表向下挖出方形或圆形的穴坑，将捆绑的树枝或稻草沿坑壁围成墙，简陋地抹上草泥，屋顶上搭些草木造成茅草顶，窗台用茅草装点。杈杈房与茅草屋相似，是一种竹木结构的草顶房，墙由竹子或木头制作，房顶仍旧铺满茅草，居住在杈杈房中，需要承受烟熏之苦，房子周围仍旧使用木头或竹子制作成围栏，用来防止野兽的袭击，同时阿佤人民从不用锁，因为家中没有任何贵重物品，甚至几乎没有什么家具和摆设，有的还没有桌椅和床，晚上就睡在地板的竹席上，向着火塘和衣而眠。

由于佤族地区多雨，虽然房子的外墙大多用泥巴、竹子或原木搭建而成较为结实，但茅草顶却无法经受长久的风吹雨淋，需要在使用一定的时间后更换，若遇大雨，房子或许会倒塌，居民便失去唯一可以遮风挡雨的地方。

交通对于阿佤人民而言也是非常不方便，曾经的佤族人民想要离开自己的村寨前往其他村寨有时都无法做到。西盟佤山属云贵高原怒山山脉南部，这里层峦叠嶂、奇峰耸立，是典型的崇山峻岭地带，素来是"通讯基本靠吼，交通基本靠走，安全基本靠狗"的地方。若想进入佤山，必须经过无数条弯弯曲曲的河流、爬过无数道陡峭的山坡、走过各式各样的桥梁才能到达。受经济发展水平的影响和自然地理环境的限制，村寨内的道路不够完整，呈不规则状，完全随房屋排列变化自然形成，多为土路、乱石路，坎坷难行。村寨之间被高山与峡谷相隔，多羊肠小道或危险的吊桥，交通出行与对外交往极为不便。佤族地区受地形影响，当地多桥，基本都是竹桥、木桥、藤桥、独木桥、吊桥、竹篾桥等原始桥梁，并不存在如石拱桥、钢丝桥、钢筋混凝结构桥等现代桥梁，而阿佤地区人民想要与村寨以外的人沟通交流，不得不接受安全措施不足的原始桥梁。南约河两岸的佤族、拉祜族进出村寨的唯一道路南约藤桥，穿过南约河，距离河面约 8 米高，人站在吊桥上时，由于安全措施不足，内心极为恐惧。同时，佤族人民想要前往县城也极为不易，在 1956 年以前，西盟佤族自治县没有一条公路，基本是羊肠小道，1956 年时才修通第一条到县城的简易公路。

对于阿佤人民而言，交通工具只有牛、马，无现代交通工具。曾经为修建水库，由于当地不通公路，只能动用数千名劳动力，搬运材料只能采用人背、马或牛驮的方式进行，但由于条件及交通太过简陋，建成水库所用时间较长，延长了水库的建成时间，且为水库的建成增加了各种困难。[①] 到西盟只有羊肠小道，崎岖难行，每逢雨季洪水暴涨，交通中断。西盟的路基本没有水泥路、柏油路等，全是由人长久走出的土路，遇到下雨天，道路一片泥泞，无法行人，有时下雨导致滑坡塌方，将道路封闭。

三、教育落后"魔巴"看病

在佤族部落中，无论男女，都没有接受过教育，阿佤人从不知道人需要上学，在阿佤人生活的村寨中也没有任何一所学校，直到 1954 年佤族部落才有了第一所学校，人们才开始接受教育，知道世界上存在文字。但这仅仅是极少数人，大部分佤族人民不让其子女上

---

① 参见肖会军等主编：《文化普洱·西盟》，云南人民出版社 2016 年版。

学，有人说进了学校就会变成汉人，有的还认为把子女送去汉人的学校读书是为汉人读，如同做工一样，故而向学校要工钱。[①] 对于阿佤人民而言，并不需要教育，只要能吃饱、穿暖地活着已足够。若需要记录时，会采用非常原始的刻木记事的方式进行。

由于佤族没有文字及书本，其数千年颠沛流离的迁徙史均是祭师"巴师保""巴猜"和歌手凭借着天才般的记忆，通过神话传说进行加工，以口耳相传的方式传承下来的。在佤族部落，阿佤人民若要传授知识，只能通过学习唱山歌或祭祀活动来进行口耳相传，但随着"巴猜"年龄的增长，会逐渐遗忘相关知识，口耳相传也变得较为艰难。例如，勐梭龙潭的形成因缺乏明确的文字记录而不知成因，勐梭龙潭的成因共有两种说法：一种是陷落说，另一种是堰塞说，两种都伴随着凄美的传说，但因没有任何的文字记录，阿佤人民未接受过科学教育，因此若想弄清龙潭的成因只能依靠地质学家经过现场科考及推论。

佤族部落教育落后最为有力的证明是猎人头祭谷。阿佤人民认为人头是一种最高的献祭品，猎人头献祭木鼓可以保佑风调雨顺、五谷丰登、部落或寨子避免灾祸。若阿佤人民都接受了教育，知道了粮食产量的增加与耕地土壤的肥力有关，与人头祭并无关系，想必猎头血祭的习俗会早早取缔。

原始佤族部落根本没有任何卫生医疗设施，阿佤人民千百年来与世隔绝，卫生知识处于原始、落后迷信的状态，天花、麻疹、鼠疫、疟疾等传染疾病到处流行，长期威胁着阿佤人民的健康。鼠疫在1943年至1945年间于勐梭流行一时，死亡了大批人，天花在西盟曾多次流行，并且极为普遍，其发病率和死亡率相当高，严重地危害着佤族人民的健康和生命，至今佤族人民因天花留下的后遗症较多。霍乱在1945年曾于西盟附近一带流行，据当地群众反映，发病后上吐

---

① 赵富荣：《中国佤族文化》，民族出版社2005年版，第38页。

下泻,一两日就会死亡。水痘在 1951 年于傈僳一带流行,当时发病小孩占 60% 以上。痢疾是西盟常发生的一种传染病,其中大部分为细菌痢疾,当地群众叫冬毒病,痢疾的流行曾在个别地区造成严重的死亡情况。此外,在其他河谷地带,传染病的流行也十分严重。因此在群众中有流传着"冬海冬毒赛老虎,老虎拖牛又咬猪,猪牛拖去人重养,冬毒到时寨寨哭"的民谣,严重反映了佤族医疗的落后,面对任何病症只能以命相搏的无奈。①

由于长期处于原始落后的状态,不懂科学卫生常识,广大佤族人民在生病时,除用简单的土办法外,绝大多数的时候都是请"魔巴"杀鸡看卦,甚至杀猪剽牛做鬼。佤族的传统观念认为,人的吉凶祸福、生老病死都是超自然的鬼、神所为,世界充满了鬼、神之灵,甚至人也是由灵做成的。若有人生病,阿佤人认为吃药没有任何用处且有毒,因而请佤族巫医进行祭祀,认为病由鬼生,生病则杀牲祭鬼,以求鬼神饶恕。佤族人民还认为,个人不论老死病死,只能死在家里、寨内。因此,佤族人在医院治病时,不愿长久在医院接受治疗乃至康复,而愿安宁地死于家中,做"正常"死亡者。②

四、告别蛮荒走向未来

西盟解放后,完成了剿匪和土地改革,也结束了砍头祭谷的历史。但由于当时特殊的历史原因,从 20 世纪 50 年代到 70 年代,西盟的主要任务是保卫边疆。直到 20 世纪 80 年代,党的改革开放政策像春风吹遍神州大地时,西盟的经济、农业、科技、教育、卫生等方面的严重落后才统统凸显出来。

西盟县是一个非常特殊的地区,是典型的民族直过地区、多民族

---

① 罗之基:《佤族社会历史与文化》,中央民族大学出版社 1995 年版,第 429 页。
② 肖会军等主编:《文化普洱·西盟》,云南人民出版社 2016 年版,第 241 页。

地区、山区、边境地区。由于其特殊的历史和自然条件制约，社会发育程度低，贫困程度深，贫困面大，使西盟成了一个典型的集"边、山、少、穷"为一体的国家重点扶持县。随着国家经济快速发展，尽管扶贫标准不断提高，但西盟县的贫困人口比重仍然较大。西盟全县有行政村 36 个，除勐梭村、西盟村，其余 34 个行政村均为贫困村，其中，深度贫困村有 5 个（莫美村、永业村、永不落村、班岳村、图地村）。贫困村分布在全县 5 镇 2 乡，其中，贫困人口较多的贫困乡（镇）为新厂镇 1601 户 5543 人，分别占本乡（镇）总户数的 42% 和总人口的 44%；贫困人口较多的贫困村为力所村 515 户1803 人，分别占本村总户数的 48% 和总人口的 48%。贫困人口大多分布在边远山区、边境一线，因交通不便、信息不灵、基础条件差、产业发展困难等群众深度贫困，而且是典型的素质型贫困。

从精准扶贫到精准脱贫，而今的阿佤人从历史的蛮荒，一步步闯过原始落后的藩篱，大步流星地向着新生活走来。人民群众的精神风貌，生产生活观念随着一座座农村新居的建成树立了起来。这是一个重大的飞跃，这是一场发展与贫穷的争夺战。一位知名作家目睹了西盟的变迁时，以一种文化人特有的惊异与感叹，说出了这么一段话语："阿佤人用 60 年时间，走完了三千年的历史进程，真是不可思议！"①

第二节　嬗变之路：西盟的贫困原因与扶贫历史

西盟虽在边陲地带，但气候条件好、自然资源丰富，且地广人

---

① 张孙民主编：《佤山足印》，云南科技出版社 2013 年版，第 8、26 页。

稀，具有良好的发展基础。但制约西盟发展的最大因素在于，当地群众因教育水平落后、生产技术落后、思想观念守旧，缺乏对当地资源的利用开发能力以及外出务工获得收入的能力，同时，因交通不便，也影响了当地的经济发展。总体来说，西盟的贫困属于典型的素质型贫困。

一、西盟的素质型贫困

（一）教育发展滞后，人口素质低下

在1950年以前，西盟县整个社会发育程度很低，文盲占全县总人口的99%，劳动者素质低，外出务工人员不多，劳动力转移难度大。1954年西盟县创办了第一所学校，到1990年全县仍有文盲27946人，占当时全县总人口的35.99%，直到2008年才完成了基本的扫盲工作。

可见，西盟的农村教育事业相较于国家的整体水平发展滞后，群众整体素质偏低，有的贫困户甚至错误地认为脱不脱贫是政府的事情，与自己无关，好吃懒做、靠扶贫资金过生活。另外，有的贫困群众的思想仍然停留在"建起了新房，还不起债"的状态，并且许多贫困群众住进了新居，仍然沿袭着不爱洗衣、不爱洗被、不爱洗澡的生活陋习居住环境仍然脏乱差。

（二）生产方式原始，经济发展落后

刀耕火种也称为懒火地，在佤族部落，阿佤人民耕种粮食仍旧采用刀耕火种的方式。佤族大多生活在山区，一般种旱地，旱地也称"山地"，有固定耕地和轮歇地两种。旱地坡度一般都在20—60度之间，旱地作物有旱稻、小红米和荞、豆，耕种方法比较粗放，不施肥，广种薄收。因耕作方法不同，可分为"刀耕火种"和"挖犁撒

种"两类。粮食生产中，阿佤人民可以使用的铁质农具只有简单的长刀、小锄之类的粗简工具，甚至还有很多人使用着竹木农具。耕地除少数水田外，绝大部分是山地，其耕作方式也是极为落后的刀耕火种，在耕种时，用长刀将树木砍倒，待树干半干时，在耕地四周做出一道防火道就放火烧，燃烧后的灰烬为肥，不犁不挖，直接用茅或铲，也有用竹棍或者木棍用力戳一个洞穴后放上种子，用脚扒点土盖上即可，这种耕种方式产量极低，每亩地的产量不到 200 斤。

对于粮食的储存问题，西盟佤族人民无法像其他地方一样建造粮仓，首先因贫穷无经济能力建造，同时使用竹筒储存粮食，材料简单易获得，使用时间长，成本低。其次佤族粮食采用刀耕火种的方式生产，亩产量极低，因此所需储存的粮食较少，储存方式较为原始。

在佤族部落，唤醒佤山黎明的不是密林中的山鸡，而是阵阵碓声，很有节奏地摇动着黎明前的佤山。对于阿佤人民而言，木碓是不可取代的传家宝。在佤族部落，木碓有手碓、脚碓、水碓之分，全部都是木头做成，没有任何一点现代文明的身影，充满着原始的气息。手碓，家家必有，是由一个碓窝、一根碓棒组成的最简单的生产工具，主要靠人的手力、背力操作；脚碓，是一种靠脚力操作，比较省力的加工工具，它必须由两人以上的群体操作，用于进行粮食加工；水碓，俗称"懒碓"，无须人工操作，是完全靠水的力量自行操作的一种加工工具，虽较为省力，但生产力仍旧非常低。

木碓是阿佤人民用来舂米的工具，受经济贫困及当地发展落后影响，佤族地区的粮食全是由妇女使用木碓舂成，在使用木碓的过程中，由于舂米所耗时间长、力量多，佤族妇女基本整天都不休息地工作，但受木碓的生产效率所限，每天能舂出的粮食非常少。[1]

---

[1] 肖会军等主编：《文化普洱·西盟》，云南人民出版社 2016 年版，第 192 页。

（三）自然资源丰富，但开发利用不足

西盟县拥有丰富且十分优越的自然资源，称得上物华天宝。佤族部落地质构造复杂，成矿条件优越，是云南省矿产资源较为丰富的县之一，全省列居全国前十位的金属矿种在县内均有发现。境内主要有锡矿、富银铅锌矿、钨矿、金矿、锰矿、萤石矿、大理石、绿柱石、黄玉等金属矿和非金属矿。[①]

西盟县也拥有丰富的生态资源，被称为"中国生态第一城"。佤族部落群山耸立、河流纵横、生态良好、雨量充沛，具有上好的自然条件。第一，佤族部落山高谷深，地处怒山山南段的阿佤山中心地区，属中高山峡谷地带，具有"一山跨三带"的独特气候特征，山顶是寒带，山腰是温带，山脚是热带；第二，河流纵横，县内河流均属于怒江水系，河流常年没有断流现象，源源不断地向土壤补充着水分；第三，雨量充沛，佤族部落受来自印度洋孟加拉湾的西南暖干湿气流控制，偶尔会受到台风边缘影响，平均年降水量在 2700 毫米左右，居云南省降水量之首位，在全国属于多雨地区；第四，生态良好，境内自然生态保护极好，林木品种丰富，拥有较广阔的热带雨林，森林覆盖率非常高。

西盟佤族部落独特的地理环境形成了丰富多样的自然资源，但佤族人民对自然资源的开发能力有限，仍旧处于极度贫穷之中。

（四）文化资源独特，但对外交流稀少

在佤族部落，佤族人民信仰的是自然崇拜、神灵崇拜和祖先崇拜三位一体的原始宗教，崇拜"木依吉"神，认为山有山神、水有水鬼、树有树魂，一切还没有被人认识的自然现象也皆有灵魂，认为鬼

---

① 西盟县地方志办编纂委员会：《西盟佤族自治县志（1978—2008）》，内部资料，第8页。

神世界和人类世界一样，要吃要喝，鬼神存在于整个宇宙空间，无所不有，无所不包，左右着人们的凶吉祸福。诸如刮风下雨、久旱不雨、打雷伤人、寨子失火、瘟疫流行等，都认为是鬼神所致。因此，事无论大小，都要杀鸡占卜，预测凶吉，杀牲祭祀，求神灵保佑，消灾避邪，人畜兴旺，粮食丰收，寨子平安。

这主要是因为在很长的历史时期内，佤族生产力极其低下，不能科学地解释自然现象，又无法摆脱自然和疾病带来的灾难，只能依靠信仰宗教来克服内心的恐惧。因此，阿佤人民无论要做什么事，都会首先祭祀，在生产生活中，拉木鼓、做鬼、供人头、剽牛都是为了供奉"木依吉"。佤族每年都要对它举行宗教祭祀，以歌舞取悦"木依吉"，敲木鼓是为了使它听到鼓声并到人间来受人供奉；新房子落成时还要揩竹凳请"木依吉"和众鬼神帮助摆脱大自然和疾病所带来的各种灾难。当地人还认为"木依吉"掌握着人的生命，梦见它是吉兆，但梦见被它拉着走则是死亡的预兆。所以，平时人们的一举一动都不能触犯它，否则就会遭到不幸。

佤族人民因信仰万物有灵的自然宗教，所以即使自己身陷贫困，无法吃饱穿暖，也会保护与信奉佤族部落中任何与神灵相关的事物。"木依吉"神谷，是祭拜木依吉大神的地方，佤族人民对神谷非常敬畏，没有人进山打猎、砍柴，即使在饥荒年代，也没有人会去神谷中采摘野菜。"龙摩爷"是佤族祭祀神灵的圣地，龙的意思是神山、圣林、圣地之意，摩的意思是神灵，也是仙灵，摩爷的意思是众神仙灵的意识，"龙摩爷"就是佤族人民向众神仙灵祈福求安的圣灵之地，而勐梭龙潭就是佤族人民供奉水牛头，祭拜众神的"龙摩爷"。在勐梭龙潭，满山遍野遍布水牛头，为保护龙潭，即使当地严重缺乏耕地，佤族人民仍愿意自己贫困而退耕还湿地。

同时，曾经的西盟佤族部落人民因宗教信仰对于瀑布也极为敬畏，阿佤人认为瀑布是水神居住的地方，里坎寨的人把瀑布周围的森林视为"神林"，不准在瀑布周围砍柴伐木，更不能开荒种地；对瀑布下面的小河更敬畏有加，不让任何人在河里洗澡、洗衣服、捞砂，若在河里洗澡、洗衣服、捞砂则会遭到水神的严重惩罚：刮大风、下大雨，让他回不了家。且因保护瀑布周围的环境，即使河对岸有一块很好的平地也不进行开垦种植粮食，而是任其自由成长形成了原始森林。

佤族部落因民俗、宗教及艺术的多元融合而拥有丰富的文化资源，阿佤人民可以做到"会说话就会唱歌，能走路就能跳舞"[1]。木鼓舞、甩发舞、棺材舞皆是阿佤人民自创，但他们因贫穷而无法走出佤族部落，与外地沟通交流不便。

二、扶贫历史回顾

（一）早期的救济扶贫

从西盟县区成立到 20 世纪 80 年代初的扶贫方式为救济扶贫。1951 年成立西盟县区人民政府时，第一次向西盟县各族人民发放布匹、食盐等救济物资。1952 年 12 月中国人民解放军进驻西盟县后，内地的支援物资源源不断地运入西盟县。1953 年政府给各族农民发放救济籽种 4280 公斤、犁头 828 把、锄头 336 把，耕牛补贴款 2900 元，及时解决农民生产、生活困难。1956 年 6 月，根据西盟的实际情况，中共云南省委按照中共中央"慎重稳进"的边疆工作总方针，提出了"团结、生产、进步"的具体方针，决定对西盟地区不划分农村阶级，不搞土地改革，通过组织互助合作，发展生产，直接向社会主义社会过渡。1956 年 6 月 17 日，西盟佤族自治县筹备委员会成立后，团结各族各界上层人士，调解矛盾纠纷，疏通民族关系，加强佤族部落之间和各民族之间的团结。在大力培养当地民族干部的同

---

① 肖会军等主编：《文化普洱·西盟》，云南人民出版社 2016 年版，第 34、36、102、209 页。

时，从内地调入大批干部、职工，支援西盟建设，组织第一批农业生产互助组、合作社，兴修水利，开垦农田，发展生产。

在"文化大革命"期间，1969年、1970年粮食连续减产，导致1971年严重粮荒、农村发生水肿病500余例，死亡40人，当年发放口粮救济款293万元，寒衣救济款5287元，其他救济款4500元。

1978年改革开放以后，开始让农民休养生息，在减免公余粮的同时，逐年增加农村社会救济款。1985年发放救济款达2267万元，为1976年的6.3倍。1982年开始有扶贫概念，开始进行"双扶"（扶持烈军属，扶持贫困户）工作，至1985年扶持对象达751户4068人，发放扶持资金14.42万元。1987年，西盟佤族自治县人民政府贫困地区经济开发领导小组成立，下设办公室，简称"扶贫办"。

（二）"八七"扶贫

改革开放后，西盟产生了翻天覆地的变化，广大农民群众享受到党和政府支农惠民政策，组织投资兴修农田水利、大办教育医疗、救济救灾等扶持项目，在党的带领下西盟广大农民群众不断朝着脱贫致富的道路努力前进。

1994—2000年，是西盟扶贫的关键转变期，创新扶贫方式，从原来单纯的"输血"救济式扶贫向"造血"创新式扶贫转变。先后组织实施以支援经济不发达地区发展资金、专项扶贫贴息贷款、攻坚乡农田水利基本建设、少数民族特困地区扶贫综合开发、扶贫重点贫困村、农村妇女小额信贷、畜牧扶贫、安居工程、脱贫奔小康试点村、"7+8"温饱试点村等项目为主的扶贫方式。1998年，全县抽调337名干部到行政村，主抓扶贫攻坚工作，增强各个村落的扶贫人才储备，为接下来的扶贫工作开展打下扎实的基础。

（三）"九五"扶贫

2001—2005 年，西盟县在扶贫开发工作的实践中，探索出一条"安居+温饱+社区发展＝脱贫致富"的扶贫新路子，创造了"苦熬不如苦干"的精神，总结出了"干部包村+社会扶贫+全民参与"的新举措。政府越来越重视扶贫工作的开展，重点解决广大群众的温饱问题，增加农民的收入，加强社会基础设施的建设，积极营造一个适宜生存的美好环境。

从数据上显示，2001—2005 年，政府先后投入各类扶贫资金4.1亿元，完成基本农田地建设 10.68 万亩，解决 18266 人的温饱问题；建成水利项目 2017 件，解决了 33538 人、15694 头大牲畜的饮水困难；种植橡胶 73 万亩、茶叶 126 万亩；改造民房 110 户，至 2008年，项目覆盖 36 个村 259 个村民小组 17535 户 59758 人。

（四）帮扶规划扶贫

从 2011 年开始，党和政府开始逐渐完善和规范相应的扶贫政策，扶贫标准大幅度上调，直至 2011 年末，按照 2010 年新的贫困标准，比 2008 年标准提高了 80.53%，西盟县农村贫困人口有 5.7万人，贫困发生率为 60%。扶贫目标从原来的解决基本温饱转变到稳定实现扶贫对象"两不愁、三保障"，整体扶贫要求提升了一个档次。大幅度提高资金投入，2011—2013 年三年间，累计投入扶贫资金（不含社会帮扶资金）约 8.6 亿元，年均投入约 2.86 亿元，比 2001—2010 年增加了 2.3 倍。扶贫重点逐渐聚焦于最为贫困的地区和群众的脱贫问题，注重对于少数民族、妇女儿童和残疾人口的扶贫帮扶规划。政策体系上完善有利于贫困地区、扶贫对象发展的各项政策法规，建立各级财政扶贫资金稳定投入增长机制，建立资源税向贫困地区资源产地倾斜的分配制度，建立贫困地区资源开发带动贫困群众脱贫致富的联结机制，建立健全贫困地区生态补偿机制。重点突出专项扶贫，着力强化行业扶贫，巩固完善社会扶贫。

（五）精准扶贫

党的十八大以来，我国进入了全面建成小康社会的攻坚时期，脱离贫困、实现整体富裕成为最需要解决的社会问题，扶贫进入了新的历史发展时期。2014 年以后，党中央提出了精准扶贫的概念，并纳入了"五位一体"总体布局和"四个全面"战略布局进行部署，强调"决不让一个少数民族、一个地区掉队"。党的十八届五中全会公报中进一步明确，到 2020 年"我国现行标准下农村贫困人口实现脱贫，贫困县全部摘帽"，解决"贫困地区域性整体贫困"。西盟县的扶贫开发进入了一个新的时期。

2011 年，根据《云南省农村扶贫开发纲要（2011—2020 年)》，制定了西盟县农村扶贫开发相关意见、制度和方案，实施精准扶贫、精准脱贫基本方略。主要分为 2011—2013 年和 2014 年以来两个时期，前一个时期是贯彻落实《云南省农村扶贫开发纲要（2011—2020 年)》为主，2014 年以来，以着力推进"精准扶贫、精准脱贫"为重点，在继续贯彻落实《云南省农村扶贫开发纲要（2011—2020 年)》的基础上，制定了一系列精准扶贫精准脱贫的政策措施，印发了《西盟县扶贫攻坚规划（2016—2020 年)》，实行区域扶贫与精准扶贫相结合。具体措施如下：第一，精准识别扶贫对象，对贫困人口进行全面的建档立卡；第二，制定精准扶贫战略目标，全国全省全市同步全面建成小康社会的奋斗目标，以县为单位分年度制定到村到户扶贫攻坚计划；第三，创新帮扶方式，完善帮扶政策措施；第四，改革和完善扶贫资金项目的管理机制，实施涉农资金整合；第五，创新和完善精准扶贫工作管理机制和运行机制，建立健全乡镇党政领导干部考核评价机制；第六，创新社会参与机制，启动并不断完善"挂包帮""转走访"工作，建立健全"领导挂点、部门包村、干部帮户"定点挂钩扶贫工作长效机制。①

西盟佤族自治县作为我国偏远的边境小县，从历史中可以看到地处边疆的西盟正在巨变。这里的人民从基础设施到衣食住行，从精神风貌到山乡巨变都呈现出一股热情豪迈的景象。到过西盟的人，总能感受到阿佤人民建设自己家园的那股热情，那种百折不挠的精神风貌。人应该有一种精神，人们认识世界、改造世界离不开一种忠诚的精神、团结的精神、进步的精神、和谐的精神。这些精神从哪里来？在阿佤人民的心里有一种力量叫拉勐精神。

第三节 拉勐精神：脱贫攻坚的精神之火

虽然"直过民族"的社会基础形成了今天西盟深度贫困的现状，但是，从中国共产党进入西盟，与当地的部落民族建立了深厚友谊开始，就为今天西盟的脱贫种下了精神火花、建立了群众基础。今天西盟人民在党和政府的领导下开展轰轰烈烈的脱贫攻坚，正是那精神之火燎原的结果，在西盟的脱贫攻坚战中，党和人民、干部和群众、各民族之间展现的团结一致、众志成城的西盟精神正是当年拉勐精神的传承。

一、拉勐事迹

拉勐，佤族，原名岩松，云南西盟中课部落班箐大寨人，1886年出生在一个普通佤族家庭，兄弟姐妹三人，他排行老大。"拉勐"

---

① 施红：《精准扶贫中国方案与西盟实践》，经济日报出版社 2019 年版，第 61、59、63 页。

是头人或首领的意思，"松"是他的真名，当地人称他"拉勐松"。拉勐也是剽牛手，本部落的剽牛活动都是由他主持的。拉勐带领着部落族人抗击侵略者，在西盟地区拥有比较高的声望。

20世纪30年代，英国以缅甸殖民地为据点派地质队到西盟佤山勘探矿藏，掠夺矿产，并在新厂开采铅矿提取白银，族人们不堪忍受英军的骚扰，于是岩松提前埋伏，当一队英军经过班箐时，用箭射死了领队，英军整支队伍溃败。

1936年春节临近，中英第二次会勘南段未定界在勐梭谈判，双方为界山争得面红耳赤，不可开交，正当农历正月初四上午十点许，在勐梭举行了规模盛大的"新春同乐会"，特别邀请了中英谈判代表前来观看。当天，各族头人抬着青天白日旗，后面跟着群众，浩浩荡荡涌向勐梭坝子。岩松走在队伍前面，前来参加大会的一万多各族边民跳着民族舞蹈进入会场，人喊马嘶，整个勐梭坝子烟尘滚滚，边民们高呼"英国人滚出去！"的抗议声讨口号，"新春同乐会"变成了一个声势浩大的抗议示威活动，使中英那次勘界不了了之。[①] 岩松也参加了勐梭抗英活动，之后名声大振，为后来孟连土司府任命他为"拉勐"埋下了伏笔。

1942年，日军占领缅甸后，又凶猛地压向中缅边境，企图沿滇缅公路东进，占领昆明、贵阳，进而占领整个中国的大西南。1944年夏，罗正明被驻滇西的国民政府远征军司令部委任为"卡瓦山人民自卫总队"总队长，组建佤山抗日游击队。罗正明的游击部队纪律严明，尊重民族头人和群众，对民族头人和群众的利益秋毫不犯，因此与当地民族头人和群众关系都很好。

为取得佤山地区其他部落的支持，罗正明专门拜会了佤山十七王以及大小头人，在取得他们的信任和支持后，举行剽牛誓师大会，同饮"咒水"，庄严盟誓：誓死团结抗击日寇，永不反悔！1945年3

---

① 苏然主编：《拉勐故事与拉勐精神》，云南科技出版社2018年版，第47、116页。

月，佤山抗日游击队分三路向日寇设在佤山的各据点发起全面进攻。游击队进驻佤山后，深入佤山各部落，向民族头人和群众宣传抗日救国主张和政策，发动民族头人组织群众支援游击队。经过几次激烈战斗，佤山抗日游击队在当地少数民族的支援和配合下，攻下了日寇设在阿佤山区北部的指挥中心新地方，侵占佤山北部的日军被全部驱逐过滚弄江，收复了滚弄江以东阿佤山区大片国土。岩松虽然没有直接参加佤山抗日游击队，但他在人力和物力上给予了游击队大力支持，岩松的爱国热情和英雄气概在民众中树立了崇高的威望，他的影响在佤山地区得到进一步扩大。同年，政府派人从孟连送来一张盖着宣抚大印的委任状。从此，岩松变成了拉勐松，掌管部落大小事务。

二、国庆观礼

新中国成立后，党中央和自治区各级党委、政府高度重视民族宗教活动，坚持以民族团结促进社会稳定和经济发展，为了贯彻以马克思主义世界观为指导的民族宗教政策和民族区域自治制度，建立"平等、团结、互助、进步"的新型民族关系。1950年，党中央邀请各族少数民族代表参加中华人民共和国成立周年庆典，西盟地区由西南军区负责组织、护送任务。中共宁洱地委、专员公署根据上级通知，为增进边疆民族对祖国的了解，消除民族隔阂，增强民族团结，积极动员区内各少数民族推举代表组成观礼团，参加北京国庆盛典。

拉勐作为佤族代表，是被邀请的普洱专区34名少数民族代表之一。当时几方势力参与，形势错综复杂，一方面国民党特务活动非常猖獗，残余势力当时在佤山还很活跃，四处挑拨离间、造谣中伤、制造混乱，试图起死回生，卷土重来；另一方面新生的人民政权对于拉勐来说还是陌生的，且北京那么遥远，又是汉族人的聚居区，所以，他开始怀疑、戒备，保持了一个头人的警觉性，对于前途未卜的进京参加国庆观礼邀请予以拒绝。拉勐彻夜难眠，此时任何一个决策都将决定佤族部落日后的发展走向，种种担忧不禁浮上心头：可能是共产党的调虎离山之计？会不会在半路上遇害？那一大寨子人该怎么办？

在拉勐绞尽脑汁的同时，党组织为了争取拉勐这样一位优秀难得的首领，先后动用了李晓村、张石庵、龚国清、刘有兴等几乎所有可以动用的人轮番说服动员、耐心引导。经过不懈努力，拉勐感受到了党组织的真诚，同意前往，但他提出了两个非常苛刻的条件：一是留一个人在他家充当人质，如果他回不来就砍下人质的头祭谷；二是要求李晓村、龚国清和刘有兴陪同前往。为了让拉勐放心，龚国清决定将自己的二儿子龚兆东送到拉勐家，满足了拉勐的条件。

1950 年 8 月，拉勐终于同意动身，一行人从澜沧江出发到宁洱，与宁洱的其他代表会合后，按照预定的路线赶往云南驿。由于正值雨季，一路上大雨滂沱，道路泥泞，一天也就只能走 50 公里左右的路程，拉勐一路艰苦跋涉，走了 1 个月又 26 天才从孟连到了云南驿，随后计划坐汽车到达昆明，可是拉勐没见过汽车，看见这个铁家伙冒黑烟，还发出不小的声音，担心会吃了自己，经过李晓村的解释以及试坐，才慢慢放下心来，随后坐上烧煤的汽车到达昆明。

按照计划，第二天乘坐西南军区派来的飞机，但是第二天早上到机场，因雾大等待两小时，雾仍然不散，为了保证安全，决定当天不起飞，吃过午饭，下午安排为自行活动，于是，拉勐在李晓村的陪同下第一次游览昆明城，走到南屏街时，看见道路两边的高楼大厦，惊奇不已，忙问："这是鬼盖的吗？"到了近日楼，看见来来往往的人很多，又说："这些人是不是鬼变的？不然不可能这么多！"李晓村摇摇头，鬼已经成为佤族人民的精神枷锁，一时间不知如何说服，同时也暗暗下决心，一定要帮助拉勐建设部落村子，清除迷信，重建精神价值观。

拉勐一行从昆明出发，坐飞机去重庆，在重庆转机，到达北京时，已经是 9 月 30 日了。10 月 1 日，举国同庆。穿着民族盛装的普洱头人代表们，被安排在天安门东侧的观礼台。拉勐俯仰间深受震撼。上午十点，党和国家领导人登上天安门。毛主席在天安门城楼上讲话，毛主席讲完话之后，阅兵仪式正式开始，全国人民空前大团结的场面，让各族代表热泪盈眶。

1950年10月3日，毛泽东主席在北京怀仁堂接见西南民族代表团，拉勐头缠大红包头，身披黑色披毡，在代表中格外突出。拉勐在李晓村等人的引领下来到毛主席跟前，向毛主席敬献了三代祖传的梭镖，毛主席身边的工作人员向毛主席介绍了拉勐，毛主席接过梭镖，仔细端详了一番后递给身边的工作人员，然后紧紧拉住拉勐的手，说"听说你们佤族有砍人头祭谷的习惯，能不能不用人头，改用猴头呢，猴子和人很像嘛"，拉勐回答道："猴头不行，老虎头倒是可以，但是老虎太难捉了。""您是头人，怎么办你们商量，但是，别用人头了，人头砍了就长不出来了。"毛主席态度和蔼地说。拉勐连连点头回答："好、好、好，我回去后和其他头人商量着改。"受到毛主席的接见，拉勐深感荣幸。

以拉勐为首的普洱代表在京期间4次见到毛主席，毛主席和中央领导与大家欢聚畅谈。毛主席给每位代表送了呢料衣服、衬衣、皮鞋、袜子、毛巾、牙刷、口杯等物品，党中央给予代表们无微不至的关怀。国庆观礼结束后，党中央安排西南地区观礼团到天津、上海、南京等城市参观、学习，每到一个地方，观礼团都受到了热烈欢迎和热情接待，并接受了赠送的糖果、饼干、衣服等物品，然后从南京坐轮船回重庆。

经过到全国各地参观学习，拉勐的见识、心胸、责任心和使命感都有了很大的改变。拉勐看到了差距，看到了祖国的强大，感受到了党的真诚、厚谊和各民族一律平等的暖人政策，坚定了拉勐带领族人跟共产党走、听毛主席的话的决心。① 然而一个人的决定就要全族人跟着走，无疑会受到其他首领的反对，特别是要说服所有佤族部落人

① 苏然主编：《拉勐故事与拉勐精神》，云南科技出版社2018年版，第85、119、140页。

民跟着让其感到陌生、神秘、害怕的共产党走，更是难上加难。但是拉勐不怕，他是部落头人，必须要对部落族人负责，他坚信共产党、毛主席一定可以带领佤族人民开创美好未来。

三、民族团结誓词碑

拉勐等进京参加国庆一周年观礼的代表们回到澜沧时，恰逢中央派出的边疆民族地区访问团也到达澜沧。为了做好阿佤山地区的工作，上级决定：将原来治所驻在拉巴的西盟区分设为拉巴区和西盟区，西盟区治所设在西盟老寨，并派出机干二团政委兼澜沧县委书记张春雅、组织部部长赵卓等200多人的队伍，用马驮着盐巴、布匹、大米等慰问物资，与进京代表和中央访问团一起浩浩荡荡进入佤山地区。12月26日，观礼团回到普洱。人们奔走相告，城东门排起长长的队伍，欢迎的人们高兴地伸手去摸代表们的衣服。第一个走进城门的就是拉勐，穿着青呢子衣服，佩戴着"少数民族观礼团"的胸章，喜气洋洋走在前头，跟在他后面的是傣族、哈尼、布朗等族的头人们。人们看到拉勐都喜极而泣，拉勐一去就是四个多月，当人们猜疑拉勐可能遭遇不测的时候，拉勐突然带着成批物资回来了，事实证明佤族人民的担心是多余的，共产党人是真心对人民好。

次日，普洱专区召开了第一届兄弟民族代表大会。会议开了五天，世居普洱的25个少数民族代表和汉族代表共300多人出席了会议，拉勐等人交流了进京参加国庆观礼的感受，表达了"各民族大团结，永远跟着共产党走"的决心。在第五天，代表们提出为纪念国庆观礼和民族会议，要用一种各民族都能接受的形式，把它保留下来。经过讨论，最终决定立碑，参加会议的代表都要签名。为了表达"各民族大团结，永远跟着党走的决心"，不但要签名，还应该按佤族习俗喝鸡血酒、发毒誓。在立碑之前，拉勐提议通过佤族的传统方式——剽牛来立碑祈福，由拉勐担任剽牛手。

1951年1月1日，剽牛、盟誓、签名活动在普洱红场上举行。普洱红场彩旗飘飘，万人齐聚，气氛喜庆而又庄严。主席台设在老城东门南侧，用汉文和傣文书写的"普洱专区第一次民族代表会议"的标语显得格外引人注目。

红场中央栽着牛头桩，一头精心挑选的公水牛拴在牛头桩上。拉勐成了万众瞩目的人。在震天的锣鼓声中，只见他穿着民族服装，头上缠着红包头，手持剽枪镇定地走到场中央。他把剽枪插在地上，从工作人员的手上接过祭品，围着水牛转了一圈，一边泼洒着水酒等祭品一边进行祷告，然后把祭品摆放在祭台上，双手合十拜了三拜。

祭拜、祷告完毕后，他拿起剽枪，含了一口酒喷在剽头上，心中默默地祈祷，接着，他轻轻地摸了一下水牛的右边前肋，找到了肋骨的缝隙，然后双手举起剽枪猛刺进去，水牛两只前脚猛地跪在地上，鼻子上流出鲜血，挣扎几下又站了起来。拉勐接着又刺了一枪，水牛前两只脚跪地还想挣扎着起来，拉勐第三次举起剽枪狠狠地刺了进去，水牛挣扎几下就倒在地上，鼻子里流出了一大摊血，四脚乱蹬一阵后死了。

拉勐担任剽牛手，一辈子剽过无数牛，但没有一次像今天这样紧张，他整理好心情，走过去仔细查看了剽口和牛头的朝向：剽口朝上，牛头向南。他高兴得像孩子一样在地上翻滚，嘴里高喊着"共产党勐、勐，毛主席勐、勐……"

听到拉勐的喊声，负责联络的进京随行人员张石庵赶快跑过来查看，然后向主席台竖起大拇指，意思是：剽口朝上，牛头向南，大吉大利。看到张石庵的手势，主席台上立刻想起了掌声。在万众欢腾的时刻，李保把一只大红公鸡杀了，把鸡血滴进盛满烈酒的大碗中，然后提着大红公鸡绕场走了一圈，把它放到祭台上，李保举起盛着鸡血酒的大腕，喝了一口后递给拉勐，拉勐喝了一口后递给了张石庵，张石庵喝了一口后递给了下一位代表，代表们一一喝了一口后往下传，鸡血酒碗最后传到了解放军第39师政委兼普洱地区地委书记张钧同志手中。

张钧一口把酒喝干，然后举起右拳带着大家庄重宣誓："我们26个民族的代表，代表全普洱区各族同胞，于此郑重地举行了剽牛、喝下了'咒水'，从此我们一心一德，团结到底，在中国共产党的领导下，誓为建设平等、自由、幸福的大家庭而奋斗！此誓。"代表们各自报了自己的姓名，然后就在主席台上摆着的一张大红纸上签名。看到其他人都签下了自己的姓名，不识字的拉勐着急地浑身发热，不知所措。张石庵看到后，就拉着拉勐的手，在大红纸上签下了名存青史的两个字：拉勐。

后来，"民族团结誓词"及签名按原样刻在石碑上，于1951年元旦立在宁洱县城红场上，从此，被誉为"新中国民族团结第一碑"和"新中国民族工作第一碑"的"民族团结誓词碑"就这样诞生了。①

民族团结誓词碑是新中国民族团结进步事业发展的历史见证。它象征着边疆各民族在中国共产党的领导下，崭新的社会主义民族关系的开始。它主题鲜明，所折射的民族团结精神不仅是云南边疆各民族团结进步的象征，也是全国各民族大团结的缩影。党政各级领导与26个民族头人、代表喝了"咒水"，立下了高12.6米的"民族团结誓词碑"。为维护民族团结作出积极贡献的同时，也为佤族人民听党话，跟党走，革除旧习俗，从原始社会直接走进社会主义大道奠定了良好的基础。

1958年，佤族部落彻底废除了猎人头祭谷旧俗，佤族社会文明从此翻开崭新的一页。人民解放军和民族工作队带领大家挖台地、开水田、用化肥，庄稼真的比野草长得好了。此后，一批批解放军带着先进设备、种植技术来到佤山，佤族人民开始使用钱币购买所需物资，家家也开始装上了会发光的电灯，坐上了不用吃草也能跑路的汽

---

① 苏然主编：《拉勐故事与拉勐精神》，云南科技出版社2018年版，第101、64页。

车，一步步向摆脱贫困的道路迈进。不幸的是，拉勐没有机会看到这一幕，1952 年，拉勐病故，结束了他充满传奇的人生。拉勐是佤族头人，是普洱民族团结的楷模、维护边疆安定的英雄。他为佤山的解放事业和各民族团结进步作出了卓越的贡献，他的丰功伟绩将永远铭记在普洱各民族兄弟和佤山人民的心中！

四、拉勐精神

民族精神是维系一个国家的精神纽带，民族团结是社会主义民族关系的基本特征和核心内容之一，也是中国共产党和国家所追求的目标。社会主义社会各民族之间的团结，是以中国共产党的领导和党的团结为核心的，是以社会主义制度和国家统一为基础的。在西盟地区，从拉勐事迹中提炼出来的拉勐精神就是民族团结最好的印证，也为脱贫攻坚的开展种下了精神的火种。

"听党话、跟党走"是拉勐精神的主题曲与核心要素。拉勐极富传奇色彩的一生中，他大事小事积极发言表态、团结各部落应对各种族群事务和外来事务，对西盟民族团结、社会和谐、边疆稳定作出了重要贡献。拉勐是一个善于思考、胸怀大局、以民族大义为重的英雄，后人结合拉勐传奇的一生，总结出 8 个字的拉勐精神：忠诚、团结、进步、和谐。

忠诚，不仅是一个人的立身之本，也是一个国家、一个民族振兴之本。在新时代，更需要像拉勐一样信守忠诚，忠诚于党，忠诚于国家，忠诚于人民，忠诚于党和人民的事业，忠诚于家庭。如果没有忠诚，就不可能有担当，没有担当就不可能尽责。推崇拉勐精神，学习拉勐精神，就是要像拉勐一样信守诚信、忠诚的品格，不被威逼利诱所动摇，不被艰难困苦所吓倒，坚定理想信念，毫不动摇地朝着既定目标前进。

团结，是发展之基。团结出凝聚力，团结出战斗力，团结出生产力，这是边疆民族地区永续发展的基石。西盟为什么能够实现跨越式发展，靠的就是坚定不移地高举民族团结进步的旗帜，牢固树立"三个离不开"的思想，即汉族离不开少数民族，少数民族离不开汉族，少数民族之间也相互离不开，营造了一个团结稳定、干事创业的大环境。在新时代，要坚守团结稳定的理念，高举民族团结进步旗帜，进一步打牢"三个离不开"的思想，像珍爱生命一样珍视团结，汇聚各族人民的智慧和力量，勠力同心地投入脱贫攻坚主战场，共同为实现打赢脱贫攻坚战、建设"美丽西盟"的目标而奋斗。

进步，是成事之要。时代在不断进步，社会在不断进步，整个中华民族也在不断进步。这个进步，不是体现在某一方面，而是观念、体制、机制、方法、措施等全方位的。在飞速发展的历史大潮中，既不能故步自封，也不能亦步亦趋，更不能做井底之蛙。要不断接受新思想、树立新理念，学习新方法、推进新举措，实现从思想观念到机制体制创新、方式方法的全面创新和进步，树立大发展、快发展、好发展的工作理念，向着脱贫致富的目标迈进。

和谐，是幸福之源。只要拥有了和谐，财富、成功、平安也就到了，也就拥有了美好的生活。因此，社会主义核心价值观把"和谐"作为国家层面的四大标准之一，也作为实现中国特色社会主义现代化的标准之一。所以，和谐是保证西盟地区摆脱贫困的重要条件。

拉勐是普洱民族团结进步事业的楷模，是佤山人民的一面旗帜。忠诚、团结、进步、和谐是拉勐精神的精髓；听党话、跟党走、感党恩是佤山各族儿女的唯一选择。学习和弘扬拉勐精神，维护各民族共同团结进步、摆脱贫困、共同繁荣发展是历史赋予西盟的责任，而实现中华民族伟大复兴的中国梦也是佤山各族人民的共同理想和不懈追求。

拉勐从历史中走来，在历史抉择中选择了把自己的民族融入了祖国大家庭，并为此一心一意跟党走、维护边疆和谐稳定、为增进各民族共同繁荣发展作出表率，在新时代，佤山各族儿女要时刻铭记拉勐精神，继续沿着拉勐的足迹，在习近平新时代中国特色社会主义思想的指引下，认真学习贯彻落实党的民族理论和民族政策，为经济社会发展和脱贫攻坚事业作出新贡献。

2015年11月27日至28日，中央扶贫开发工作会议在北京召开。中共中央总书记，国家主席、中央军委主席习近平强调，消除贫困、改善民生、逐步实现共同富裕，是社会主义的本质要求，是中国共产党的重要使命。全面建成小康社会，是中国共产党对中国人民的庄严承诺。脱贫攻坚的冲锋号已经吹响。立下愚公移山志，咬定目标、苦干实干，坚决打赢脱贫攻坚战，确保2020年所有贫困地区和贫困人口一道迈入全面小康社会。

祖国大地吹响了"脱贫攻坚战"的号角，"两不愁、三保障"，精准扶贫、精准脱贫、安居乐业的梦想在佤山各族群众心中谱下了震撼山谷的新曲。① 历史证实了，只有各民族团结，一起奋斗，才会有美好的生活！一个国家、一个民族只有精诚团结，才能自立于世界，才能谋求进步和发展。

---

① 苏然主编：《拉勐故事与拉勐精神》，云南科技出版社2018年版，第161、162、170页。

第二章

党建统领下的脱贫攻坚部署与措施

习近平同志在《摆脱贫困》一书中写道："贫困地区的发展靠什么？千条万条，最根本的只有两条：一是党的领导；二是人民群众的力量……要想脱贫致富，必须有个好支部。"这充分说明脱贫工作离不开人民群众，更离不开党的领导。西盟县在脱贫攻坚进程中，各级党委、政府向乡村派驻扶贫工作队、扶贫工作第一书记。扶贫工作队由来自各级工作部门的优秀干部组成，积极宣传政策、带领群众发展产业、完善村庄治理，加强了村级党组织的力量，给农村带来了思想观念、农业技术等方面的改革创新，为乡村发展带来了活力和智力支持。

第一节　西盟女书记：不忘初心，不辱使命

《阿佤人民唱新歌》数十年来唱响大江南北，歌中的美好向往，在今天的西盟，可以说基本都已实现。半个多世纪以来，西盟在党和国家的关心帮助下，在省市党委、政府的支持领导下，西盟历届县委、县政府以只争朝夕的精神，带领西盟各族人民群众，向着民主、幸福、文明、富裕的社会主义道路步步走来。西盟的变化来之不易，在山笑水笑人欢乐的西南边疆，各民族更加团结，边疆更加稳定，社会经济在稳步发展，与此同时，阿佤人民也以感恩的心，由衷地唱出："社会主义好哎，架起幸福桥，道路越走越宽阔。"

脱贫攻坚的成功离不开西盟领导班子的努力，西盟县在摆脱贫困的同时不断加强党组织建设，这一切都离不开西盟女书记杨宇的坚持与付出。西盟在摆脱贫困的过程中把抓党建促脱贫攻坚作为一项重要的政治使命，列入各级党组织书记抓基层党建工作责任清单，严格执行"一把手"负责制，以脱贫攻坚成效检验基层党建成效，最终形成了以党建统领脱贫攻坚的"党建+扶贫"的扶贫模式。

杨宇出生在一个干部家庭，父母都是共产党员，从小就受到家庭环境的影响和熏陶。在她的记忆中，父母那一代人虽然物质条件不好，但对组织上交给的任务都是极其认真负责的，父母总教导她，既然要做，就要认真做，负责任地做好。因此，从到西盟工作的那天起，杨宇心中就有一个信念：尽自己所能完成任务，不忘初心、不负岁月。

杨宇是西北农业大学的经济学学士，清华大学的法学硕士。赴西盟担任县委书记之前，曾经在云南省工商局工作，期间也挂职到江城县负责扶贫工作，有着丰富的基层脱贫工作经验。

在一个夏日的午后，笔者第一次见到杨宇，深蓝色的中袖外套配黑色裤子，利落的短发与冷静温和的笑容浑然一体，俨然一位学者。听完她对西盟脱贫工作的汇报，让人惊讶那么娇小的身材背后竟然有着强大的脱贫信心与攻坚力量，也会确信西盟的脱贫不是梦。

杨宇记得 2012 年初到西盟，那个时候觉得西盟的贫困远远超出人们的想象。因为之前在江城已经挂职一年半，在那里本身就是主抓扶贫工作的副书记。但到西盟一看，才发现西盟的贫困远远超出想象。西盟的贫困不仅仅是基础设施、产业发展的问题，最大的难题还是"直过民族地区"素质型贫困所呈现出来的整体滞后。怎么办？等不是办法，等是等不出社会主义小康的，等也等不出经济建设的高速发展，只有干。就西盟全县而言，没有农民的脱贫，就不会有西盟全县农民的小康。只有西盟广大农村的落后面貌明显改变，才能实现更大范围、更高水平的小康。为此，需要通过扶贫，引导农民主动有序参与乡村建设事业，使之达到中央提出的"新农村"所涵括的：新房舍、新设施、新环境、新农民、新风尚。西盟所要面对而又根本无法回避的现实是：基础差、底子薄、农田不足，生产生活观念陈旧等新老问题。要解决陈积已久的众多困难，必须寻找突破口。①

在党的脱贫攻坚政策的指导下，杨宇围绕党建强组织、从安居工作入手，发展产业转变生产方式，打造出一支永不撤出的"佤山扶贫铁军"，把扶贫对象转变为脱贫力量，最终为西盟脱贫攻坚部署规划点明了发展的方向。

一、主动积极抓党建促脱贫

要做好西盟的脱贫攻坚工作，加强党建工作，就显得尤为重要。历届县委、县政府始终把精力放在基层，扶贫离不开基层组织，如何培训干部，如何提高村组干部的待遇，这些都是西盟政府高度关注的事。在财政十分困难的情况下，西盟县勒紧了裤带，把解决村组干部的待遇和基层组织的建设放在一个重要的位置。

那么西盟用什么手段开展党建？必须通过党组织力量下沉到一线，进一步培养基层的党建队伍。但党组织的强化也不可能马上就发展出很多党员，发展党员肯定都是要具备条件才行。所以西盟党委就想了一个办法，从村民小组这一级入手，把村里的优秀分子选出来，在党组织的带领下开展党建工作。不仅补充了扶贫力量不足的现状，同时在乡村里面培养出一批带头人，然后逐步把扶贫当中的带头人培养成长为乡村振兴的领头人。

加强责任考核。把抓党建促脱贫攻坚工作作为各级党组织书记述职评议及领导干部综合考核的重要内容，考核结果与干部任用挂钩，

① 张孙民主编：《佤山足印》，云南科技出版社 2013 年版，第 3、8 页。

不断强化各级脱贫攻坚使命担当。紧扣"整县提升、整乡推进、百村示范、千组晋位"目标，以问题为导向，以党支部标准化、规范化建设为重点，以创建基层党建示范点为突破，通过制定整改方案、选派第一书记、调整班子、销号管理等方式，每年整顿软弱涣散基层党组织不少于党组织总数的 10%。

加强党课教育学习。以党支部为基本单位，以农村党员为主体，紧扣"三会一课"这个基本制度，开设"两学一做"系列专题党课，县处级党员领导带头在"党组织关系所在党支部""挂钩联系点"讲党课 152 期 2432 人次；各级党员领导干部深入基层面向机关党员、农村党员及驻村工作队党员开授"脱贫攻坚"情景党课、学习十九大专题党课等 1487 场次，参学党员干部 6736 人次；深入开展"百名讲师上讲台、千堂党课下基层、万名党员进党校"活动，通过精品党课、"云岭先锋"夜校进行培训教育，使"党课课堂"成为党员思想的"加油站"。

抓实理论中心组学习。推动"干部夜校""文化夜校"广泛开展，建立"每天半小时"学习制度，县处级领导干部和各部门"一把手"带头学习，率先垂范，重点学习习近平新时代中国特色社会主义思想、党的十九大精神和习近平总书记关于扶贫工作的重要论述，做到真学、真懂、真用。把学习贯彻中央、省委、市委、县委脱贫攻坚政策作为干部教育培训的重心，建立经常性教育培训学习制度，举办帮扶干部、村干部、第一书记、驻村工作队员、"村民小组脱贫工作委员会"专题培训班，不断提升干部队伍服务脱贫攻坚能力。建立政策知识考试学习制度，对全县所有副科级以上领导干部进行编号管理，通过视频调度会、随机抽查、定期测试等方式，全面检测领导干部学习掌握脱贫攻坚政策知识情况。同时，结合民族文化，组建 70 支政策宣传队，将党和政府的脱贫攻坚政策精神转化为群众爱听的"龙门阵"，让基层群众喜欢听、听得懂、听得进。近 3 年来先后赴贫困村组开展"脱贫攻坚政策宣传"文艺演出 400 余场次。

按照"一村一群、一户一人"的原则，组建脱贫攻坚微信群，推送脱贫攻坚政策知识 10 万余条。创新开展"村干部上讲台讲政策"活动，14 名村党组织书记、主任上电视解读脱贫攻坚惠民政策。组织开展脱贫攻坚工作评先评优活动，108 名同志先后被评为"光荣脱贫户""致富带头人""优秀扶贫工作者"，3 名同志荣获全省脱贫攻坚奖。在西盟县委和上级部门的坚强领导下，西盟县委老干部局始终坚持围绕中心、服务大局，紧扣"一任务、三贴近、两受益"，主动担当，积极搭建"乡村夜校"学习平台。

"一任务"：始终把深入贯彻落实习近平新时代中国特色社会主义思想和党的十九大精神作为一项长期政治任务，依托"乡村夜校"平台，向农村党员、村民代表、广大群众集中宣传党和国家的方针政策、法律法规。

"三贴近"：以"贴近群众、贴近实际、贴近生活"为基本原则，普及卫生保健、用水用电、地质灾害防治、森林防火、信息网络安全常识等，力树文明新风，努力让干净、整洁、规范、有序成为农村常态。邀请"土专家""老同志""老革命""老头人"等优秀人才，上台讲述西盟历史，以历史与现状的对比不断激发群众发展致富内生动力。

"两受益"：坚持以"党员经常受教育，群众长期得实惠"为目标，探索将集中学习与民主议事、教育培训与文体活动、思想教育与技能培训、"支部主题党日"与群众会议等结合起来，充分尊重群众（特别是贫困户）的意愿，根据农时农事活动科学安排，利用夜间或劳作之余，采取集中学习、现场教学、家庭课堂、文体活动、网络学习、有奖问答等灵活多样的方式开展"乡村夜校"教学工作，切实提升农村党员群众的综合素质，引导广大农村党员群众听党话、感党恩、跟党走，为打赢脱贫攻坚战，建设幸福美丽新农村，实施乡村振兴战略，提供强有力的智力支撑。

二、让群众安居乐业

西盟的建设从何入手？西盟的决策者响亮地提出了：安居先行、基础抓牢、产业跟进的县策。西盟的发展，不从基础抓起，一切都是空话，连温饱都没有解决好，就谈不上致富。

"发展才是硬道理"，发展需要树立科学的发展观，发展必须聚精会神、一心一意。面对百舸争流、不进则退的建设大潮，面对战略制胜的时代，通过深刻分析西盟面临的形势，准确把握发展，扶贫先扶志，居安谋业，认清历史型贫困、素质型贫困。因此，西盟的发展从扶贫开始，扶贫从安居入手，先是茅草房改造，再到后来的整村推进产业跟上，配套开发模式的形成，一路走过了风风雨雨。

为什么要安居先行呢？第一次到西盟任职的时候，在下乡调研中看到居然至少有 40% 以上的房子是茅草房、权权房、石棉瓦房。按当地的说法，就是滚一个石头进去什么都滚不到，然后石头又会滚出来，家里面啥都没有。茅草房里面就是一个火塘，一个竹子做的床铺，有几口锅，其他设施基本没有，这个就是当时村民的住房状况。好一点的情况就是住在石棉瓦房里面，因为西盟降雨量很大，非常的阴暗潮湿，很多家连床都没有，很多村民就打地铺，老百姓的被子，几乎看不出颜色，被子可能盖了多年，从来没有洗过，拎起来硬邦邦的都可以在地上竖起来。老百姓也不愿意跟人交流，一方面是语言不通，另一方面非常害怕见到陌生人，完全无法交流，就好像生活在两个不同的世界。

西盟的贫困就是贫中之贫，素质型的贫困可能也是扶贫当中最难解决的，在短短几年要脱贫，难度无法想象。比如很多贫困类型，比如说交通差一点，或者是资源匮乏一些，总是可以通过钱来解决，通过资金可以解决。没有路可以去修路，没有资源可以配资源，但素质型贫困的问题短期难以解决。

西盟不断地向省委省政府反映，提出像西盟这样的边疆少数民族地区，希望给予一些特别的资助，将脱贫进程往前赶一赶，否则脱贫十分艰难。2015 年 5 月 17 日省委书记终于来到了西盟博航的八组，离县城不过 7 公里。那里有 42 户居民，只有 39 栋房子，它其实就是 39 间房子，几乎都是石棉瓦房。有三家是寄居在别人家里，省委书记看了以后也非常震惊，他说西盟是不是普洱最贫困的县，像这样的房子是否有普遍性？市委书记说是的。省委书记当天晚上就召集了分管扶贫的副省长、财政厅厅长、住建厅厅长，当即就决定在西盟、孟连两个县，开始农村危房改造，并在 2015 年 7 月正式召开全省的启动大会。记得开启动大会的时候，省委书记、省长和所有州市的州委书记、贫困县县委书记县长都来了，说如果西盟这样一个边远县都能把农村危房的问题解决，没有任何一个县有理由解决不好。

所以当时西盟的压力就是必须要为全省作出示范，如果西盟能解决住房问题，其他地方当然也就不能推脱。西盟从那个时候开始农村危房改造。但是那两年工作的难度根本无法想象，因为老百姓居然不愿意盖房子。

村民不愿意盖房子，党员干部只有不断地下去做工作。当地有看卦的习俗，如果要盖房子了，哪一天动工都是有讲究的，比如哥哥今年盖了房子，弟弟当年就不能盖，如果父母去世了，当年也不能盖，各种奇怪的习俗一下就涌现出来。农村的危房改造工作远远超过之前预计的各种困难。

资源紧缺也是一个问题。因为一下子要盖几万套房子，全市的钢筋水泥红砖都变得很紧张。所以当时成立了指挥部，一个副县长专门来统筹这些材料供应的问题，把这些问题都解决了。建材解决后，居然又遇到群众不愿意盖的情况，这完全超出了想象，这就是西盟脱贫最早期面对的状况。老百姓不愿意盖房子，于是就背着手在旁边看，只有干部在工地上挥汗如雨盖房子。对于整个干部的调配，从物资到群众工作都需要人手。省里面的任务也很重，两年的指标一年下达给西盟，在 2015 年全面开工，当时 12000 多套房屋全部开始盖。县委领导班子那个时候几乎都在村子里面待着，而且 2015 年下雨一直下到 12 月底，雨水太多了，非常担忧盖房任务的完成。基层的困难必须基层自己想办法解决，盖房子遇到的困难也为西盟锻炼了一大批干部。西盟开始实施精准扶贫，这就需要去划分哪一家需要盖房子，哪些不需要盖，一开始是老百姓都不愿意盖，到了 2016 年又争着要盖房子了，各种各样的问题扑面而来。

面对诸多问题，西盟提出来的六个破解工作法，盖房子在所有扶贫的过程里都是一个最基础的问题，感觉它也不亚于产业发展，因为特别像西盟这样的山区，无法大规模的作业，大型机械是用不上的。所以只能是小型施工队伍一个一个地去做，给整个指挥体系带来了特别大的考验。面对的是成百栋的房屋，各种各样的施工状况，而且每天施工的状况还要反馈到指挥部，比如哪个村哪一户，房子盖到什么程度了，每天都要反馈进度。从 2015 年就已经开始着手农村信息化数据的收集，这样说来，其实西盟的扶贫工作，比其他县早了 1—2 年，终于按期完成了危房改造。

按原来对西盟情况的判断，应该是放在 2020 年最后一批脱贫。因为西盟本身就是全市，甚至全省贫困程度最高的，贫困发生率远远高于深度贫困县的标准，它已经属贫困当中的贫困。但是因为前面有了盖房子的基础，就对脱贫有了一定的信心。也有很多干部认为西盟这种地方怎么可能脱得了贫。但是作为县委书记来讲，心里不管多么焦虑，都不能把这个情绪传递出去，而且还要不断给大家树立信心。就是有多大的委屈，再多的焦虑，都只能自己去消化。

由民房改造打开突破口，使西盟的扶贫攻坚异军突起。以民族团结、边疆稳定、经济发展为核心，一整套行之有效的扶贫方案措施相继推出：围绕边境民族贫困乡镇展开易地扶贫、以工代赈、上海对口帮扶、"兴边富民"、安居温饱、整村推进等扶贫开发项目。一个又一个扶贫项目在西盟的大山深处开花结果，民房改造、易地搬迁、基本农田地改良、建设高稳产农田地等，都仿佛是一次次战役，在道路建设、产业开发、整村扶贫推进的主战场以及其他大小战场，进行着纵深穿插、迂回包抄、抢攻高地、凭坚固守，终于使贫穷落后的西盟焕发出勃勃生机。

三、开发扶贫产业项目

在数十年前，谁会相信，西盟的许多佤族群众还不会种地？佤族群众种的地被人们戏称为"满天星"，就是随意播撒的意思。佤族群众也不会建盖砖瓦房，祖祖辈辈沿袭千百年的茅草房散落在西盟的大山深处，曾一度被艺术家们当作土著民居艺术来欣赏。佤族群众很少养猪，几乎不种蔬菜，甚至不会腌咸菜。由于佤族群众观念中还残留着原始平均主义思想，谁家养猪大家一块吃，谁家种了菜人人可来摘。久而久之，养猪的人少了，种菜的人没了。[①]

实施土地承包以后，农村的生产资料都分散到各个家庭，然后农业税取消以后，大家对于组织的认识发生了很大的变化。再加上外出务工的人越来越多，留守在农村的主要是劳动力较弱的老年人，就出现了几个状况：一是大家对于政府的依赖很强烈，比如村民会说政府盖的房子坏了，政府要赶快去修，或者政府装的水管断了，政府要去把水管接上；二是群众确实又有很多的诉求，群众希望生活上有人管有人理。这就说明西盟农村治理面临着很多严峻的工作，都是需要去完善的。一方面，农民没有树立起自己的主体意识，没有觉得这个村庄和家庭是需要靠自己努力，去把它变得更好的；另一方面，西盟的基层组织数年来确实涣散、弱化，组织没有把农村统领起来。进一步想，其实西盟农户出现这些让干部哭笑不得的事情，不能怪农户，为什么呢？因为西盟的农民太弱，没有别的办法只能来找政府。所以去

---

① 张孙民主编：《佤山足印》，云南科技出版社 2013 年版，第 10 页。

责怪农民是没有用的，因为农民没有能力。所有的事情其实都是因为农村没有配套的服务，每一个农户都面对着社会服务体系缺失的问题。通过这样的思考以后，就找到了一个切入点，西盟政府一定要在农村强化农村的组织体系建设，强化党组织体系的建设。一旦把这件事情做起来以后，就可以把农户组织起来，就把西盟扶贫工作的这些路径、方法、政策传达给农户，逐步把西盟群众培养成为有自我发展能力的人。

面对"如何转变群众落后的生产方式和同样落后的生活观念"这道严峻课题，各级领导干部深刻意识到，改变观念与经济建设必须同步进行。全县各级干部，各部门开赴村寨，深入田间地头，亲身示范，手把手教。

改良土地，一平二宽三肥四埂五路一样也不马虎。推广优良品种，政府买来种子，分发到各家各户，派出农业科技干部亲自到田间地头，认真细致地亲手传授：如何备土，拌营养袋，平整地基，摆模上土，再到如何浸种催芽，大田定向移栽，条分缕析细致入微。

针对"满天星"式的种植方式，西盟县政府干部们与佤族群众产生了分歧，当地佤族群众坚持使用当地传统方式种植，最后经过干部们带头实验，粮食产量获得了丰收，当地群众接受了新的种植方式。种植观念也经历了由开始的"要我种"到后来的"我要种"的转变。

四、打造佤山扶贫铁军

近年来，西盟县坚持贯彻落实党中央的思想以及习近平总书记的讲话精神及指示，在扶贫过程中西盟摸索出了一条属于自己的扶贫道路——六个一线，即政策在一线宣传、干部在一线锤炼、"三治"（自治、法治、德治）在一线推动、资金在一线倾斜、工作在一线落实、情感在一线交融。西盟坚持"六个一线"抓党建促脱贫工作法，把党建活力转化为攻坚动力，把脱贫攻坚战场作为培养干部的重要阵地，坚持脱贫攻坚与锤炼作风、锻炼队伍相统一，切实增强干部群众血肉联系，为决战脱贫攻坚、决胜全面小康提供坚强组织保障。在整个扶贫过程中，扶贫队伍起着中流砥柱的作用，在西盟佤山就有这样一支扶贫队伍，像军人一样服从命令，做事有章法，佤山铁军由此而来。

政策在一线宣传。西盟佤山的扶贫队伍有以下特点：第一，思想政治意识上要过硬。所以派驻村第一书记时就把单位里的基层经验丰富、执行能力强、人民群众基础比较好的干部作为考虑对象。实现了抽硬人、硬抽人，选派34名实职副科级以上干部担任第一书记。第二，扶贫经验要丰富。由此派驻了一些经验丰富、基础扎实的老中年干部作为驻村工作队员，老干部经验丰富、中年干部是骨干、带动青年干部，实现梯级管理，有效提高了扶贫效果、实现了内力和外力的有效连接。第三，政治导向要积极。树立在基层一线培养锤炼、考察识别干部的鲜明导向，畅通能"上"能"下"渠道。大力选拔任用敢于担当、善做善成、实绩突出、群众信服的干部，对推动工作不力的干部予以免职、降职、调整岗位，在这个过程中，对3名乡（镇）长降职调整岗位、2名副科级干部降为科员、1名副科级干部免去试用职务。这就正确引导了仕途导向，为了不给个人、家人和单位抹黑，扶贫干部积极努力工作，激发了动力。就是靠这样的一种高标准，成就了西盟佤山的扶贫铁军。佤山扶贫铁军就是宣传落实党的扶贫政策的一线队伍。

干部在一线锤炼。坚持脱贫攻坚与锤炼作风、锻炼队伍相统一，真正把脱贫攻坚作为培养历练干部的平台，注重在脱贫攻坚一线考察识别干部，积极推行领导干部"能上能下"，并采取"择优下派"、双向交流、基层锻炼、挂职锻炼等方式，充实乡（镇）工作力量，为脱贫攻坚工作提供人才保证。先后选拔了1名优秀的大学生村官进乡（镇）领导班子，把县直机关的6名优秀干部提拔、交流到乡

（镇）任职，结合社会治安、产业发展等工作需要选派 13 名科级干部到乡（镇）挂职，从县直机关选派 14 名优秀年轻干部充实到乡镇工作 2 年，脱贫攻坚成为作风建设和作风转变成效的现实检验场。同时，加大对技术、工作方式方法的培训力度，从根本上破解干部队伍人才瓶颈的制约，开展党政人才、劳动力转移就业、农村人才实用技术培训 77000 余人次，推动智力扶贫与产业扶贫、项目扶贫等有机融合、协同推进。通过考试招录、公开招聘、订单定向招聘、"三支一扶"、紧缺人才引进等方式引进人才 59 名，安置农村订单定向免费临床医学生 7 名，有效促进人才智力资源向贫困地区聚集，着力打造一支"懂扶贫、会扶贫、素质高、作风硬"的扶贫干部队伍。

"三治"在一线推动。为加强农村基层基础工作，健全自治、法治、德治相结合的乡村治理体系，结合西盟实际，按照"扶贫先扶志、扶贫必扶智"的工作思路，在村民小组中成立"村民小组脱贫工作委员会"，针对脱贫工作中遇到的等靠要等行为，对不赡养老人、不让孩子上学等行为制定村规民约，在贫困户中设置生产发展岗和公共服务岗，倡导"幸福都是奋斗出来的"，带动贫困户通过劳动有尊严地实现脱贫，通过村民自治、法治、德治相统一，推动乡风文明建设。同时，以"村民小组脱贫工作委员会"为载体，创新新形势下群众工作机制，突出"六强化六起来"，让所有农户都与脱贫攻坚工作紧密联系起来，让贫困户通过自己勤劳奋斗实现脱贫，切实把党的基层组织优势变成扶贫优势、扶贫对象转化为扶贫力量，有效激发了群众的内生动力，进一步完善了乡村治理体系，走出一条脱贫攻坚与基层党建、乡村治理有效融合和贫困群众精神与物质"双脱贫""双摘帽"的新路子。2019 年，全县共成立"村民小组脱贫工作委员会"366 个，共选举产生委员 1701 名；共开发生产类和公共服务类岗位 7694 个，人均年增收 2640 元以上。

资金在一线倾斜。坚持政府投入的主体和主导作用，加大扶贫资金投入，确保扶贫投入力度与打赢脱贫攻坚战要求相适应，先后累计投入各类扶贫资金 38.82 亿元。增加金融资金投放，累计发放支农、扶贫再贷款 2.95 亿元；发放金融精准扶贫贷款 4.27 亿元；发放扶贫小额贷款 0.96 亿元。修订《西盟县统筹整合使用财政涉农资金管理办法》，加强和规范统筹整合使用财政涉农资金管理，按质按量完成统筹整合使用财政涉农资金方案编制，项目库与资金安排保持一致，精准区分致贫原因，因村因户因人施策，提高资金使用效益。先后整合财政涉农资金共计 7.16 亿元，其中《2018 年整合方案》被省贫困县整合财政涉农资金推进协调组认定为全省编制质量较好的三个县（市）之一。同时，随着脱贫攻坚深入推进，东西部扶贫协作不断深化，动员各方面力量合力攻坚的大扶贫工作格局正在形成。上海市杨浦区和黄浦区先后对口帮扶西盟县，扎实开展"携手奔小康"行动，重点在产业培育、干部培养、劳务输出、教育科技等方面给予帮扶，先后累计投入各类帮扶资金达 1.47 亿元。定点帮扶成效明显，中旅集团、省农业农村厅等中央省市定点帮扶单位先后累计投入各类帮扶资金达 1.16 亿元。

工作在一线落实。按照"中央统筹、省负总责、市县抓落实"的工作机制，认真落实五级书记抓扶贫责任，成立由县委、县政府主要领导任组长和总指挥长、指挥长的县扶贫开发领导小组、县脱贫攻坚指挥部，组建 11 个工作组，形成了"1+11"的脱贫攻坚指挥体系。县乡村层层签署脱贫攻坚责任书，立下军令状，构建起各负其责、合力攻坚的责任体系，不断强化各级脱贫攻坚使命担当。同时，按照习近平总书记"尽锐出战"的要求，选派 34 名实职副科级以上优秀干部到贫困村担任第一书记、驻村扶贫工作队队长，172 名驻村工作队员驻村帮扶，102 个省市县单位（部门）和 7 个乡（镇）3357 名干部结对帮扶所有建档立卡贫困户和联系所有非建档立卡户，"村民小组脱贫工作委员会" 1701 名委员发动群众全过程参与脱贫攻坚工作，形成了驻村工作队、乡（镇）工作队、村组干部、挂包干部、村民小组脱贫工作委员会"五支队伍"协同作战的帮扶体系，实现干部与群众"挂包帮"无死角全覆盖。通过明确工作责任，强化使命担当，突出精准帮扶，树立了"既有责任又有感情"的担当精神，增强了决战决胜脱贫攻坚的思想自觉、政治自觉和行动自觉。

情感在一线交融。脱贫攻坚中，各级党员干部走村串户，始终把群众满意不满意、高兴不高兴、答应不答应作为衡量脱贫攻坚工作的出发点和落脚点。带着深厚的感情去做帮扶工作，与群众心贴心、面对面、同坐一条凳子、同吃一桌饭菜，摸清贫困的实情、分析致贫的原因、了解群众的需求、找准脱贫的潜力。思想感情上和贫困群众融为一体，带着感情实实在在为贫困群众办实事、解难题，努力和群众一起想、一起干，努力找措施、补短板，干部群众成了一家人。

阿佤人从不会种地，到学会建房搞产业；从不懂商品经济，到逐渐懂得寻找商机；从算养殖业的小账，到预算开发产业的大账。西盟将坚持以习近平新时代中国特色社会主义思想为指导，牢记嘱托、感恩奋进，以更大的决心、更明确的思路、更精准的举措和超常规的力度，在巩固脱贫成效上持续发力，健全完善长效扶贫工作机制，全面实施好一系列脱贫攻坚巩固提升措施，稳定脱贫基础，把人类反贫困历史上中国奇迹的西盟篇章书写得更加充实、更加精彩、更加壮丽。

杨宇书记在 2018 年 6 月创作了脱贫攻坚进行曲《胜利就在前方》："把家人的叮咛收进行囊，用脚丈量这个美丽的地方，进村入户，访贫问苦，这里有热情的老乡；把组织的重托扛在肩上，用心绣好这个美丽的地方，修路架桥，产业兴旺，这里有可爱的老乡；把乡亲们的期盼刻在心上，用情唱好这个美丽的地方，上山采茶，下田插秧，这里有勤劳的老乡；我们要让树满山、粮满仓，房屋亮堂堂，我们要让幼有教、老有养，学校书声琅琅，我们要让病有医、弱有帮，村庄精神昂扬；军令如山、行有章法，扶贫攻坚中奏响生命华章，带好头、跟我上，我们是阿佤的热火塘；打起鼓，敲起锣，让阿佤再把新歌唱。"

今日的西盟，每天清晨都在《阿佤人民唱新歌》的乐曲中醒来；脱贫后的西盟，日日都带着《胜利就在前方》的希望颂党恩！

第二节　多措并举：脱贫攻坚重部署

党的十八大以来，习近平总书记针对扶贫开发工作，提出了一系列扶贫新思想和新观点，这些新思想和新观点构成了中国新时期扶贫开发战略思想，以习近平同志为核心的党中央把脱贫攻坚作为全面建成小康社会的底线任务和标志性指标，摆到治国理政的重要位置，以前所未有的力度推进。特别是 2015 年中央扶贫开发工作会议以来，党中央把扶贫开发工作纳入"四个全面"战略布局，实施精准扶贫、精准脱贫，全面打响脱贫攻坚战，明确到 2020 年我国农村贫困人口实现脱贫，贫困县全部摘帽，区域性整体贫困基本解决。[①]

在党的十九大之后，全县上下坚持以习近平新时代中国特色社会主义思想为指导，全面贯彻落实习近平总书记关于扶贫工作的重要论述，集中人力、财力和物力向脱贫攻坚聚集，全力推动责任、政策、工作落实，确保了党中央各项决策部署真正落到最基层一线。先后接受云南省第三方评估检查、国家第三方评估抽查，2019 年 4 月 30 日经云南省人民政府批准，西盟佤族自治县退出贫困序列，率先在"直过民族"地区实现脱贫摘帽。西盟佤族自治县精准扶贫精准脱贫的实践，是结合当地素质型贫困的实际情况，有重点、有规划、有部署推动，最终成为光荣脱贫的先进典范。

---

① 施红：《精准扶贫中国方案与西盟实践》，经济日报出版社 2019 年版，第 8—9 页。

一、厘清思路重点部署

（一）实施"六个破解"工作法，贫困群众安居也更安心

1.47万户贫困家庭居住在茅草房、杈杈房和石棉瓦房，这是2015年以前西盟农村的真实写照。安居才能乐业、安居才能安心。西盟县把"安居扶贫"作为"精准扶贫"的第一要务，并以全省农村危房改造和抗震安居工程启动大会在西盟县召开为契机，抢抓千载难逢的历史机遇，实施西盟历史上规模空前的"安居扶贫"工程，并在探索和实践中逐步形成了"六个破解"工作法。即：提出"123456"工作思路，破解贫困群众基本生活困境；建立"精准安居"七步工作法，破解"大水漫灌""手榴弹炸跳蚤"的粗放式扶贫；构建大扶贫开发格局，破解"单打独斗"扶贫力量"碎片化"的问题；强化要素保障，破解安居工程建设时间紧、任务重、筹资难的问题；实施综合扶贫工程，破解"新房旧貌"、发展不平衡的问题；夯实基层党建基础，破解"只伸手，不动手"的"等靠要"思想。通过努力奋斗，2018年全县14739户群众住上了安全稳固的住房，居住条件显著改善，就业收入明显增加，精神生活更加丰富，思想观念深刻变化，实现了从贫穷到致富、从封闭到开放、从落后到现代的历史性转变，西盟人民实现了"千年安居梦"。

（二）推进"四轮驱动"交通扶贫模式，打通阻碍群众脱贫最后一公里

交通落后曾经是制约西盟经济发展的瓶颈和短板，阻断了群众摆脱贫困、迈向小康的步伐。过去老百姓说，"交通基本靠走，通讯基本靠吼"，道出了面对农村基础设施落后状况的无奈。在脱贫攻坚

中，交通扶贫如何体现精准，帮在点子上、扶到关键处？西盟县部署实施以"村村通""组组通"硬化路为重点的道路基础设施建设，积极探索"交通规划先行、财政投入拉动、群众投工投劳、道路通行安全"的"四轮驱动"公路建设模式，并率先在新厂镇实行"路长制"，推进农村"四好公路"建设。经过多年坚持不懈的努力，西盟交通面貌实现了翻天覆地的变化，在普洱市率先实现"户户通"水泥硬化，打通了农村交通"最后一公里"，把脱贫致富的康庄之路铺到贫困户家门口，彻底改变了西盟山区农村交通落后面貌。从户到组、从组到村、从村到乡、从乡到县，来自千家万户的"农特产品"源源不断走出大山、走向全国、走向世界，发展要素在城乡之间活跃起来、流动起来、奔涌起来，为脱贫攻坚奠定了坚实基础。

（三）推广"四个全覆盖"模式，解决群众持续增收难题

西盟贫困，贫在产业没有发展起来。长期处于落后的小农经济状态，"养牛为耕田，养猪为过年，养鸡为待客"。产业"小""散""弱"，形不成规模、科技含量低、竞争力不强。为此西盟县积极探索"产业项目全覆盖、主体带动全覆盖、利益联结全覆盖、技术培训全覆盖"的"四个全覆盖"产业扶贫新模式，并精准选择肉牛和中蜂作为新兴扶贫产业大力发展，把肉牛产业作为"一县一业"重点打造，构建起以橡胶、茶叶、甘蔗、畜牧、文化旅游为主导产业，蜂蜜、咖啡等为特色产业的"5+X"产业发展体系，实现每个主导产业都有1个以上主导产品、每个贫困村都有1个以上主导产业、每个农户都有1个以上产业项目扶持。2019年建档立卡户人均纯收入达到10546元，比2014年人均纯收入1913元增加了8633元，增长450%。全县经济作物播种面积占总播种面积比重从2014年的21.5%提升到2019年的36.46%。农林牧渔业的增加值从2014年的2.76亿元增加到2019年的4.38亿元，占GDP比重分别是2014年的21.2%、

2019 年的 18.8%，实现了西盟农村产业发展的迅速崛起。

（四）实施"教育医疗"补短板行动，群众享受更多幸福感安全感

在过去很长一段时间，因为教育落后，西盟很多农村孩子"输在起跑线"上，还没起跑就已经输了一大截；因为医疗落后，很多农村人口因病致贫、因病返贫。西盟县大力推进"教育医疗"补短板行动，2015 年以来先后投入教育扶贫经费 8.48 亿元，完成 39 所义务教育学校标准化改造；开通教育精准扶贫学生资助"绿色通道"，确保每一个孩子都上得起学；深入开展"一个都不能少"活动，积极营造"读书光荣"的浓厚氛围，控辍保学工作取得决定性成果，实现县域义务教育发展基本均衡，并高分通过国家评估验收。将建档立卡贫困人口全部纳入基本医疗保险、大病保险和医疗救助制度保障范围，落实贫困人口参保缴费补贴政策，实现应保尽保。实行贫困人口县域内住院先诊疗后付费和"一站式"结算政策，全县贫困人口医疗费用个人自付比例从 2016 年的 36.54% 降至 2019 年的 12.13%。这些举措，促进了公共服务均等化，使贫困人口能享受更高水平、更优质的公共服务，获得感幸福感安全感明显增强，满意度明显提升，也阻断了贫困的"代际传递"，使消除贫困有了长久性和延续性。

二、"素质提升"激发群众内生动力

干部能力素质不够、群众整体素质偏低，是制约西盟县打赢打好脱贫攻坚战主要障碍之一。一方面，干部对脱贫攻坚政策知识不熟悉，打赢这场硬仗的办法和举措不多，制约中央扶贫政策落地落实；另一方面，西盟县整个社会教育程度很低，1950 年文盲占全县总人口 99.9%，到 1990 年还有文盲 2.8 万人，直到 2008 年才完成了扫盲工作。长期以来，群众素质低、生产方式落后、生活不会计划、发展

意识和能力不高，制约很多扶贫项目落地落实。打赢脱贫攻坚战，关键在党，关键在人，关键在干部素质和群众素质的提升。

第一，注重提升扶贫干部的综合素质，加大对扶贫干部政策、技术、工作方式方法的培训力度，从根本上破解扶贫队伍人才瓶颈的制约，着力打造一支"懂扶贫、会扶贫、素质高、作风硬"的扶贫干部队伍。

第二，注重培养贫困群众主体意识，注重提高贫困群众脱贫能力，注重改进帮扶方式，注重营造健康文明新风，激发贫困群众立足自身实现脱贫的信心决心，形成有劳才有得、多劳多得的正向激励，树立勤劳致富、脱贫光荣的鲜明导向。

第三，成立"村民小组脱贫工作委员会"，全面激发了群众内生动力。脱贫攻坚千难万难，最难的就是贫困群众内生动力不足。基层党组织弱化、群众内生动力不足一直是阻碍西盟脱贫攻坚的"拦路虎"。为破解这一难题，西盟县按照"扶贫先扶志、扶贫必扶智"工作思路，开创性地在村民小组中成立"脱贫工作委员会"，以"六强化六起来"（即：强化组织引领，把群众联起来；强化激励约束，让群众动起来；强化岗位设置，让群众干起来；强化党员帮带，把群众带起来；强化素质提升，让群众强起来；强化产业带动，让群众富起来）为抓手，切实把党的政治优势、组织优势、理论优势和群众工作优势转化为扶贫优势，将扶贫对象转化为扶贫力量，解决了基层组织体系不够有力和贫困群众内生动力不足等问题，走出了一条脱贫攻坚与基层党建、乡村治理有效融合和贫困群众精神与物质"双脱贫""双摘帽"的新路子，厚植了党在边疆的执政基础和群众基础。此创新做法，先后受到国务院扶贫办和云南省委的批示肯定，要求全国学习借鉴，全省宣传学习，已在普洱市各县（区）全面推行，并在全省推广学习借鉴，为全国各地夯实基层党组织建设、激发群众内生动力提供了可复制、可借鉴、可推广的经验。

三、"先锋强志" 培养致富带头人

西盟县致贫原因 81.98% 属于缺技术，反映出最大问题就是劳动者素质的普遍低下，生产力水平不高，广大的农民不懂技术，严重地制约了农村经济的发展。当前，西盟县已实现脱贫摘帽，基础设施、公共服务、群众素质得到了明显改善，发展基础不断得到夯实。但是，要巩固好脱贫攻坚成果，跑好脱贫攻坚与乡村振兴的接力赛，加快群众致富奔小康步伐，关键还需提升群众的自身素质，要潜移默化改变佤族群众生活方式，让群众真正过上好日子。

第一，从培训入手，激发群众奔小康主动性。紧紧围绕县产业结构，按照培训类型（工种）进行归类，改变以往同种类培训多个部门实施的做法，建立 7 个产业培训示范基地，组织群众到扶贫车间、生产基地、加工作坊、农家庭院等开展培训，切实提升贫困群众的综合素质，激发贫困群众脱贫奔小康的主动性和积极性。

第二，从提升技能着眼，让群众实现稳定增收。以造就一批新型农民创业者，培训一批懂技术的技能型农民，不断提升劳动者整体素质和技能为目标，共设立职业技能培训、实用技术培训等 15 个大项 75 个小项的专题技能提升班，助力群众素质、技能"双提升"，让群众掌握致富门路，巩固提升脱贫攻坚成果，实现稳定增收。

第三，从致富能人培育上下功夫，培养发展领路人。深入实施"乡村领头雁培育行动"，从机关干部、高校毕业生、退伍军人、返乡创业农民工、乡村本土人才中选拔优秀人才充实到一线干部队伍中，通过部门、企业、培训机构这些"正规军"专家，培育一批能独当一面的农村致富带头人和乡村治理能人，力争到 2020 年培养完成 2020 个"致富带头人"的目标，把干部优势转化为推进脱贫攻坚的政治优势。

第三节　脱贫决心：斩断穷根强措施

为了落实打赢脱贫攻坚战的一系列决策部署，西盟县按照"统筹谋划、分类实施，无的要有、有的要强"的思路，主动围绕中心、服务大局，充分发挥党的政治优势、组织优势和密切联系群众的优势，统筹各方资源，夯实脱贫攻坚的决心。坚持问题导向、目标导向、结果导向相统一，上下联动、点面结合，因地制宜、分类指导，面向基层、精准发力，推动形成了以党建引领、促进脱贫攻坚的良好局面。西盟为打好精准脱贫攻坚战实施了一系列措施。

一、教育扶贫是根本

扶贫先扶智，治穷先治愚，教育是阻断贫困代际传递的治本之策。近年来，西盟县按照"扶贫先扶智、治穷先治愚"的工作思路，大力推进教育扶贫进程，提升全体居民的文化素养。措施如下：

第一，均衡办学资源。通过教育扶贫工程，全面改善了全县各级各类学校的办学条件，实施学校文化建设、校长教师素质能力提升、关注学生成长等系统化、体系化能力建设，缩小城乡校际之间办学差距，边远村小、教学点实现班班通全覆盖，进一步推动了优质教育资源均衡化，撬动并驱动学校教育转型升级，让每一个贫困孩子平等地享受到优质教育资源，不输在起跑线上，从根本上加快了一所学校、一个地区的教育整体脱贫的问题。

第二，精准识别资助。通过教育扶贫工程，创新了教育扶贫机制、路径和策略，将教育脱贫与全县脱贫攻坚、经济社会发展作为整体来认识和谋划，明晰了新时期学校发展角色定位和路径选择，相关部门参与学校建设、控辍保学、学生资助等，提高了全社会投身教育扶贫的内驱力和主观意愿，改善了办学条件，更新了教育理念，提升了教育服务意识，构建了覆盖学前教育、义务教育、高中阶段教育和高等教育贫困学生的教育精准扶贫体系，关注特殊儿童少年的健康成长，全面落实各项扶持、资助政策，做到"全面覆盖、全程覆盖、全员覆盖"，有效提高了教育扶贫的力度和质量，确保无一名学生在任何阶段因贫失学。

第三，提升教育扶贫理念。通过教育扶贫工程，改善学校育人环境，更新学校育人理念，促进了各级各类学校的共同发展，营造出西盟教育发展的良性生态，实现了学校和师生的更好发展。教育在扶贫中发挥着基础性、先导性作用，素质贫困、能力贫困是贫困户发展的最大障碍，开展有效的教育帮扶，不仅是简单地给一个家庭扶贫解困，更是关乎到农村可持续发展的长远目标和未来。要重点围绕扶志、扶智、扶德、扶技主题，实施教育精准扶贫，破除短期作战和突击应对的思维，牢固树立长期扶贫、全面扶贫、立体扶贫的理念，结合校园文化、德育教育、课堂教学，把工作重心放在全面提升学校办学水平、提高教育教学质量上，激励学生养成良好的道德品质和行为习惯，培养全面、充分、健康发展的学生，整体提升教育质量和发展水平的内生力量，让教育扶贫成为阻断贫困代际传递、决战决胜脱贫攻坚、实现同步小康的有力推手。

二、住房扶贫促信心

（一）抓住关键齐发力，开启安居新征程

农村住房安全巩固有保障是脱贫攻坚的核心任务，是实现"两不愁、三保障"的硬指标，也是脱贫攻坚工作中的重点难点和矛盾点。西盟作为一个典型的直过民族自治县，地处边境一线的边疆县，

国家扶贫开发工作重点县，不仅因本身经济条件较差，而无法满足贫困人群的基本住宿条件，而且由于生产生活方式转变困难，大部分群众放不下"吊脚楼，热火塘"和"楼下牛铃响"的情结，对新农村新生活不适应，存在不愿住新房子的贫困人群。[1] 所以解决住房问题是西盟精准扶贫中的重点项目，具体措施如下：

第一，加强组织领导。西盟县及时成立以县委书记为指挥长，县长为常务副指挥长，县"四班子"分管和联系有关工作的领导为副指挥长，各乡（镇）、县属各单位主要领导为成员的西盟县农村安居房工程建设指挥部。2015 年 7 月 30 日，西盟孟连农村安居工程建设正式启动，已载入西盟的光辉史册。用一年半的时间完成 12846 户安居房建设任务，是西盟近 50 年来从没有过的新跨越，整体解决了贫困群众安居问题。全县处级领导坚持到挂包乡（镇）指导工作，抓好包村"责任田"，发挥带头作用；县各单位主要负责人亲力亲为的负责所包村民小组建房工作，形成了责任在一线落实、措施在一线发力、问题在一线解决、工作在一线推动的良好局面。

第二，加强规划引领。遵循"依山就势，错落有致，留够公共，留足农户建房用地"的原则。按照"美丽村寨"和"人畜分离、厨卫入户"的标准进行规划。合理编制美丽乡村建设规划，以"安全、适用、经济、功能完善"的理念和传统佤族民居原型元素，设计出 80 种户型图和 14 种效果图供农户进行选择。如博航八组、马散村永俄寨等美丽村寨。

第三，加强统筹监督。按照"渠道不乱、用途不变、各记其功、形成合力"的原则。统筹整合省、市、县补助资金户均 4 万元及公建项目资金、群众自筹等资金。积极开展联合督查和专项督查共 15 次，购买服务为每个乡（镇）配备 2—3 名技术监督员，对建设进度、工程质量、管理方式、资金使用等开展实地督查，发现问题督促整改。

---

[1] 施红：《精准扶贫中国方案与西盟实践》，经济日报出版社 2019 年版，第 104—105 页。

每个村民小组成立质量监督委员会，全程负责工程质量、村寨环境的监管。

第四，加强宣传发动。为充分发挥群众的主体作用，以歌舞、文学作品、漫画、手册、汇编、标语、彩铃等生动鲜活、喜闻乐见的方式和广播电视、微信公众号、新浪微博、手机客户端、手机报等媒体平台进行广泛宣传；省、市、县各级驻村工作队和包保队员深入村组召开群众动员会730余次，参会群众36700余人次。中央、省、市、县各级媒体积极参与安居工程建设宣传，形成了强大的宣传合力，做到家喻户晓，人人皆知，全民参与，在全县掀起了大干安居工程建设的热潮。

（二）群众安居新成效

西盟县不忘初心，坚持奋斗，运用集体力量全面建设农村安居工程。着眼未来，实施"四大提升"，助力广大人民群众脱贫奔小康。取得如下效果：

第一，宜居宜业，环境提升。坚持规划引领，攻坚克难，建成一幢幢小楼、砖瓦房，构建"一村一风景、一寨一幅画"的美丽乡村，着力实施人居环境提升建设，全县36个行政村260个自然村按照中心村、特色村、一般村三种模式进行分类，以中心村为主战场，以特色村为示范引领，通盘筹划、突出重点、以点带面，分批组织实施。全县总投入6480.5万元，实施15个美丽乡村建设项目，实施了"七改三清"工程，逐步形成点上有特色、线上出效应、面上出规模的美丽乡村建设格局。

第二，安居兴业，产业提升。充分利用当地优势资源，从橡胶、茶叶、民族文化旅游等优势产业入手，着力提升产业优势，增强居民安居资本。现在的西盟"河谷橡胶绿如蓝，梯田蔗粮青波翻；半山茶米色添香，山顶森林万宝藏"。

第三，破旧立新，素质提升。大力改善人居条件的"民生工程"

"德政工程"。充分调动群众的参与权、决策权、选择权、监督权。群众的主动性、积极性和创造性得到了充分发挥。新厂镇探索出互助联动小组，力所乡南亢村的互建突击队，班母村的"红太阳"劳务队等都充分展现了群众建房的风采。群众通过安居房建设学会精打细算过日子，统筹安排生产和建设，理财能力和自立自信得到增强。

第四，民生关注，福祉提升。在安居工程建设中，把困难群众有饭吃、有学上、有病能就医、老来有保障等作为一抓到底的重要工作。各个部门主动作为，热情服务，让困难群众满怀喜悦地得到小额担保贷款、城乡最低生活保障、教育"两免一补"等惠民政策。实现了住房、环境、产业、素质、幸福感等五大提升。

安居的成效让西盟的脱贫攻坚有了新的起点、新的追求。西盟县积极贯彻落实中央、省市关于脱贫攻坚的重要部署，团结带领全县各族人民，发扬"流血流汗不流泪，掉皮掉肉不掉队"的精神，举全县之力打赢脱贫攻坚战，向中央、省委、省政府、市委、市政府交了一份合格的政治答卷。让阿佤人民再唱新歌、边疆人民更加团结和谐，与全国全省全市共同迈向全面建成小康社会的康庄大道。

三、产业扶贫是核心

西盟县的主要产业仍以传统农业为主，存在许多的问题，包括市场意识薄弱，营销手段缺乏；传统产业面广，生产效益较低；龙头企业偏少，带动能力不足；科技缺乏创新，技术含量不高；加工水平低下，产品附加值低；专业服务缺少，劳务协调滞后；等等。

为了响应国家精准扶贫政策的号召，西盟县把产业扶贫作为群众稳定脱贫的主要支撑和根本措施，通过精准选择优势产业、抓实项目投入、实施主体带动、构建利益联结、提供技术保障。在推进产业扶贫进程中，大胆创新，勇于突破，开拓进取，通过构建"三个体系"（责任体系、产业体系、政策体系），狠抓"四个覆盖"（产业项目全覆盖、主体带动全覆盖、技术培训全覆盖、利益联结全覆盖），实现了全产业融合、全链条升级、全环节升值，闯出产业扶贫新路子。[①]

坚持把产业扶贫作为主攻方向，实现产业项目、主体带动、利益联结、技术培训"四个全覆盖"，把贫困群众全部纳入主导产业里面，注重就业促进脱贫，助力贫困群众持续增收、脱贫不返贫。2019年，全县已建成标准化云岭牛养殖小区9个，建成饲草饲料基地0.81万亩，发展橡胶22万亩（开割16万亩），甘蔗种植4.56万亩，建成生态茶园5.2万亩，养殖中蜂7万群。

"四个全覆盖"产业扶贫模式在《云南日报》头版刊登后，先后被国务院扶贫办、国家农业农村部表扬并在新华网等主流媒体转载，作为产业扶贫先进典型案例推广宣传，并在全省产业扶贫工作会上交流发言。一是探索资产收益分配模式。西盟县着力将肉牛养殖、中蜂养殖、生猪托管寄养等财政支农资金所支持资产收益扶贫项目形成的集体经济收益分配，与贫困户从事开发生产类和公共服务类岗位相挂钩，贫困户通过岗位劳动获得资产收益分红，持续引导贫困户以劳获酬，有尊严地脱贫，杜绝养懒汉。二是发挥龙头企业带动作用。采取"龙头企业+平台+合作社+贫困户"的扶贫模式，以省级龙头企业为带动，以县扶投公司为平台，以项目技术保障为支撑，开展生产合作、劳务合作、资金合作，实现资金变股金、农民变股民、收益有分红。三是探索产业发展利益联结机制。出台了《关于进一步构建和完善产业利益联结机制促进贫困群众稳定持续增收脱贫的指导意见》，通过创新"订单、股份、劳务、租赁、保险、激励"的利益联结方式，助推贫困群众增收。四是提供技术保障。以实施"技能扶贫专项行动"和"农村劳动力转移就业扶贫专项行动"为抓手，坚持长短、远近结合，外出转移就业和就近就地就业"两手发力"，分类开展就业扶贫培训，严格落实就业创业政策，不断拓宽就业渠道，

---

① 施红：《精准扶贫中国方案与西盟实践》，经济日报出版社2019年版，第122页。

帮助贫困劳动力提升技能素质、实现就业创业、增加经济收入。

四、人才培养是保障

对人才的重视和培养对西盟尤为重要，是对教育扶贫的进一步补充，是斩断西盟穷根的重要组成部分，也是保卫西盟脱贫成果以及实现乡村振兴的重要保障。西盟对人才的培养不仅包括农民中的创业人才、专业技术人才等，还包括干部人才的培养。

第一，抓紧建设永不流走的人才队伍。西盟有 36 个村 366 个村民小组，共有 490 名村干部、1013 名组干部，2019 年在保持现有村民小组设置格局的前提下，成立 366 个脱贫工作委员会选举产生委员 1701 名。3350 名农村基层干部，来自党员、致富能手、复转军人、回乡大中专毕业生、返乡创业农民工等先进分子，是农村的中坚力量。对于人才资源匮乏的西盟来说，这是一支庞大的队伍，也是农业农村工作中不菲的人才资源，他们熟悉村情民意、懂农事农时、会讲民族语言、了解国家政策。在党委、政府带领下，他们积极利用自身优势，带领群众抓产业发展、人居环境、政策宣传、精神提振、维稳处突，真正实现村民自我管理、自我服务、自我发展，对脱贫工作产生了正面效应。

第二，抓好机制，提高人才待遇。根据《关于建立村干部岗位补贴长效机制的通知》和《普洱市落实村干部岗位补贴长效机制方案》，西盟建立村组干部基本报酬正常增长、绩效补贴、集体经济创收奖励、养老保险定额补助、离任补助、误工补贴等制度，认真落实村组干部待遇保障，同时，用好政策适时给脱贫工作委员会委员一定补助，并积极探索脱贫工作委员会委员相关待遇保障措施，进一步调动广大农村基层干部的积极性、主动性。

第三，增强保障，拓宽农村人才发展空间。积极探索农村基层人才发展空间，在乡（镇）换届和公务员考试录用中，给村干部设置一定岗位。根据《关于开展从优秀村干部中考试录用乡镇机关公务员工作的意见》，从 2008 年，每年设置岗位从村干部中考试录用乡（镇）公务员，截至 2019 年底，已有 11 名村干部通过考试录用为国家公务员。在乡（镇）换届中，留出部分职位，让村干部参加选举，到乡（镇）领导班子中任职，在 2016 年乡（镇）党委换届选举中，有 3 名村干部进入乡（镇）党委领导班子任职。通过拓宽发展空间，让村干部看到向上的希望和出路，激发村干部工作热情。同时，在脱贫工作中，把村组干部作为细化和抓实脱贫各项工作的前沿，又把脱贫工作委员会委员作为村组后备干部的培养重点，为农村发展储备后备干部，让农村基层人才在脱贫攻坚、全面建成小康社会中勇于担当、敢闯敢干。

第四，强化培养，提升农村人才文化素质。根据云南省村（社区）干部能力素质和学历水平提升行动计划，积极探索农村人才能力素质和学历水平提升途径。以乡（镇）党校、"乡村夜校""百名讲师上讲台、千堂党课下基层、万名党员进党校"为契机，依托拉勐纪念园、革命烈士陵园、农村"小文艺队"、小广场、小喇叭等载体，各级干部深入挂钩联系点开授"脱贫攻坚"情景党课、学习十九大专题党课，各业务部门开展专业技能培训。充分发挥杨娜同志十九大代表，魏金龙同志全国人大代表及本地民族优势，采用佤语和汉语"双语"结合、"民歌"和"分众化"宣讲形式，深入农村、边寨、社区开展宣讲。坚持不懈的宣传和培训活动，让广大农村干部群众耳濡目染，能力水平得到较大程度提升。

第三章

建组织　扎根基

为了将习近平总书记的指示"要坚持扶贫同扶智、扶志相结合，注重激发贫困地区和贫困群众脱贫致富的内在活力，注重提高贫困地区和贫困群众的自我发展能力"落实到西盟扶贫工作的实处，根据西盟县情民情，首创"村民小组脱贫工作委员会"（简称"脱委会"），变扶贫对象为扶贫资源，实现贫困群众物质与精神的"双脱贫""双摘帽"。特别是在发动群众、促进群众内生动力上，通过脱委会将党的组织扎根在群众中，为政府工作在农村的展开形成了抓手，也为西盟的脱贫巩固工作和乡村振兴打下了组织基础和群众基础。

在精准扶贫的社会实践中，不断进行"村民小组脱贫工作委员会"的模式探索，积极构建"六强化六起来"运作模式，积极强化党的领导，加强对脱委会的组织领导，规范脱委会工作职责和岗位设置，合理"赋权"，协助村两委，加强与村民之间的联结，积极地构建共同体意识；建立利益联结机制，对脱委会委员进行经济与精神双重激励。

第一节　创建自组织："村民小组脱贫工作委员会"的成立

一、"村民小组脱贫工作委员会"的缘起

（一）原基层组织引领作用难以有效发挥

习近平总书记早在 2017 年就强调，"办好中国的事情，关键在

党"，"党的根基在基层，一定要抓好基层党建，在农村始终坚持党的领导"。① 在西盟脱贫攻坚过程中，由于存在基层党组织弱化问题，进一步增加了西盟脱贫攻坚工作的难度。经过县委县政府的认真、科学研讨，认为基层党组织的弱化主要表现在干部能力素质不够与群众内生动力不足，还有一点就是党员的队伍结构存在一定问题。

据统计，截至 2019 年 12 月 30 日，西盟县共有党员 5067 名，其中农村党员 2457 名，占总数的 48.5%；35 岁以下党员 1164 名，占总数的 22.97%；60 岁以上党员 958 名，占党员总数的 18.91%；大专以上文化程度党员 1994 名，占总数的 39.4%；初中及以下党员 2461 名，占总数的 48.6%。分析这些数据发现，首先，党员几乎有一半集中在农村基层。从优势的视角审视，党组织在农村具有比较扎实的基础。但是从另外一面看，很少走出西盟、走出大山的农村党员在视野上无疑受到诸多的限制，其引领作用当然存在一定问题，也在一定程度上弱化了党组织的领导力。其次，高学历的党员比例比较低。初中及以下党员的规模近乎达到一半，党员文化程度的偏低也相应地制约了党组织的引领能力。再次，青年党员的比例不高，35 岁以下的党员仅占 22.97%，党员队伍的思维活力、创新活力等在一定程度上受到影响。

基层党组织的弱化是一个不容回避的现实，特别是农村实行家庭联产承包责任制以来，农民个体的自由活力被彻底激发出来，传统的基层组织形式无法适应"自由"的原子化的农民个体，特别是基层集体经济的衰落，基层经济发展能力、领导能力等的欠缺，无法有效带领困难群体脱贫致富，"等靠要"思想在基层干部中比较普遍，这样使得基层党组织的影响力和号召力受到极大的削弱，村级两委班子软弱涣散，无法有效凝聚起村集体的力量，更无法承担起脱贫攻坚的

---

① 习近平：《万众一心，开拓进取，把新时代中国特色社会主义推向前进》，《人民日报》2017 年 10 月 20 日。

艰巨任务。

在脱贫攻坚过程中，西盟基层党组织存在发展意识薄弱、发展能力欠缺、引领作用不强等问题，以致基层党组织的功能难以发挥。特别是西盟相对隔离的地理环境，本地市场发育显得比较滞后和迟缓，部分农业产业的规模化尚待形成；已形成规模的产业，由于市场化体系不健全，市场成长的空间无法有效容纳，使得市场与生产之间难以形成有效对接，形成有资源无市场，有市场无规模，资源转化成社会财富的效应不明显。在这种情况下，发挥基层党组织的作用尤其重要。

同时，不少党员干部在实际工作中其先锋模范作用没有有效地发挥出来，部分党员干部先锋意识比较薄弱，存在重形式轻内容、重利益轻理想等问题；党员的学习与教育流于形式，少数党员干部怕吃苦、怕受累，享乐主义风气比较盛，先锋意识比较淡化；基层党组织建设与发展滞后，后备党员干部的培养不足，年龄大、文化程度低的基层党员干部比例比较大，难以在脱贫攻坚中起到先锋带头作用。诸多具有共性的脱贫攻坚难题在西盟基层也并不鲜见，也成为困扰西盟脱贫攻坚重大议题之一。

（二）贫困户脱贫意愿不强与行动被动消极

西盟县在 1986 年被确定为"国家扶贫开发工作重点县"，共有贫困村 34 个，自 2014 年初次开展建档立卡工作以来，经过七次扶贫对象动态管理、五次"回头看"和动态调整，最终确定建档立卡贫困人口 9230 户 31502 人。据调查研究发现，阻碍西盟县贫困人口脱贫的障碍中，主要是贫困户的内生动力不足，脱贫意愿不强与脱贫行动被动消极。在部分贫困户中间，存在着"不怕穷""穷不怕"和"比穷不比富"[①] 的贫困思想，脱贫的主动性不强。特别是作为直过

---

① 施红：《精准扶贫中国方案与西盟实践》，经济日报出版社 2019 年版，第 56 页。

民族，整体经济发展比较落后，生活在同一区域内的人们的生活水平和生活状态差别不大，非贫困户并不比贫困户的生活水平高多少，整体上人们的需求水平与需求层次比较低，在群众中"小富即安"的思想比较突出，"要我脱贫"的思想没有根本转变。

以安居工程建设为例，部分贫困户在面对自家房屋的改造与建设上，当起了"甩手掌柜"，出现一旁扶贫干部、建筑工人干得热火朝天，而自己在另一旁"蹲在墙角晒太阳"的极大反差现象，甚至还有部分贫困户不配合。一是因为落后愚昧的封建思想，出现了不愿搬离所谓的"风水宝地"、不到吉时不准开工等现象；二是守着旧有的生活方式不思改变，不愿割舍权权房、吊脚楼、火塘等，对新的生活方式不适应等，导致与工作队经常产生摩擦纠纷，极大挫伤了扶贫干部的工作积极性。

二、"村民小组脱贫工作委员会"的雏形

（一）"村民小组脱贫工作委员会"的雏形

"村民小组脱贫工作委员会"的发展经历了一个过程。起初，县委县政府发现在脱贫攻坚过程中，存在三个非常棘手的问题需要解决。首先，农村农业农民的"三农"组织化程度低，严重制约了发展；其次，群众的内生动力不足；再次，群众参与脱贫攻坚工作的主体意识不强，等、靠、要的思想非常严重。针对这三个问题，县委县政府进行了大量的调查研究。比如在新厂镇永广村发现了一种情况，永广一组的人非常多，有100多户，村民小组非常吃力，如何实现整个村民小组的管理成为一个重要问题。永广一组发明了一个比较好的做法，就是把村民小组按照亲缘、地缘和血缘的关系进行有机组合，成立了"互助联动小组"。

在召开居民大会的时候，永广一组反映：一组寨子太大、太散、

太乱，村民小组难以管理，于是把大组化小组、小组化约，最终形成了更小的"互助联动小组"。"互助联动小组"按照10—20户农户进行分块管理，在永广一组100户中形成五个小组长，五个小组长由组里的优秀党员、能力非常强、有威望、做事比较公正的人担任，由村民推选产生。村民按户自愿报名，加入各自中意的"互助联动小组"。经过这个制度，村里的居民组织起来了，村民小组只需要管理这5个小组长就行了。并且经过这样组织，行动效率比较高，村民小组动作比较迅速、村民服从管理、讲政治的队伍也就应运而生了。这给调研的干部一些启发，脱委会的组织架构雏形就此形成。

（二）部分乡镇的创建尝试

1. 勐梭镇

（1）党组织引方向，发挥战斗堡垒作用。勐梭镇党委认真探讨分析以往带领群众增收致富、抓集体经济的做法，总结经验教训，召开民情恳谈会，对全镇党员群众发展现状进行深入分析研判。在全面掌握情况的基础上，征求群众意见，结合多方考证，在保持现有村民小组设置格局的前提下，充分发挥好基层党组织战斗堡垒作用。由村"两委"、驻村工作队员、镇包村干部深入村组召开党员群众会议，推选各组的脱贫工作委员会成员，全镇76个村民小组推选出388名由组长、支部书记、优秀党员、致富带头人等组成的村民小组脱贫工作委员会，采取分片包干的方式，388名委员分别联系10—20户农户，负责带领农户、管理农户、监督农户，打通群众工作最后一公里。脱贫工作委员会明确了各个委员的工作职责，并结合实际对所在组的群众实行分片包干制度，由3—7名委员划分片区联系全组群众，形成了以党组织为引领，党员群众齐参与的工作格局，促进了基层党组织的组织化程度，真正把力量集中到脱贫一线，促使群众以"主人翁"的态度参与到脱贫攻坚的各项工作当中，充分发挥他们的主体作用，从而逐步实现群众"要我脱贫"到"我要脱贫"的转变。

（2）党员帮带，合力攻坚克难。为全面完成好 2018 年全镇 149 户 438 人建档立卡户脱贫任务，同时在脱贫攻坚战中充分发挥好基层党组织战斗堡垒作用及党员干部的先锋模范作用，啃下硬骨头，不让一户贫困户掉队。经勐梭镇党委研究，决定在全镇范围内推行"一名农村党员、干部带领一户或多户建档立卡户脱贫"帮带机制，用身边人带身边人，激发建档立卡户脱贫致富的内生动力。落实到实际工作中，就是由各村党总支结合各自实际情况组织实施，动员村、组基层党员干部，针对 2017 年末没有达到脱贫指标的建档立卡户，开展"一带一、一带多"帮扶，帮助贫困户进行逐户分析致贫原因、因户施策，通过协助谋划产业，引领参与主导产业、组织带领外出务工，针对有资源无劳力的建档立卡贫困户，实施土地流转等方式，确保在 2018 年实现脱贫出列的目标，形成"比决心、比行动、比结果"的攻坚态势。比如：班母村十四组 2017 年末有贫困户 16 户 57 人，村党总支召开贫情分析会，深入分析致贫原因后实施党员"一带一"活动，以村党总支书记岩上同志为代表的 7 名党员负责带领这 16 户农户脱贫致富。2018 年 6 月 8 日，班母村党总支召开支部会议对帮带任务完成的党员给予通报奖励，其中有 10 户未脱贫建档立卡户在党员的帮带作用下，脱贫成效较为明显。

（3）凝心聚力，激发群众内生动力。为激发贫困人口内生动力，将扶贫与扶志、扶智相结合，解决部分群众"等靠要"思想的难题，勐梭镇党委从实际出发，依托脱贫工作委员会在全镇范围内启动"激发群众内生动力"即"扶贫车间"项目。一是对未脱贫农户进行"定岗设责"。将他们享受的中蜂、肉牛养殖等国家支农惠农补贴划归脱贫工作委员会管理，按照委员会划定的工作职责，不定期对自己所联系的农户履行责任义务情况进行实时监督检查，每月 30 日前向脱贫工作委员会报告考评检查情况。二是"激发群众内生动力"。将农户享受部分惠农政策与评价标准有机结合起来，根据全体农户履行脱贫攻坚"两不愁、三保障"主体责任，遵守国家法律法规，履行村规民约主体责任等情况设定 10 条责任义务，对履行责任义务表现优秀的农户（全年未违反纪律的），在村民大会上给予通报表扬，并在政策、项目、资金等方面给予倾斜。对不按照约定履行责任义务的农户结合村规民约等规定给予惩处，充分发挥农户参与村庄治理的主体作用，不断激发贫困群众脱贫的内生动力，提高村组自治能力，形成全镇群众"自我管理、自我服务、自我教育、自我监督、自我评价、自我发展"的工作格局。比如：班母村十四组的二妹，通过群众推荐，当选了脱贫工作委员会的宣传委员，负责监督管理 10 户群众。丁氏蜂业入驻富母乃水库后，她在提高自己养蜂技术的同时，也带领自己负责的 10 户群众到丁氏蜂业务工，获得工资报酬，为这 10 户贫困户摆脱贫困打下坚实的基础。

2. 勐卡镇

（1）坚持群众主体，完善自治体系，推进乡村治理。"懒"是根源。思想问题是最大的问题，部分贫困户在脱贫攻坚中不愿意配合党委政府脱贫攻坚工作，惰性思想根深蒂固。这是因长期贫困生活的侵蚀，对目前生活水平的自我满足。只有建立相应的组织，发挥引领导向作用，从思想上攻克懒的问题，才能从根本上解决群众内生动力不足的问题。一是强化群众主体地位，充分发挥群众自治作用。勐卡镇在保持现有村民小组设置格局的前提下，以村民小组为单位，成立脱贫工作委员会，隶属村"两委"领导管理，通过在党员、致富能手中，民主推选产生"村民小组脱贫工作委员会"委员，代表村民对本村民小组范围内的公共事务开展管理服务，采取民主决策、民主管理、民主监督的方式，由村务监督委员会负责工作监督并实时接受村民日常监督。目前全镇 57 个村民小组均已建立脱贫工作委员会，选举产生委员 283 名。二是不断强化管理措施，出台制定相应工作措施。针对各村普遍存在民主自治制度不完善、《村规民约》约束力不强、执行力不到位、部分村容村貌脏乱差、村民自治缺乏有效抓手，没有形成村庄治理、村庄建设的教育、引导、约束、惩戒机制，"要我脱贫"现象突出等问题，结合实际制定了《建档立卡贫困户激励分配方案》和《提升内生动力实施方案》。通过建立贫困户自身努力实现脱贫的正向激励机制，激发农户参与脱贫攻坚、提升发展意识的积极性和主动性，构建全民共建共享的乡村治理良好工作格局。通过农户参与村庄治理、村庄建设，建立教育、引导、约束、惩戒机制，极大地改善了群众内生动力不足、乡村自治难度大的问题，有效解决了乡村治理难题，确保了建档立卡贫困户稳定脱贫。

（2）科学制定岗位，完善奖惩机制，激发内生动力。"均"是瑕疵。受长期风俗和生活习惯的影响，群众"不患寡而患不均"在勐卡镇尤其突出。只有通过科学设定岗位，完善奖惩机制，转变群众发展观念，提升发展意识，通过群众劳动有偿回报，才能有效转变平均主义思想，提升竞争与发展的意识。一是科学设岗定责。围绕各村民小组公益事业的需要，结合实施对象自身能力，量身定制分设村务服务类和劳务服务类两类服务岗位。村务服务类岗位分设保洁员、护路员、护水员、护林员等岗位。劳务服务类岗位以家庭为单位，围绕村民小组脱贫工作委员会工作安排，接受脱贫工作委员会的监督，严格按协议要求，安全、有序完成各项劳务服务工作。二是细化约束机制。进一步结合实际建立和完善村民小组激发群众内生动力的评价标准，通过部分惠农政策与评价标准有机结合起来，建立农户参与村庄治理、村庄建设工作机制，设定了勤劳致富、发展产业，诚信为本、改善住房，教育为先、培养子女，珍爱生命、缴纳保险，诚实守信、增收光荣，遵纪守法、远离违禁，爱国爱党、节俭向上，尊老爱幼、家庭和睦，干净整洁、家园美丽，热心公益、服从集体为核心的十大评定内容。由各"村民小组脱贫工作委员会"委员在每月初召开委员会工作会议。根据实时记录情况，确定本组农户本月检查情况、扣除金额情况，大会通过上报村委会审核同意后，在本组公共场所醒目位置公示不少于5天，接受广大农户的监督。

（3）突出组织引领，筑牢攻坚堡垒，健全带动示范。"等"是问题。很多贫困户不是不想脱贫，而是对自己信心不足，对眼前短期利益放不下。解决这个问题的最好办法就是让贫困群众周围的人先富起来，让周边不愿意参与发展和建设的农户先参与进来，建立谁付出、谁多得的按劳分配机制，通过周围的变化来激发他们脱贫的愿望，解决等靠要的惰性思维。一是组织引领，夯实治理根基。勐卡镇做好新形势下的农村工作，不断完善村级民主自治机制，全面提升村民自我管理、自我教育、自我服务能力，为决战贫困、提速赶超、同步小康夯实基础。在《村民委员会组织法》等法律法规的范围内，充分发挥村级党组织的领导核心作用，突出村民委员会的自管主体作用，创新设置了"党总支+脱贫工作委员会+农户"的自治体系，党总支管理脱贫工作委员会，各委员管理各自的包保农户，农户在党总支及脱贫工作委员会的带领下开展生产、建设农村。二是抓典型示范，以"党员带富"引领群众。"党总支+脱贫工作委员会+农户"的自治体系，将党的工作重心下沉到脱贫工作委员会，脱贫工作委员会成为党组织的"神经末梢"，并通过多种方式引领群众，党组织的战斗堡垒作用得以发挥，为农民党员提供了发挥才干的平台。在清洁乡村、带领致富、护路护水等项目中，党员总是冲在前面，用一位农民的话说就是"处处都有党员的身影"，以党员能人为轴心，党组织的凝聚力、号召力得到充分释放。调动贫困户积极性，发挥其主体作用，由过去"等靠要"变成了抢着干争着干争取早脱贫。

3. 中课镇

（1）突出党建引领，坚持扶贫扶志，变"要我做"为"我要做"。中课镇坚持以拉勐精神作为引领，把"忠诚、团结、奋进、和谐"的新拉勐精神与党建工作、乡村振兴工作结合起来，不断激发群众内生动力。一是立足本镇民族文化，以拉勐精神为载体，以拉勐纪念园为平台，教育引领村组干部和群众积极参与脱贫攻坚，同时，中课镇还利用各村民小组党群活动室每天开展"双语广播"进行政策宣传，全面提高了群众对脱贫政策的知晓率和快速理解政策的能力。组建文艺宣传队，将脱贫政策通过民族歌舞、小品等群众喜闻乐见的形式，在群众中大范围传播。二是发扬"苦熬不如苦干"的嘎娄精神，开展"苦干脱贫光荣"内生动力活动，对已脱贫户和未脱贫户用蓝旗和黄旗进行标识并给予不同标语进行激励，全面激发群众参与脱贫工作的热情，进一步增强了脱贫致富的信心和决心。三是驻村扶贫工作队在开展工作的同时认真督促各单位挂钩帮扶人员每月深入到贫困户家中，和他们做朋友，面对面开展挂包帮各项工作，为脱贫退出奠定了坚实的群众基础。

（2）突出自我管理，坚持村民自治，变"单干"为"集体干"。在保持现有村民小组设置格局的前提下，把具有较高威望、政治素质较好、热心为群众服务、受群众公认的人员纳入脱贫工作委员会，把脱贫工作委员会作为细化和抓实脱贫各项工作的前沿，让他们充分发挥文化、语言、社会关系等优势，在安居工程、建档立卡、脱贫攻坚和纠纷调解等工作中，宣传党和国家各项方针政策，为老百姓发声。中课镇成立50个脱贫工作委员会，覆盖所有村民小组，选举出250名"村民小组脱贫工作委员会"委员。每周定期召开委员会、村民代表大会，通报并商议村民小组脱贫攻坚有关工作，结合本小组的实际情况，认真研究并制定村规民约，委员进行监督考评，全体村民严格执行。经过组建脱贫工作委员会，村民自治得到了很好的体现，从过去"单干"转变到现在的"集体干"，构建了一支政治坚定、思想统一、团结上进、维护稳定、带头致富、带领致富、作风过硬的高素质村民小组工作队伍，巩固了党在农村基层的执政基础，是新时代基层党建工作的新实践。

（3）突出激励分配，坚持因户设岗，变"输血"为"造血"。针对农村贫困群众文化低、就业难等实际情况，中课镇结合实际，以村民小组为片区，以贫困户为单位，设立村级扶贫公益性岗位，引导贫困群众克服等靠要思想，积极参与村级公益性事业建设。各村民小组根据财政支农资金支持资产收益扶贫项目形成的集体经济收益分配与贫困户从事公益性岗位相挂钩，为建档立卡户提供了一条稳定增收的岗位。岗位设置与打造生态宜居的美丽乡村相结合，重点安排经济基础差、脱贫能力弱、收入不稳定、有劳力休息多的建档立卡户，因地制宜、因人设岗提出了用水维护岗、环境整治岗、治安巡逻岗和爱路护路岗等村级扶贫公益性岗位，公益性岗位工作时间自由，文化技能要求低，可以根据自己的时间安排工作，引导贫困户通过从事公益性劳动获得资产收益分红，变"输血"为"造血"，让贫困户转变为"工薪族"。真正实现一人就业、脱贫一户的目标，还可以从制度上激发贫困户内生脱贫动力、避免"等靠要"等懒贫赖贫现象发生。

（4）突出内生动力，坚持共同参与，变"等靠要"为"自力更生"。脱贫不仅是贫困户的事情，整个寨子的老百姓都需要共同参与。一是中课镇加强对所有农户进行党和国家政策法规的宣传，对整村进行贫情分析，对每户进行情况调查，引导所有村民牢固树立自力更生、不等不靠的信心，发挥农户在脱贫攻坚、乡村振兴中参与生产和社会管理服务的主体作用。二是根据农户的实际需求，本着"想干啥就学啥，学好啥就干好啥"的原则，有针对性地开展种植、养殖等实用技术培训和特色产业的培育技能，提高群众（特别是贫困户）的致富技能。三是利用闲暇时间组织群众开展丰富多彩、健康向上的文体活动，通过文体活动集聚村民、沟通思想、交流经验，达到邻里互相关心帮助、共同发展致富的目的。四是根据全体农户履行脱贫攻坚"两不愁、三保障"主体责任，遵守国家法律法规，履行村规民约主体责任等情况设定 10 条责任义务，对履行责任义务表现优秀的农户和村组，在村民大会上给予通报表扬，并在政策、项目、资金等方面给予倾斜。对不履行责任义务的农户和村组进行相应的惩罚。最大限度激发贫困户内生动力，为打赢脱贫攻坚战、建设美丽乡村、促进乡村振兴提供坚强组织保障。

（5）突出问题导向，坚持激发动力，变"要我脱贫"为"我要脱贫"。产业发展增收是稳定脱贫渠道之一，但中课镇劳动力大部分外出务工，劳动力不足影响了产业发展，同时每个村都会有些村民年轻力壮却无所事事，游手好闲，爱酗酒、不爱干活，内生动力不足。中课镇因地制宜，对此部分人群采取军事化管理和劳动技能培训，督促带动他们以劳取酬，激发脱贫的内生动力。培训要求每天上午出操、队列队形训练，镇村两级的相关人员对脱贫攻坚、低保、户籍、林业等扶贫政策进行授课，授课人员不讲大的理论，单刀直入，直接给他们讲解需要他们干什么、怎么干，以及要达到的目标。每天下午到村上流转的15亩基地上进行农村实用技术培训，此次培训共31人参加，采摘油蜡1920公斤，价值7680元，并备好细芽菜基地4.5亩。通过5天的培训，内生动力不足的学员从刚到村上长头发、目光呆滞变成了有纪律、听指挥的人员，精神面貌焕然一新，而且还掌握了部分劳动技能及相关脱贫知识。实行扶贫与扶志相结合，扶贫扶志扶精神，脱贫脱困脱俗气，鼓励他们通过辛勤劳动、发展产业、靠自己的努力脱贫致富，引导群众树立自力更生、脱贫光荣的理念和志向，从根源上改变了贫困群众的落后观念和思想。

4. 新厂镇

（1）组建一支队伍，完善自治体系。新厂全镇5个行政村中有4个是边境村，西部、北部与缅甸佤邦的龙潭区、昆马区接壤，国境线长达28.8公里，守边固边任务艰巨。早在2014年，新厂镇为加强村民自治，率先在全县开展村民互助联动小组组建和管理工作，以村民小组为单位，10—20户组成一个互助联动小组，村民互帮生产互助劳动，经过不断的探索，在边境地区初步形成了一套行之有效的治理体系，为乡村治理奠定了良好基础。

抓好示范带好头。随着脱贫攻坚工作不断深入，现有治理体系已不能适应新时代要求。为此，新厂镇党委抓住县委县政府关于组建脱贫工作委员会契机，经过充分讨论研究，找准建立脱贫工作委员会与互助联动小组制度的结合点，在强化党组织引领基础上，迅速行动。经过筛选，决定在阿莫村七组开展全镇脱贫工作委员会组建示范工作。镇党委书记亲自带队，现场开展摸排和推选，阿莫村七组党支部牵头，由支部书记组织党员、群众代表、互助联动小组长参与了讨论，初步推选了委员候选人。脱贫工作委员会的组建，是在党领导下的村民自治的延伸，是党的统一领导下的农村分权治理模式和管理方式的新探索，得到了村民们的一致支持。经过摸排准备，2014 年 4 月 15 日，阿莫村七组顺利召开脱贫工作委员会推选大会，选举了七组支部书记岩块等 7 人，组建了全镇第一支村民小组脱贫工作委员会。此外，镇党委还组织党政领导班子成员、其余各村第一书记、驻村工作队员参加了推选大会，现场学习，现场就全镇组建工作进行了安排部署。

营造氛围全面推开。会后，镇党委及时提炼组建流程、注意事项，完善方案，明确时间节点，在各级党组织中大力营造党员带头参与组建的良好氛围。随着组建工作全面开展，各级党组织也纷纷响应，将有想法、有能力的党员选入委员会，带头参与管理。全镇 36 个村民小组共选举委员 220 人，脱贫工作委员会在村"两委"领导下，按照具体工作流程、管理办法开展工作，边境地区乡村治理体系进一步健全。

（2）建立"两金"制度，提升内生动力。为进一步发挥脱贫工作委员会作用，镇党委书记亲自带队，深入各村民小组调研座谈。结合边境村民生活习惯和特点，有针对性地指导完善村民小组《村规民约》。同时将农户享受部分惠农政策与遵规守纪有机结合起来，探索建立农户参与村庄治理、稳边固边的教育、引导、约束、惩戒的"两金"制度。

建立"保证金"制度。凡村民小组常住农户，以户为单位，每户预缴"保证金"，金额由村、组自定，农户承诺遵守《村规民约》规定，违反规定条款将进行处罚，罚款从预缴的"保证金"中相应扣除。处罚所得充入组集体经济收入，作为组脱贫工作委员会管理工作经费使用。以一定的约束，引导村民遵规守纪，逐渐将维护规矩、守土固边作为行动自觉。

建立"正向激励金"制度。用组民小组集体经济收益建立"正向激励金"，每年年底对《村规民约》执行到位，未扣除"保证金"的农户进行正向奖励，奖励金额分配由党支部和脱贫工作委员会根据实际情况提出，召开村民小组群众大会通过执行，通过奖励倡导正确的行为价值观，提升群众内生动力。

为强化党组织和党员带头作用，在提升村民内生动力中，各级党组织以更高标准要求，对违规违纪的党员从重处罚，倡导党员主动在参与脱贫攻坚、提升人居环境、治理歪风邪气、摒弃好吃懒做、引领边境地区文明乡风上带头。群众上行下效，逐渐形成边境地区村民"自我管理、自我服务、自我教育、自我监督、自我评价、自我发展"的稳边固边工作格局。

（3）理顺三重关系，助力脱贫攻坚。脱贫工作委员会作为党指导村民自治的新尝试，是否能发挥作用，事关党的脱贫攻坚政策是否能走通"最后一公里"。为此，镇党委认真研究队伍建起来，还要用起来的问题，理顺基层党组织、脱贫工作委员会、建档立卡贫困户的关系。

党组织带着学。研究制定了《新厂镇脱贫工作委员会培训方案》，自5月起，每月由各村级党组织召集"村民小组脱贫工作委员会"委员进行一次轮训活动，提供各村民小组委员会交流平台，在党组织的带领下，互相学习，扬长避短，提高队伍整体能力和业务水平。

脱贫工作委员会领着干。按照精准扶贫原则，进一步完善财政支农资金支持资产收益扶贫方式，建立正向激励机制，由脱贫工作委员会按照实际定岗定责，将肉牛股权量化分红、中蜂养殖分红等财政支农资金支持资产收益扶贫项目形成的经济收益分配与建档立卡贫困户劳动挂钩。一方面设置"集体工作队"，将固边巡逻、生产劳作、帮穷助困等纳入集体工作设置岗位，参与项目的贫困户，通过分析项目到户收益和农户劳动能力，确定农户劳动量化积分，按照积分编入1个或多个集体工作队。另一方面设置"个人工作岗"。将人居环境、党群活动场所维护、监督协助等纳入岗位设置，根据贫困户家庭、身体状况、生产资料等情况设置具体的岗位及薪酬标准，按照规定享受收益金额。由脱贫工作委员会负责日常监督、评分，让贫困户通过自己的劳动获取收益，确保岗位薪酬成为贫困户稳定、持续的收入来源，确保边境村民在脱贫攻坚中不掉队，有尊严地实现脱贫。

党员帮着管。在执行中，对不配合参与的贫困户，由党组织指定党员对其实行"一帮一"教育整改，充分发挥党组织敢于动真碰硬的优良传统，为激励分配机制实施提供坚强保障。通过这样的联动，确保贫困户有人帮、有人带，增强了贫困户脱贫致富的信心和决心。

（4）做好"四位"宣传，提高自治意识。面对群众自治意识差，内生动力不足的历史问题，新厂镇党委政府从群众思想源头想办法，找措施。

扶贫干部带头宣传。把提升群众内生动力作为镇机关、驻村扶贫工作队每日半小时学习内容，让大家提高认识，在工作中将提升内生动力作为日常工作，抓在日常，在与农户的接触中，逐渐培养自立思想，以身作则带动群众转变。

双语广播天天宣传。充分摸清贫困户家庭情况和致贫原因的基础上，结合现有政策和方向，录制了脱贫攻坚政策宣传双语广播，在36个村民小组滚动播放，将对贫困户的思想引导作为脱贫攻坚的先导性工作，坚持把思想引导置于全县脱贫攻坚的全过程，力求让村民形成统一认识，帮助群众领会扶贫脱困的真实内涵。

丰富平台经常宣传。利用党支部"主题党日""乡村夜校"等平台，集中开展宣传贯彻党的十九大精神暨"自强、诚信、感恩"主题教育活动，邀请挂包单位领导为所在村"两代表一委员"、村组干部、党支部书记等作集中培训，不仅对党的十九大精神作了深入学习，同时根据村民自治实际，针对性地讲解乡村治理内容。观看《佤佤族》纪录片，讲差别、讲变化，让边境地区群众树立发展观念，知党恩、感党恩。树立典型重点宣传。有针对性地加大各村致富带头人的培训和扶持力度，通过资金、项目、政策的支持，为典型成长创造条件，鼓励致富带头人因地制宜地发展脱贫项目，并通过这种示范和带动作用，让贫困群众能够学有目标、赶有方向；同时深入挖掘艾刀来、岩龙、岩帮兴等一批基层党员干部典型案例，通过他们的精神和脱贫经历，广泛在贫困群众中学习宣传，营造守边固边、勤劳致富的浓厚氛围，扩大示范引路效应。推广窝羊甘蔗种植基地、代格拉青贮玉米种植基地、永广皇竹草种植基地等产业典型示范基地，让群众从实际的效益中看到脱贫的希望，激发脱贫发展的内生动力。

三、"村民小组脱贫工作委员会"的运行

（一）村民小组脱贫工作委员会的设置与工作机制

2018 年习近平总书记指出："要坚持扶贫同扶智、扶志相结合，注重激发贫困地区和贫困群众脱贫致富的内在活力，注重提高贫困地区和贫困群众的自我发展能力。"按照习总书记以及《中共中央、国务院关于打赢脱贫攻坚战三年行动的指导意见》的指示，西盟县结合自身在脱贫攻坚过程中的实际情况，创造性地在村民小组中成立"村民小组脱贫工作委员会"，全面强化贫困地区农村基层党组织领导核心地位，切实提升贫困村党组织的组织力的要求，积极探索符合西盟县域实际情况的扶贫发展模式与工作方法。成立"村民小组脱贫工作委员会"，为基层组织体系的完善与贫困群众内生动力不足等问题的解决提供了有效的创新做法，形成了脱贫攻坚与基层党建、乡村治理相融合，贫困群众精神与物质"双脱贫""双摘帽"的模式。

根据西盟县农村基层实际情况，西盟县委、县政府积极引导农村基层开展"村民小组脱贫工作委员会"的设置。

第一，脱委会的设置。脱委会由村民大会选举产生，而村民大会由村"两委"和村民小组党支部组织召开，最终推荐选举产生生产、生活、宣传、治安等委员，并在委员中选出1名主任（一般由村民小组长或党支部书记兼任）。从这一生成逻辑，我们可以看出脱委会的产生是在党组织的领导下进行的，充分发挥了党的组织优势和组织能力，并且进一步压实加强村民小组干部的力量，在村"两委"及村民小组、党支部领导和监督下代表村民对本村民小组范围内的公共事务开展管理服务。对农户数量在100户以下的村民小组设委员5名，户数达100户以上村民小组设委员7名。这样使得脱委会的规模与村集体大小相衔接，充分发挥脱委会成员的工作积极性，又不至于特别增大工作压力，影响脱委会成员的积极性。

第二，脱委会的工作机制。在保持现有村民小组设置格局的前提下，实行委员议事制度，充分确保脱委会实行民主选举、民主决策、民主管理、民主监督。并且要求每周召开一次委员会会议，研究本周内需要协调解决的问题，并在每月召开的村民大会或村民代表大会上通报近期脱贫攻坚工作任务及要求。具体工作机制如图1所示。

（二）脱委会委员的分工

西盟县委、县政府出台《西盟县关于完善村民自治、提升农户脱贫攻坚内生动力的指导意见》和《西盟县关于进一步发挥村集体经济带动作用、在建档立卡贫困户中实施激励分配机制的指导意见》，指导各"村民小组脱贫工作委员会"，结合本组实际，组织发动群众落实各项脱贫攻坚政策，紧紧围绕"两不愁、三保障"脱贫指标，管好本组内事务，推动本组产业发展、组织外出务工就业、调解邻里纠纷、整治环境卫生、宣传惠民政策等工作，积极响应号召主动通过自己的努力实现脱贫，走向小康。具

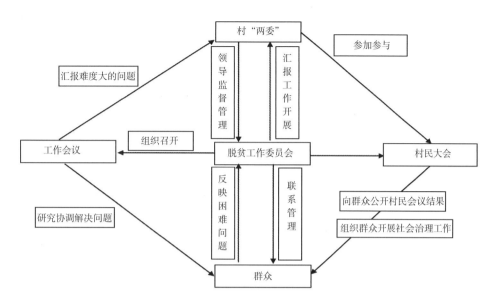

图 1 村民小组脱贫工作委员会工作机制

体职责如下：

委员会主任职责，即在镇党委指导下，村"两委"、村民小组、党支部的领导和监督下，带领委员会委员和本组村民按照《村规民约》规定，实行村民自治，主持脱委会的全面工作，负责召集和组织脱委会的委员讨论、制定本村民小组的脱贫攻坚发展计划，带领本组村民走共同富裕的道路。完成上级党委、政府及村"两委"交办的工作任务。

生产委员的职责，即积极协助参与本组产业发展，安排好村民的生产，解决生产中的难题，动员村民自觉参与全村的产业发展，自主发展产业，提高村民经济收入。

生活委员的职责，即对组内村民特别是困难、特殊群体，通过事务代理、开展互助、志愿服务等方式，提供多样化、便携式服务，为村民排忧解难。负责组织村民开展组内道路、环境卫生、绿化、河道整治等建设、管理工作，保证组内环境整洁、卫生、优美。

治安委员的职责，即负责做好本村民小组矛盾纠纷的排查和调处工作，及时化解村内不稳定因素，调处村民纠纷，促进邻里团结，维护本地稳定，依靠党员、群众共同做好矛盾纠纷的化解工作，创造文明和谐的农村环境。

宣传委员的职责，即负责做好本村民小组相关政策宣传工作，并做好日常的信息采集和沟通服务工作。通过明确工作职责，使得脱委会成员的工作内容更加明确，从而做实脱委会组织，使村民小组脱贫工作委员会切实在西盟脱贫攻坚中发挥村民自身的动力与能力。截至2019年，全县已成立"村民小组脱贫工作委员会"366个，选举产生委员1701名，覆盖全县所有村民小组。

第二节　全民动员："六强化六起来"多管齐下

在党的十九大报告中，习近平总书记深刻阐明了"坚持和加强党的全面领导"的重要内涵与重要意义，就是党的政治领导、思想领导、组织领导。党的政治领导就是确保党的路线、方针、政策等重大决策的领导，保证社会主义方向；党的思想领导就是坚持习近平新时代中国特色社会主义思想的指导地位，是灵魂；党的组织领导就是坚持党的组织路线，贯彻党管干部的原则，执行民主集中制的组织原则和制度，动员广大人民群众坚定不移地跟党走，党的组织领导是根本保证。这是新时代党的全面领导在外延与内涵上的进一步拓展与深化。中国共产党的领导是中国特色社会主义最本质特征和最大的优势。党的全面领导也深入到社会组织中，这是将党的全面领导落实到具体工作中的体现。在西盟县成立的"村民小组脱贫工作委员会"，实现了纵向六级联动和贯通，将党的组织领导真正扎根到了基层，同时又通过"六强化六起来"实现了横向的全民动员，真正将群众凝聚在了党周围，并发动了群众全面参与脱贫与乡村振兴，可以说，

"村民小组脱贫工作委员会"充分体现了中国共产党的组织优势以及群众路线优势。

一、六级联动纵向贯通

贯通六级联动——县、乡（镇）、村、组、户、人，主要解决党政民心的内在联结问题，着力广泛聚合各方合力。

一是县，即县委、县政府。强化组织机构，成立以县委、县政府主要领导为组长的脱贫攻坚工作领导小组和脱贫攻坚指挥部，县指挥部下设党建阵地、发展产业、教育卫生、监督检查审计、数据信息等11个工作组，统筹推进脱贫攻坚各项工作。完善帮扶机制，建立"县委常委挂联乡（镇）、县级领导挂包贫困村、部门挂包村民小组、干部职工挂包贫困户"的结对帮扶工作长效机制，组建34支125名驻村工作队员，省市县共计3689名机关干部与34个贫困村、9230户建档立卡贫困户开展结对帮扶，全覆盖结对帮扶；建立脱贫攻坚工作联络员制度，抽调7个乡镇7名联络员参与县级并指导乡镇脱贫攻坚工作。

二是乡（镇），即乡（镇）党委、政府。成立以乡镇党委、政府主要领导为组长的脱贫攻坚工作领导小组，下设办公室，统筹农业服务中心、城镇规划服务中心等各中心站所，并组建34个包村镇工作组、派驻各行政村参与脱贫攻坚工作，有效引领推动和严格监督各村脱贫攻坚工作。

三是村，即村党总支、村"两委"、驻村扶贫工作队。整合人员组队，整合镇工作组、驻村扶贫工作队、村"两委"和水利员、护林员等"八大员"人员，组建驻村扶贫工作小队。包片分工负责，将村民小组按分片划定责任区，具体落实、统筹协调推进所负责片区党建阵地、发展产业等10项主要工作。

四是组，即组党支部、脱贫工作委员会。加强村组党支部组织建设，发挥党员"一带一"或"一带多"精准帮带作用。以脱贫工作委员为载体，交叉挂联建档立卡户和非建档立卡户，充分发动群众，严格按照《村规民约》《村民公约》等自治约定，接受村"两委"领导、村务监督委员会及全体党员和群众的有效监督，大力发扬基层民主自治，并与法治、德治相结合，实现乡村有效治理和脱贫工作顺利推进。

五是户，即卡内户、卡外户。建档立卡户在脱贫工作委员会的领导下，通过设岗定责参与脱贫攻坚和乡村治理工作，聚焦保"五通"（通路、水、电、广、网）、确"四有"（有文化室、卫生室、学校、集体经济），经过有效监督和表决，定时按劳获得资产收益激励分配；非建档立卡户主要通过村社一体合作社带动建档立卡户，开展生产、劳务和股份多元合作，完善利益联结机制，壮大集体经济，获得集体经济二次分配。卡内卡外户互联互助，实现共同发展，有效消除和化解矛盾。

六是人，包括有劳动能力者和丧失劳动能力者。引导强劳动力更多参与集体经济发展，对内进行社会化服务、对外通过订单、劳务、租赁、股份等多种利益联结机制对接龙头企业或市场，实现集体经济壮大、整合资金增值，进而获得集体经济二次分配。引导弱劳动力更多参与服务乡村治理，获得资产收益激励分配。丧失劳动能力的，在盘活其土地等资产、资源、资金的前提下，经过脱贫工作委员会初定、村"两委"初审、村民代表大会表决等程序，享受福利性社会兜底保障。

二、"六强化六起来"全面动员

（一）强化组织引领，把群众"联起来"

近年来，在全力、全面、全速推进脱贫攻坚工作过程中，部分贫困户主体地位认识不到位、脱贫内生动力不足，是阻碍西盟县脱贫步伐的主要难题。为破解这一难题，西盟县按照《中共中央、国务院关于打赢脱贫攻坚战三年行动的指导意见》关于"深入推进抓党建促脱贫攻坚，全面强化贫困地区农村基层党组织领导核心地位，切实提升贫困村党组织的组织力"的要求，积极探索在村民小组中成立"村民小组脱贫工作委员会"，对农户数量在100户以下的村民小组设委员5名；户数达100户以上村民小组设委员7名。"村民小组脱贫工作委员会"由村"两委"和"村民小组"党支部组织召开村民大会，推荐选举产生生产、生活、宣传、治安等委员，并在委员中选出1名主任（一般由村民小组长或党支部书记兼任）。同时，出台《西盟县关于完善村民自治、提升农户脱贫攻坚内生动力的指导意见》和《西盟县关于进一步发挥村集体经济带动作用、在建档立卡贫困户中实施激励分配机制的指导意见》，指导各"村民小组脱贫工作委员会"结合本组实际，组织发动群众落实各项脱贫攻坚政策，包括推动本组产业发展、组织外出务工就业、调解邻里纠纷、整治环境卫生、宣传惠民政策等工作。"村民小组脱贫工作委员会"的成立，为解决村"两委"人手少、事务多、工作开展困难等问题找到了途径，基层组织建设得到加强，干群关系更加密切，使村"两委"发展生产、带领群众致富和化解矛盾能力不断增强。

（二）强化激励约束，让群众"动起来"

"村民小组脱贫工作委员会"紧紧围绕"两不愁、三保障"目标和乡村治理需要，进一步修改和完善《村规民约》，创新落实"早干多支持，晚干少支持"的政策安排，切实把思想引导和奖惩结合起来，用"正激励"和"负激励"，全面激发群众内生动力。在具体执行过程中，由村"两委"牵头，村务监督委员会实时监督，"村民小组脱贫工作委员会"具体实施，对积极遵守《村规民约》，在脱贫攻坚中作出表率和贡献的，给予政策、项目、资金等方面倾斜，在村民代表大会上通报表扬和张榜公示，并给予一定程度上物质奖励；对部分贫困户依赖思想严重，不参加公共事务、不按要求参与脱贫和发展产业，甚至阻挠村镇脱贫等行为，视情节严重程度和造成影响，在村民代表大会上通报批评和张榜公示，并给予一定程度上经济处罚。比如，某贫困户是该组第一例因"整天在家酗酒、不参加集体劳动、等着政府发救济金"受到在村民代表大会上自我检讨和缴纳 50 元经济惩罚的村民。《村规民约》的执行，一开始他们觉得没有面子，但经过"村民小组脱贫工作委员会"的思想引导，他们真正意识到自己的问题所在，积极加入茶叶发展计划，按要求完成了产业发展目标。现在，组里怨天尤人的少了，专注致富信息的多了；喝酒不干劳动的少了，交流脱贫心得的多了；事不关己的少了，互帮互爱的多了。激励约束机制的建立，不断强化了约束和管理，激发了贫困户内生动力，全县呈现出努力奋进的好状态、好风气、好习惯。

（三）强化岗位设置，让群众"干起来"

"村民小组脱贫工作委员会"紧紧围绕唤醒自尊、树立自信、培养群众"劳动脱贫"意识，根据组内实际情况，设置不同的发展生产类和公共服务类工作岗位，重点设置了生产发展岗、水电维护岗、保育看护岗、环境清洁岗、道路维护岗、河道维护岗等岗位。并根据贫困户家庭情况，安排适合的岗位，让贫困户通过劳动获得有尊严、可持续的收入。"村民小组脱贫工作委员会"坚持每月召开一次成员会议，对贫困户完成岗位工作情况进行评定打分，根据贫困户得分情况上报村民小组讨论和"村两委"备案，最后由全体村民民主决策。对按时、按质、按量完成岗位工作任务的贫困户，由"村委会"从整合的资产性收益给予发放岗位薪酬；对未完成岗位工作任务的贫困户，不予发放或扣除部分岗位薪酬。比如，某村民曾经是该组比较出名的"懒汉"，自该组"村民小组脱贫工作委员会"成立以来，对所有享受资产收益扶贫项目的贫困户进行设岗定责，共设置公共服务类岗位 4 类 28 个，他被安排到的工作岗位是负责 50 米组内道路两旁环境卫生。在村民监督下，他每天都到自己负责路段清扫环境卫生。通过岗位劳动，他知道了"政策不养懒汉"，"懒病"治好了。生产发展岗和公共服务岗位设置，使村内荒置的土地有人耕种、老人病了有人看护、村庄环境有人维护、邻居矛盾有人化解，促进农村社会和谐稳定，提高了村民对乡村公共事务的参与度，逐步形成良好的生活习俗和文明的行为方式。全县共开发生产类和公共服务类岗位 7694 个，人均年增收 2640 元以上，岗位薪酬成为贫困户一项稳定、持续的收入来源。

（四）强化党员帮带，把群众"带起来"

"村民小组脱贫工作委员会"60% 以上的委员由党员担任，按照各自特长分别担任相应职务，主任及委员每人负责联系 10—20 户农户（包括建档立卡户和非建档立卡户），构建起以党组织为引领，"村民小组脱贫工作委员会"为载体，开展党员（委员）"一帮一带"活动为抓手，致力于脱贫攻坚和公共事务管理的乡村治理体系。"一帮"，即党员（委员）以思想上帮扶、生活上帮扶、生产经营上帮扶为主要内容，引导贫困群众树立信心，发展生产，脱贫致富。比如，二妹是富母乃寨"村民小组脱贫工作委员会"的宣传委员，也是寨子里养蜂工厂的技术员，主要负责对贫困户的义务帮扶，带领其开展中华蜂养殖，使其年收入增加 2500 元以上。同时，二妹还将寨子里的 9 个贫困户介绍到养蜂厂务工，成了"小领班"，承担起了带领群众共同致富的责任。"一带"，即党员（委员）"一带一"。通过与建档立卡贫困户结成帮扶对子，签订《帮带责任书》，为想创业能干事的 1 户或联合创业的多户贫困户讲政策方针、传致富经验、带科学技术、劝邻里纠纷、帮贫困家庭，充分发挥党员（委员）的模范带头作用。比如，新厂镇永广村"村民小组脱贫工作委员会"，结合全县产业发展规划，组织发动全村 457 户有意愿村民种植皇竹草 372

亩、青贮玉米 1345 亩，户均年增收达 5600 元以上。在种植管理环节，成立"生产队"，组织农户开展种植技术培训，做到"统一品种、统一播种节令、统一种植规格、统一病虫害防治"四个统一，产业组织化程度全面提升；在收割环节，将本组内有运输车辆和运营资质村民组织起来，成立"运输队"，组织发动群众"统一收割、统一装车、统一运输"，大大降低了群众运输成本和劳务成本；在加工环节，组织农户实施"工厂化管理"，科学制定加工流程，农户在生产线上工作，按时上下班，生产效率极大提高。通过开展党员（委员）"一帮一带"，以先进带后进、先富带后富，村民自我管理、互相帮助、共同致富，真正起到"点亮一盏灯，照亮一大片"的示范作用。

（五）强化素质提升，让群众"强起来"

"村民小组脱贫工作委员会"坚持以"扶志、扶智"为主要任务，大力弘扬"幸福都是奋斗出来的""好日子是自己努力创造的"，着眼于群众就业创业能力提升，通过扶知识、扶技术、扶思路，帮助农户掌握实用技术和劳动技能，确保每一个有学习意愿的贫困人口都能得到有针对性的培训，获得一次免费的就业推荐；通过扶思想、扶观念、扶信心，大力宣传扶贫政策知识，让群众懂政策、用政策、享政策，帮助贫困群众在思想上"脱贫"。2019 年以来，全县通过"村民小组脱贫工作委员会"组织村民参加实用技术培训和劳动力转移就业培训共计 256 期 27193 人，实现有组织新增转移就业 1.7 万人，并先后组织脱贫示范户讲述自己的"脱贫故事"、观看《走进西盟看发展》《幸福是奋斗出来的》等脱贫励志新闻，帮助群众把脱贫的信心树起来、劲头鼓起来。通过扶贫扶志扶精神，脱贫脱困脱等靠，从根源上改变了贫困群众的落后观念和思想，实现"要我脱贫"到"我要脱贫"的转变。

（六）强化产业带动，让群众"富起来"

"村民小组脱贫工作委员会"以带领群众增收致富为主要目标，紧紧围绕全县产业扶贫举措，经过村民大会同意，把单个农户的土地等生产资料联合起来形成合力，把产业扶贫资金整合起来形成资产，开展"股份联结、劳务联结、订单联结、租赁联结、保险联结、激励联结"等方式形成利益联结，实现资产（资源）变股权、资金变股金、农民变股民、收益有分红，提高群众生产的组织化程度，为实现农业产业化提供组织保障。比如，勐梭镇班母村十四组通过"村民小组脱贫工作委员会"，按照"企业+合作社+贫困户"的模式，依托班母村红太阳劳务合作社，成立"扶贫车间"，将有劳动力但无法通过自身发展实现脱贫的贫困户纳入"扶贫车间"进行管理，成为"车间工人"。并通过"村民小组脱贫工作委员会"牵线搭桥，将组内闲置土地承包给养蜂企业，养蜂企业与贫困户构建劳务合作关系，根据用工需求为贫困户安排工作岗位，解决了 10 户贫困户固定就业问题、30 余户临时务工问题。同时，采取边雇佣、边传授技术的方式，让贫困户既能有收益也能掌握养蜂技术；针对有发展意愿、具有培养潜质的贫困户，聘用其成为养蜂场固定工人，按照每月 2600 元的标准发放工资，每年实现 31200 元的稳定收入。通过"村民小组脱贫工作委员会"组织、龙头企业带动、贫困群众参与，着力构建利益联结机制，提高了农民的组织化程度和农业产业化水平，有效地帮助农民增强抵御自然风险、市场风险能力，获得持续稳定的收益。

三、"村民小组脱贫工作委员会"的效果

（一）农村基层组织得到充实，党员干部示范引领作用充分发挥

我国农村基层事务繁杂，农村基层工作是"上面千条线，下面

一根针"。"上面千条线"非常典型地说明了政府机关与部门工作的分工，"下面一根针"是说基层工作分工没有"上面"明确与清晰，没有专门的部门与之对应。因此在"上面"分配工作到"下面"时，因为没有专门的对口部门而变成笼统的"块块"应对。农村"两委"组织在应付"上面"的工作就已筋疲力尽，根本没有余力来发挥其自治组织的功能，造成基层组织行政职能突出，服务职能弱化。脱委会由村民选举产生，对村民小组内的脱贫工作进行自我监督、自我管理、自我服务、自我教育，并且是在村"两委"的指导下开展工作，这样有效弥补了村"两委"人手少、事务多、工作开展困难等问题。从组织结构上讲，脱委会突破了原有的"政府—村委会—农民"的基层治理结构，形成"政府—村委会—脱委会—农民"的治理结构，能在很大程度上减轻基层组织的工作负担，弥补原有组织功能定位上的缺陷，同时，增大农民自身参与涉农事务的管理，从而维护自身权益。

从脱委会的工作机制我们可以明确地知道，脱委会是在村"两委"的领导下开展工作的，负责落实村"两委"布置的脱贫攻坚工作，带领贫困群众脱贫致富，其模式具体表现就是"党支部+脱委会+农户"，是基层党组织对脱委会进行绝对领导，充分发挥农村基层党组织示范引领作用的重要抓手。

第一，从脱委会成员的构成上看，以中共党员为主体，确保脱委会组织性质。据统计，"村民小组脱贫工作委员会"60%以上的委员由中共党员担任，并且按照各自特长、能力水平等分别担任相应职务，并负责联系5—20户不等的农户，扎实开展党员（委员）工作。

第二，在工作内容与形式上，充分发挥党员的先锋模范作用，强化了党的领导。西盟县在脱委会成员中广泛开展"一帮一带"活动。通过"传、帮、带"的方式加强对脱委会成员的培养与培训，打造一支扶贫铁军。

实践证明，把脱委会作为村集体实行基层管理的主要抓手，探索实施"先锋强志"工程，大力推行"党支部+脱委会+农户"等模式，充分发挥了农村基层党组织示范引领作用，也是农村基层党建扶贫工作的有效体现。通过脱委会的有效运作，基层党组织的建设和执政能力得到充分发挥，构成了党在基层执政能力建设的落脚点，使得基层党组织充满活力。

（二）群众内生动力得到增强，自我组织能力得到提升

通过党组织的引领，群众参与的脱委会工作机制，促进组织建设下沉到村组一线，促使群众以组织的形式参与到脱贫攻坚的各个环节，充分发挥群众的主体作用，激发了群众的内生动力，通过先进文化扶"志"，让贫困群众树立起不惧艰难、战胜贫困的坚定信念；通过传统文化修"德"，遏制不良风气，移风易俗，让人心向善、人心向美，激励了贫困群众自立自强、自信自坚、脱贫致富；通过文明习惯促"变"，改变其不良的生活习惯、卫生习惯。从一点一滴的"小变化"最终积累成翻天覆地的"大变化"，从而实现"要我脱贫"到"我要脱贫"的转变。

脱委会成员素质得到提升。通过一系列的组合拳工作提升脱委会成员素质，促进其自我组织能力提升。

第一，通过"先锋强志"工程，以"先锋指导员"和"先锋委员"两支力量提升脱委会组织力。"先锋指导员"兼任村民小组党支部党建指导员，突出其政治功能，指导村民小组党支部党建工作，在"党支部+脱委会+农户"模式的运作下，加强脱委会的建设，发挥"先锋指导员"在农村基层党组织和社会组织中的示范引领作用，从而提升农民自我组织能力。

第二，通过各种培训活动提升脱委会成员素质与能力。一方面开展"万名党员进党校""干部夜校""乡村夜校"等培养与培训活动，强化了"先锋指导员"和"先锋委员"的思想自觉和行动自觉。另一方面通过对脱委会成员开展轮训，构建学习交流平台，

提升了脱委会成员的认识水平，使其在思想上进行了再锻造，思想素质得到进一步优化，进一步发挥了其参与民主自治、经济建设、脱贫攻坚方面的带头作用，带动群众参与基层事务的积极性、主动性。

第三，严格村组干部任职资格联审程序，有效提高脱委会干部队伍素质，净化队伍环境，确保脱委会队伍素质。

（三）干群关系和谐，齐心协力谋发展

"村民小组脱贫工作委员会"实行的是选举制，将村里能力强、威信高的村民选举出来，真正发挥了村民的"自我管理、自我服务、自我教育"的"三自"原则，将党的群众路线落到实处。另外在治理资金上，脱委会成员工作报酬来源于其参与的脱贫工作，带领村里的贫困户集体参与企业劳动与工作，不需要国家和政府从财政上开辟专项资金予以支持，减轻了国家和政府的财政压力。另外在人力资源上，脱委会成员都是思想过硬、在村里有威信且在某一方面有突出专长的能手，由这些农村"精英"协助村"两委"发展生产、带领群众致富和化解矛盾，乡村社会治理效果得到强化。

同时，通过推行党员"一带一"结对帮扶机制，为想创业能干事的贫困户进行政策引导、技术帮扶、管理指导，帮助解决贫困群众致富无门路、无技术的难题；通过"脱贫车间"进行"定岗设责"，让每户建档立卡贫困户都有适合自己的岗位，实现了按劳取酬、多劳多得、不劳不得的工作格局，从而真正达到让党员行动起来、贫困群众参与进来，形成合力共同参与脱贫攻坚的目的。

如果说村"两委"实现了国家与农民的"联结"作用，那么村民小组脱贫工作委员会则是实现了对农村居民的"组织"作用。"虽然作为国家与农民联结中介的农村基层组织的具体功能要求发生了转换，但是，农村基层组织基础能力的需求却一直强烈存在。没有农民

的现代化，就没有中国的现代化。"① 没有贫困农民的"自我组织化"，就根本不可能产生贫困群众的内生动力，扶贫对象也就根本不可能转变为扶贫力量。

（四）农村人居环境明显改善，乡村振兴有希望

以农村垃圾、污水治理和村容村貌提升为主攻方向，整合各种资源，在脱贫工作委员会的管理下通过设岗定责和人人参与村庄治理等举措，稳步有序推进农村人居环境突出问题治理，营造了"人人爱护环境，人人参与环境整治，携手创建文明村寨"的良好氛围，持续推进生态宜居的美丽乡村建设，拉开乡村振兴的序幕。

总之，农村基层党组织和基层自治组织统称为农村基层组织。以王文峰为代表的部分学者从组织的性质与领域将农村基层组织分为政治、经济和社会服务性组织。贺雪峰从农村不同的序列层次及结构将农村基层组织分为"乡镇组织、村组干部和村民中的党员、积极分子等三层"②。作为西盟农民自我组建的脱委会，在乡村治理中发挥着重要功能，是乡村治理的重要节点，是国家与农民的中间桥梁，也是农民进行自我治理、自我服务、自我教育的组织者、承担者。脱委会从其产生上讲属于村民自治性组织，由村民小组共同选举产生，从其范围上说属于农村基层组织的范畴，承担着小组内村民的引导、组织、教育、管理、控制、协调、激励、服务等功能。脱委会的创立，能够有效地弥补原有基层组织功能发挥不畅、不足的状况，并实现了对村民的组织与管理，村民自我组织能力得到提升。

---

① 贺雪峰：《论农村基层组织的结构与功能》，《天津行政学院学报》2010 年第 6 期。
② 贺雪峰：《论农村基层组织的结构与功能》，《天津行政学院学报》2010 年第 6 期。

第三节　扎牢根基：经济激励与
精神激励双重推动

　　脱委会是西盟脱贫工作的一大亮点，且效果显著、群众反响热烈。对西盟来说，结果更重要，但对于学习经验者来说，其背后的运行机制则更重要。谁都知道组织群众、动员群众的重要性和有益性，但关键是如何动员如何组织。所谓的运行机制是指影响社会运行的各种因素的结构、功能及其相互关系，以及这些因素产生影响、发挥功能的作用过程和作用原理及其运行方式，包括与人财物相关联的各项活动准则与制度。社会各项工作目标的完成与任务的实现，要求各种因素之间相互联系、相互作用，并形成一整套协调、灵活、高效的有机系统，以达成社会各项工作的目标和任务。西盟脱贫工作委员会的运行机制就在于利益联结的激励机制以及自组织的管理机制。

　　利益联结本质上讲也是市场各主体的联结，是各主体从自身的利益出发对市场变化作出反应。在形式上表现为相互的合作、制约与影响等。其内在的机理在于利益的创造、分配与相互间的约束等。[①] 基于利益联结的原理，以利益为核心，从组织联结、利益分配等几个方面对脱委会进行分析与思考。

一、利益联结的经济激励机制

　　利益是通过一定方式，满足人们自身欲望的一系列物质与精神产

[①]　钱淼、马龙波：《合作社为枢纽的农企利益联结机制研究——以山东省院东头镇茶产业为例》，《林业经济》2018 年第 1 期。

品的总称，包括金钱、名誉、社会地位等，在某种程度上说，能够满足自身欲望的所有事物都可称之为利益。马克思曾对人们的利益有过评论，认为"人们奋斗所争取的一切，都同他们的利益有关"①。可以说，人们行动的动力源于人们对利益的追求，是人们社会行动的基础。党与政府、脱委会彼此都拥有资源，但都无法拥有所需要的一切资源，因此，需要彼此相互合作，因为双方在某种程度上拥有对方所需要的资源，从而形成相互的依赖关系。党的群众路线，一切依靠群众，一切从群众中来，一切又回到群众中去，是革命经验的总结，也是对自身与群众资源的一种客观科学的认识。只不过中国共产党与群众的根本利益是一致的，中国共产党是全国人民的利益的唯一合法代表，这是历史实践的体现。习近平总书记强调，消除贫困、改善民生、逐步实现共同富裕，是社会主义的本质要求，也是中国共产党的重要使命。②

在党领导下的村民自我组织，从本质上讲最核心最具影响的因素就是利益。党带领广大贫困群众脱贫致富，从经济上获得收益，从生活水平上得到提升，从教育上得到发展，等等。两者的合作互助，涉及信息的交流、脱委会结构的设定与相关制度的订立等。在这些活动背后都是基于贫困群众的根本利益进行的。各种制度的设置、脱委会工作职责的设定与任务的安排、相关岗位的安排等，从各方面协调贫困群体与非贫困群体、贫困群体之间等主体的利益，有助于调动脱委会参与扶贫与脱贫工作的积极性，同时做好表率作用，带领更多的贫困群众脱贫致富，进而将工作推进到乡村振兴阶段。

（一）"有劳才有得"的设岗定责

在以脱委会为抓手的扶贫与脱贫工作中，涉及贫困户的收益时，

① 《马克思恩格斯全集》，人民出版社1958年版，第82页。
② 习近平：《脱贫攻坚战冲锋号已经吹响　全党全国咬定目标苦干实干》，《人民日报》2015年11月29日。

形成了整合分红资金、按需公益设岗、按岗分类择人、按劳取酬脱贫的"一条龙"工作机制，设置脱委会工作内容与责任，开展公益岗位的设定与评定。

开展分配激励，真正调动脱委会与贫困户的工作积极性。把贫困户公益性岗位设置作为推动脱贫攻坚的重要举措之一，变"输血"为"造血"，对全县所有享受资产收益性扶贫项目的有劳动力的建档立卡贫困户进行设岗定责，由脱委会根据贫困对象家庭、身体状况、能力素质、生产资料等情况设置具体的岗位及薪酬标准，岗位设置主要包括生产性、保障性、公益性等岗位，并确保岗位薪酬成为贫困户稳定、持续的收入来源。同时，每月召开由村组干部及党员参加的脱贫工作委员会议，对贫困户完成工作岗位情况进行评定，按照资产性收益入账情况和贫困户得分情况发放岗位薪酬，既避免贫困户不劳而获，又让贫困户通过劳动获得有尊严、可持续的收入，极大调动了群众产业就业的积极性。

（二）"有奖也有罚"的"两金"制

建立"两金"制度，强化利益约束。以西盟新厂镇为代表的基层党委与政府为了充分发挥脱贫工作委员会的作用与功能，结合各地的生活习惯与特点，以各村的《村规民约》为基准，积极探索包括脱委会成员在内的教育、引导、约束、惩戒的"两金"制度，即"保证金"制度与"正向激励金"制度。

保证金制度，即凡村民小组常住农户，包括"村民小组脱贫工作委员会"成员，以户为单位，每户预缴"保证金"，金额由村、组自定，农户承诺遵守《村规民约》规定，违反规定条款将进行处罚，罚款从预缴的"保证金"中相应扣除。处罚所得充入组集体经济收入，作为组脱贫工作委员会管理工作经费使用。以一定的约束，引导村民遵规守纪，逐渐将维护规矩、守土固边作为行动自觉。

"正向激励金"制度，即用村民小组集体经济收益建立"正向激励金",每年年底对《村规民约》执行到位、未扣除"保证金"的农户进行正向奖励,奖励金额分配由党支部和脱贫工作委员会根据实际情况提出,召开村民小组群众大会通过执行,通过奖励倡导正确的行为价值观,提升群众内生动力。

"两金"制度不仅是对普通村民的内在利益约束,也是对村民小组脱委会成员的内在利益约束,更是关系到脱委会成员荣誉的约束。正如新厂镇永广村的一名委员说的那样:

> 后来,镇上、村上还指导我们定了村规民约,比如:环境卫生维护不好的每次处罚50元;不参加会议的农户,第一次处罚10元,第二次处罚20元,一直到第五次50元。为了执行好村规民约的规定,我们收取每户100元的"保证金",违反规定的农户就要从他交的"保证金"扣出来。年底,对做得好,没有扣钱的农户,我们还要拿"正向激励金"奖励他。我们现在就用这些方法来管理我们的老百姓,脱贫工作委员会负责监督,一组老百姓都认得这些政策,而且"保证金"也全部收齐了。现在整个寨子团结一心,互相帮助,老百姓才会有更大的发展。如果委员都做不好,被处罚,那还有什么威信在寨子里,没有脸再当委员了……

对于脱委会成员来讲,"两金"更是一种事关个人荣辱的大事,因此"两金"对脱委会成员成了利益约束的重要机制与措施。

二、利益联结的精神激励机制

所谓的政治晋升就是行政系统内各级官员在职务上的升迁。政治晋升不仅是企业管理者,也是行政体制内的一项重要激励措施。在很多学者眼里,政治晋升是一种隐形的激励措施,其目的在于选拔体制所需要的优秀精英与人才，激励现有体制内的成员工作积极性。当然由于政治领域中的政治组织任务的多样性与激励的单一有效维度两者间存在无法调和的矛盾，如果对未来晋升抱有非常大期望的成员未能实现，则对其工作积极性的打击也是非常巨大的，毕竟其为晋升所付出的努力得不到晋升的收获，可能会采取离职、消极怠工等负面行为。脱委会成员从性质上讲，属于体制外成员，因此西盟县委、县政府在解决脱委会成员政治晋升的激励上是有自己的考虑与安排的。

第一，在政策上，为脱委会成员由体制外进入体制内提供便利。当然这种政策上的便利是在国家政策允许的范围内，通过国家的遴选与考试，成为公职人员。据西盟县委组织部门介绍："脱委会成员中有党员、外出务工人员返乡的、大学生等，这些是培养村组干部的后备人才。如果表现好的话，可以通过国家的遴选和考试，成为国家的公职人员，如村、镇干部。另外一个渠道是可以通过村委会选举，成为村干部。"根据其介绍，职务晋升在西盟有两个层次：一是由体制外进入体制内，从性质上解决脱委会成员的身份问题，这对脱委会成员来说是一种最大的政治激励，特别是对返乡的大学生来讲，从身份上转变为国家公职人员。二是村干部的后备人选，通过村民大会或代表大会选举成为村干部。这对部分脱委会成员来说是一种特别大的激励。因为成长为公职人员，国家有严格的考试、面试等选拔程序，有严格的要求，对应试者在学历等方面也存在相关的规定，对于直过民族来说，高学历成为绝大多数脱委会成员一个似乎无法逾越的门槛，因此，成长为村干部也被当地视为政治晋升。

第二，认可脱委会成员的劳动价值。对于脱委会成员来说，获得党和政府的认可也是对自己一种莫大的荣誉，更是一种激励，从心理上讲，这种政治认可给予脱委会成员的政治荣誉，让其认识到自身的价值与社会意义，并且党和政府予以确认，在经济、职务晋升等各方面予以倾斜。新厂镇永广村的饿格领与岩苗的谈话很有代表性：

我不是来干这个老板，我是为了农户增加收入才干这个工作，为了带动农户赚这个收入……我不是真的像老板一样地赚多少钱。我熬夜 17 天 17 夜不睡觉，因为政府交给我的，我要完成这个任务……我们组有 17 户 42 人，2018 年一定要带领他们全部脱贫，现在还有 1 户没脱贫。（饿格领）

（作脱委会的委员）对自己很大的影响，给自己带来很大希望，也对老百姓有一个有信心、有能力的带头模范作用……老百姓认可，才选上来。（岩苗）

从脱委会成员的叙述中，我们可以发现，作为一名脱委会成员对村民来讲是一种政治荣誉，"因为政府交给我的，我要完成这个任务""（作脱委会的委员）对自己很大的影响，给自己带来很大希望"等充分说明党和政府的政治认可对脱委会成员的激励作用。可以说这种对政治认可、政治荣誉的重视程度在一定程度上超过了党和政府给予的经济利益上的回报。

同时岗位联结的机制也能强化集体荣誉感。"村民小组脱贫工作委员会"有规定的工作任务和工作内容。比如在勐卡镇出台了《"村民小组脱贫工作委员会"规定动作表》，具体内容为"五抓五保"，即抓军训保纪律、抓生产保收入、抓卫生保环境、抓宣传保满意、抓治安保稳定的工作思路，村组结合实际把军训、生产劳动、卫生环境整治检查、政策宣传、治安巡逻等固定成规定动作，根据本组实际固定开展实践，每个脱贫工作委员会委员根据联系农户情况，建立分片制度，划片区管理环境区域及农户，让委员做到"管好自己的责任田"，所管理的区域或其中 1 户农户不达标，该片区及其余农户均不达标，需要共同帮助整改。这样统一的规定动作，让群众增强集体感，大大提升了农村组织化程度和集体利益观。

第四节 脱贫领路人：脱委会典型人物记

在西盟脱贫攻坚的征途上，以村民小组脱贫工作委员会为纽带，以村民小组脱贫工作委员的各位委员为中心，将所有贫困村民凝聚在一起，"一个都不能少"共同奔小康，打造了西盟脱贫攻坚的奇迹。在奇迹的背后，正是有二妹、尼四理、岩兵、娜前、岩龙等无数个甘于奉献的脱委会委员集体努力的结果。以下仅是选择无数个典型事迹中的几个供大家学习参考。

一、脱贫路上的领路人

尼四理，男，佤族，生于 1966 年 7 月，中共党员，自 1988 年起就担任永不落村七组组长至今，并在脱贫攻坚开始后兼任娄翁美永不落七组脱贫工作委员会主任。娄翁美村位于中课镇北面的库杏河流域，是一个以佤族为主的深度贫困村。2018 年末，全组共有 55 户 172 人，其中建档立卡 33 户 99 人。自脱贫攻坚开展以来，尼四理就带领村民积极投身到脱贫攻坚建设当中。他针对该村社会经济发展落后的实际，结合自然资源和生态环境优势，大力推动特色产业发展，带领群众增收致富，村民的收入有了很大提高，人们的生活水平得到了提升。

深入调查研究，谋划扶贫开发工作思路。三十年来，尼四理经常走村串寨，深入每家每户倾听交流，进行了认真细致的调查，对每家每户的情况都了如指掌，足迹遍布全村每一个角落。为了有针对性地做好脱贫攻坚工作，这几年他重点走访了党员骨干、种养大户、困难户家庭，对本组基本情况、经济发展现状、群众脱贫愿望和扶贫开发规划等有了更深刻的认识。除了直接走访农户外，他还利用晚上业余时间，多次召开群众会议，宣传党和国家方针政策，直接倾听群众呼声，及时回应群众关心的问题，找准致贫原因和制约农村经济发展的主要矛盾，提出对策及建议，进一步确立了脱贫攻坚工作思路，科学合理地确定了本组产业发展的目标、规模、重点。通过他的积极反映，向上争取项目、筹措资金，2015 年以来，完成永不落七组道路硬化 1 条；实施组内道路硬化 3500 平方米，全组入户路与主干道实现互联互通，道路硬化率达到 100%；实施安居房建设 51 户，帮助群众解决了住房安全问题。全面改善本组的生产、生活条件，为永不落七组脱贫致富奔小康创造良好的条件。

做好带头人，为民办实事。2008 年的永不落村还是个产业空白村，基本只有水稻和玉米种植。当年，全村人均纯收入还不到 2000 元，产业薄弱成为制约全村发展的最大障碍。为了解决这一大难题，带动村民发展，尼四理认真分析了本组情况，决定要根据本村丰富的自然资源，因地制宜地走"靠山吃山"的路子，积极探索农民增收新途径。他经过多方实地考察，发现砂仁符合永不落的气候及地理位置，积极与上级领导对接，引进砂仁种植项目，打开当地产业发展的局面。因为是新产业，老百姓普遍抱着怀疑的态度，有些敷衍地完成任务，有些直接把苗丢在家中不去种植。发现这个问题后，尼四理立即组织支部党员开会，他说："我们党员要带好头，先要把党员的工作做通了，党员动起来了，群众也就跟着动起来了"。紧接着，他就带着党员一家一家去调查，做思想工作。在他良好的工作作风、务实的工作态度的带动和感染下，党支部其他同志动真情、动真格，带领群众真抓实干、埋头苦干。最终，在他的努力下，顺利完成了当年的种植任务。后来群众尝到甜头，开始大量发展，自己会主动移栽砂仁苗，全村的砂仁种植面积也达到了 700 多亩。随着市场经济的不断成熟和完善，他敏锐地意识到传统的种养殖业模式已不能适应经济发展需求，要加快农村经济发展，增加农民收入，就必须打破常规，厘清思路，以市场为导向，因地制宜找准具有优势和发展前景的特色产业，做大、做强、辐射带动村民发家致富。他结合本村自然资源丰富和生态良好的实际，提出了以油菜种植、优质生猪养殖为主的产业结构调整。通过产业结构的调整，促使群众收入不断增加。2018年末，全组生猪存栏136头，大牲畜存栏45头，禽类存栏608只，油菜种植面积70亩；竹笋面积1894亩，实现经济总收入223.62万元，人均纯收入9811元（其中转移性收入2494元）。同时他还通过与丁氏企业建立3年合作发展协议，积极引入中蜂养殖项目，2018年以来分批投放共计269群中蜂，直接带动33户贫困群众增收。就这样一个曾经的产业空白村组在他的带动下，慢慢撕掉了"贫穷、落后"的标签，奔向小康生活。

勤于学习、不断提高工作能力。自担任组长以来，尼四理时刻以一名共产党员标准严格要求自己，把群众的疾苦装在心中，从不强调个人得失，务实于本职工作，他经历了本组"吃不饱、穿不暖"到解决温饱日子越过越好的生活状态。在工作中，一直本着吃苦耐劳、任劳任怨的宗旨，对待村民，总是热心诚恳，同时遇到困难，也总是积极伸出援手。为了群众的增收，他首先从自身开始解放思想，身先士卒带头创新干，全心全意带领群众走向发家致富的小康之路。

作为一名村组干部，他十分注重理论知识的学习和更新，利用业余时间，不断加强马列主义、毛泽东思想特别是邓小平理论和习近平新时代中国特色社会主义思想的学习，加强对党的理论知识有更深刻的认识和理解，善于洞察新的形势，具备较好的政治素质和政策水平。同时，他注重学习与实践相结合，通过学习，使个人的人生观、价值观得以升华，使理论转化为生产力，表现出良好的理论功底、业务水平和工作能力。

以身作则，做群众的贴心人。尼四理同志对自己各方面的要求十分严格，处处以党员的标准对照、检查、规范自己的行为。他严于律己、廉洁自律、以身作则、处事公正，模范遵守各项规章制度。关心群众，对同志以诚相待，善于做细致的思想政治工作，注意倾听群众的意见和要求，热心帮助群众解决实际困难。把切实为民办实事当作头等大事来抓，解决群众的实际问题，为群众办好事实事。

他政治意识强。思想上政治上始终与党中央保持高度一致，坚持学习马列主义、毛泽东思想、邓小平理论和习近平新时代中国特色社会主义思想，不断提高自己的理论水平、工作能力和业务水平，具有鲜明的政治立场。他工作原则性强，时刻严格要求自己，全心全意为人民群众服务。

他工作责任心强。村民小组长的工作起着承上启下、协调左右的作用，是脱贫攻坚工作的枢纽部位和重要形象，在紧迫的时间里，他从不计较个人得失，以自身 30 多年的工作经验稳步且井井有条地带领着永不落村七组的群众共同发展，他的精神和工作态度得到了广泛好评。

他敬业精神强。工作认真负责，积极进取，工作中做到有计划、有布置、有检查、有说法。多年如一日，他坚持在组内定期召开群众大会，把最新的国家方针政策、最新的工作安排准时传达给了人民群众。他不断加强学习，不断提升自己的知识、技能、态度与素质，以最好的状态来面对所有的工作。

一分耕耘一分收获。如今的娄翁美，在尼四理同志的带领下，农村面貌发生了很大变化：伴随着一条条扶贫路的延伸，交通状况明显改善；高效农业迅猛发展，特色产业化经营步伐加快；群众思想观念明显转变，自觉按照市场需求调整种植结构和品种结构，搞活农产品流通，提高了农业综合效益。经过多年的努力，娄翁美从一个人均年收入不足 2000 元的贫困小山村，到 2018 年实现人均纯收入 9811 元，32 户 96 人建档立卡群众脱贫出列，难怪当地老百姓都说："脱贫攻坚使娄翁美经济发展走上了快车道，而尼四理更是我们脱贫致富路上的领路人"。

二、先富帮后富的模范

岩兵，男，佤族，48岁，2004年担任马散村第七村民小组组长至今；2009年6月28日正式加入中国共产党；2015年9月被选为马散村三支部支部书记；2017年担任马散村天然林护林员；同时他也是马散村七组脱委会主任。

岩兵是一个敢作敢当、不畏惧困难、不回避难题、主动靠前、深入基层、吃苦在前的人。他总是把矛盾化解在基层，把问题解决在第一时间。他是全村闻名的"调解员"，村民们发生了邻里纠纷、田地纠纷甚至家庭矛盾，都爱找他来调解。调解打架斗殴，摆平家务事，他成了法庭的"编外调解员"。

脱贫攻坚工作是当前和今后一段时间全县工作的重中之重，作为一名村干部、党员，岩兵同志义不容辞全身心地投入到了这项工作中。他充分发挥党员的核心意识，积极响应号召，投身马散村脱贫攻坚工作，并认真做好各项工作。按照贫困户贫困村退出指标，认真核查本组村民基本情况，做到应纳尽纳、应退尽退；并带领村小组干部不断完善本组基础设施建设，努力改善村民的生活居住条件。

2005年，他开始收集茶叶进行加工，带动当地群众创收增收。并帮助部分农户建造厨房和洗澡室，一定程度上改善了他们的生活条件。2010年，马散村成立了马散村饲草种植及运输合作社，他积极鼓励村民加入合作社，还带领他们大力种植青贮玉米及皇竹草，在他的带领下七组村民的整体经济收入得到了大幅度的提高，大大改善了村民们的生活条件，得到了全体村民的一致认可和好评，树立了党员在群众中的先锋模范作用。

2019年，岩兵种植了皇竹草15.6亩、青贮玉米15亩，有茶地12亩，养鸡98只，养猪12头，在搞好自己养殖的同时，作为村上"先富帮后富，共同奔小康"的带头人，他没有忘记带领村上的贫困户共同致富，时时关心贫困户的生产、生活情况，他鼓励村民发展养殖业，与此同时，他义务给村民讲养殖的一些知识和技能，使周围的很多村民也走上了养殖道路，开始过上了富裕的生活，在讲解中，他是知无不言，言无不尽，在农民中树起了旗帜，起到了先锋模范作用。

一人致富不是本事，带领身边的乡亲共同致富才有意义，他希望能带动更多的乡亲在党和政府的领导下，脱贫致富，一起奔小康。

三、用年轻的臂膀托起致富的希望

娜前是位年轻的佤族姑娘，出生于一个普通的农民家庭，现任力所乡力所茶厂厂长，脱贫委员会主任，共产党员，2014 年年仅 29 岁的她在力所村茶厂遇到发展瓶颈的关键期成了茶厂的新一任厂长。茶厂村民小组共有 54 户 159 人，其中有建档立卡户 27 户 84 人，茶叶种植是茶厂村民小组的主要产业。在脱贫攻坚工作过程中，娜前全身心投入脱贫攻坚工作，以不懈的坚持和对党的忠诚，促进村民小组产业发展和人居环境提升。工作中娜前带领群众心往一处想，劲往一处使，成为群众发展致富的引路人，2014 年以来她以身作则，用实际行动带领周边 150 余户群众共同致富，为脱贫攻坚工作作出了突出的贡献。

2014 年以前力所茶厂一直处于亏损的状态，老百姓种了茶卖不到好价钱，种茶积极性普遍不高，这让新上任的厂长娜前愁眉不展。如何才能让厂子盈利？如何才能让老百姓相信种茶叶是可以赚钱的，成了那时候娜前心里思考最多的问题，那段时期娜前几乎每天都在网络上查找做茶叶成功的经验，还不时抽出时间到周边的茶厂去参观学习。最终在她的努力下找到了阻碍茶厂发展的病根所在，厂里的茶叶产品只有一种，其他厂销售的茶叶产品种类丰富，她想也许这就是茶厂没有订单、没有经济效益的最主要原因之一，解决了产品单一的问题也许就解决了茶叶的销路问题。可娜前又犯愁了，要解决目前的问题就要有稳定的茶源，这时候如何让农户相信种茶叶可以赚钱，然后能积极去种植去管护茶叶又成为娜前面临的最大难题，娜前决定每天早上都到农户家里陪他们聊天，逐个逐户告诉农户自己的想法，让农户相信种茶叶是可以赚钱的，是有未来的，经过用心与农户沟通，最终得到了群众的支持。2015 年至 2019 年通过娜前的努力茶厂的茶叶产品种类从之前的 1 种增加到 10 余种，在销售渠道上，通过网上销售、将产品带给外出打工的农户推广等销售方式，茶厂的收益得到了提高，农户种植茶叶的积极性也随之提高。2019 年力所茶厂带领茶厂村民小组群众的种茶收益达 124 万余元，茶叶种植面积从 2014 年的 200 亩扩展到现在的 303.5 亩，茶厂村民小组农村居民人均可支配收入 9000 余元，比 2014 年前翻一番。娜前在带领群众发家致富的同时，还一直积极地为茶厂村民小组农户免费提供种植技术、管理技术，每到春节、三八妇女节等节日她都会主动拿出钱来让农户在组里开展活动，丰富群众业余生活。

2015 年娜前加入了中国共产党，因为她知道只有始终心向着党跟着党走，日子才会一天比一天好。虽然入党时间不长，可通过总支大会、支委会、支部大会、主题党日等的学习，她深刻地认识到作为一名党员的责任。她暗下决心成为一面旗帜，常怀敬业之心、感恩之心，在平时生产工作中做到知行合一，做好示范引领作用。结合党员对农户一对一帮扶活动，来到农户家中，一个火塘、几杯清茶，不念稿子，不说套话，与农户围坐在一起，无拘无束地促膝长谈，交心谈心，鼓励农户学习好生产技能、做好产业，有时发现农户邻里间有矛盾她就及时地进行调解，在解决复杂矛盾和问题中娜前全面深入地掌握农户的实际情况，了解农户的呼声与诉求，为更好地带领农户共同致富，打下了基础。

2017 年娜前担任茶厂村民小组脱贫委员会主任，在担任脱委会主任的三年里她一直带领群众加强人居环境综合整治。积极为人居环境提升建设项目所需的劳力、用地进行协调，使得本组人居环境提升项目高效完成。目前娜前带领群众配合政府已经建成宽3.5米入户道路2500米、太阳能路灯35盏、会议室1幢、公共厕所1间、垃圾统一堆放点1个，有效地改善了茶厂村民小组人居环境。同时她还组织群众每周五上午开展环境卫生整治活动，对入组道路、活动广场、自家房前屋后进行清扫。用心、用情、用行动正面引导，让群众不断提高环境意识和卫生意识。娜前知道作为一名共产党员，应该规范自己的行为，以优良的党风带民风促村风，做好群众工作，她以身作则在群众中营造浓烈、积极的讲诚信、讲道德、讲奉献氛围，树立正确的价值观，不断提高服务水平，努力成为一名合格的脱贫委员会主任。

第四章

兴教育　断穷根

西盟县根据《中共中央国务院关于打赢脱贫攻坚战的决定》关于"发展教育脱贫一批"的总体部署，按照"扶贫先扶智、治贫先治愚"的工作思路，充分发挥教育扶贫在推进精准扶贫、精准脱贫中的基础性、先导性作用，做到在精准施策上出实招、在精准推进上下实功、在精准脱贫上见成效，扎实推进教育扶贫工作，取得了显著成效。

第一节 起点低、发展快：直过民族的教育之路

直至新中国成立，西盟的教育事业还是白纸一张，没有学校，没有教师，没有学生，懂汉语和科学文化的人寥寥无几，人们沿用古老的刻木记事、结绳记数的方法记载历史，用树叶、鸡毛等物来传情交流，生产力和经济文化极为落后。

1954年，西盟创办第一所小学，结束了西盟没有学校的历史。1957年，开始举办扫盲班、识字班。1959年，创办西盟中学。1972年9月，西盟中学设立高中部。1979年9月，西盟县小学开始招收学前班，全县学前教育开始起步。1981年，建立独立的西盟县教师进修学校。1984年9月，西盟县农业职业中学正式成立，揭开了西盟县职业教育发展史上的篇章。2000年，全县普及六年义务教育。

2003 年，全县基本扫除青壮年文盲。2008 年，全县普及九年义务教育工作顺利通过省级检查验收。2010 年，全县"两基"工作与全省同步通过国家督导检查验收。[①] 2018 年县域义务教育基本均衡发展工作顺利通过国家检查验收。2019 年全县人均受教育年限 7.31 年。60 多年来，佤山的教育事业一路走来，风雨兼程。

一、1954—1978 年的艰难起步

西盟教育起步晚、起点低，教育事业与其他地区相比，存在很大的差距。1954 年，西盟创办了第一所小学，拉开了佤山教育事业的序幕。但是，从 1954 年到改革开放前的 20 多年时间里，由于西盟特殊的历史发展进程和地域环境，人们信息闭塞、观念保守，对教育的重要性和紧迫性认识不足，西盟的教育基本上没有质量可言。退休老教师杨廷明说："那个时候的学生，由于他们的父辈们没有受过教育的熏陶，也不知道教育能给他们带来什么样的好处，学生在读书这方面大部分是不自愿的，家长也不愿把孩子送入学校读书，所以在 50 年代、60 年代期间，我们西盟的入学率才达到 20%—30%。"改革开放前，西盟的办学条件极其简陋，校舍破烂不堪，全县中小学基本上以茅草篱笆房为主，抵御自然灾害的能力极差，火灾、风灾时有发生。特别是西盟雨季漫长，漏雨严重，校舍受损情况时有发生，学生只能间接性放假或在室外上课。"破草顶，竹笆栏，桌子楞，凳子条"是改革开放前西盟学校办学条件的真实写照。到 1976 年，全县共有小学 125 所，完全中学 2 所，小学附设初中 15 所。但当时西盟的教育依然十分落后，受教育人口覆盖率、入学率、巩固率都非常低。

---

① 西盟佤族自治县地方志编纂委员会编：《西盟佤族自治县志》，方志出版社 2017 年版。

二、1978—2000 年的初步发展

1978 年改革开放以来，推进教育公平的政策接连出台，1986 年《中华人民共和国义务教育法》颁布并实施。为此，根据云南省教委"积极发展，量力而行，因地制宜，讲求实效"的十六字方针，1987 年西盟县委、县政府开始抓普及教育，提出了"普六"目标，出台了《关于普及初等教育的规划》，将全县"普六"规划分为两个阶段，即 1988 年至 1992 年普及初小教育，1993 年至 2000 年普及高小教育。1990 年，提出了"创造条件，优先普及，示范带动，逐步攻坚"的口号，全县"普六"工作由"说"转到"做"上来。1995 年至 2000 年共投入义务教育经费 64.59 万元，用于校舍建设、发放长期顶编代课教师工资。国家贫困地区义务教育工程、希望工程等项目的实施，加快了全县办学条件的改善。各乡镇党委、政府也高度重视资金投入问题，在财政十分困难的情况下，想方设法利用借款、贷款，发动干部职工捐款，动员群众献工献料等形式解决"普六"资金投入不足的问题，在全县掀起"普六"工作的热潮，普及六年义务教育成为全县人民的共识。由于规划合理，措施得力，全县"普六"工作稳步推进，1994 年，西盟镇率先实现了"普六"教育；1998 年力所、莫窝、岳宋、翁嘎科四个乡完成"普六"任务；1999 年中课乡完成"普六"任务；2000 年新厂乡、勐梭镇完成"普六"任务，当年全县"普六"工作顺利通过省级验收。

三、2000 年至今的快速发展

2001 年 9 月，西盟县召开全县教育工作会议，根据全县普及义务教育的有利条件和不利因素，县委、县政府提出了"创造条件，优先普及，示范带动，稳步推进"的思路，把开展"两基"作为发展教育

事业的重头戏和社会发展的基础工程，举全县之力，攻坚克难。2002年1月，全县启动了分乡镇普及九年义务教育工程。统筹社会各方面力量，积极筹措资金，争取补充缺编教师，完善学校内部管理，努力改善办学条件，调动各方面的积极性，广泛营造"政府牵头、全民参与"的"普九"攻坚浓厚氛围。2002年西盟镇"普九"通过市级验收，2003年力所乡"普九"通过市级验收，2004年莫窝乡"普九"通过市级验收，2005年翁嘎科乡"普九"通过市级验收，2006年新厂乡"普九"通过市级验收，2007年勐梭镇、中课乡、岳宋乡"普九"通过市级验收，2008年全县完成了基本普及九年义务教育的历史性任务。2010年，全县"两基"工作与全省同步通过国家督导检查验收。

进入21世纪以来，随着西盟经济社会的快速发展和城市化进程的加快，优质教育资源总量短缺、发展失衡的现状与人民群众日益增长的教育需求之间的矛盾突出。佤山各族群众不再满足于门口办学、认字识数，而是希望能够公平地接受高标准、高质量、特色化、多样化、个性化教育的机会。可全县中小学布点分散，有限的优质教育资源被无限稀释。再加上计划生育政策有效地控制了人口的快速增长，全县中小学生源也在相应减少，相当一部分村小学开始出现萎缩状态。教师难配备，课程难开全，管理难到位，质量难提高。为此，全县综合考虑各乡镇经济水平、人口状况、交通条件、城镇建设以及未来人口流向等因素，按照"县办高中、乡镇办初中、村办小学"的布局调整思路，全面加快教育资源整合，合理布局中小学，不断缩小校际之间差距，促进教育均衡化发展，提高教育综合实力，全县教育进入优化调整、快速发展的新时期。

县委、县政府以"两基"攻坚和义务教育均衡发展为抓手，以薄弱学校改造、均衡创建和学前教育三年行动计划为契机，坚持发展高起点，投入高强度，建校高标准，多方筹措投入资金，全面改善学校基本办学条件。2000年以来，西盟教育进入投入最多、力度最大、办学条件改善最明显的教育基础设施建设黄金时期。县一中、县小学、县民族小学、县幼儿园随县城同步搬迁到新县城新建；相继恢复翁嘎科镇中学、新厂镇中学，新建中课镇中学；县职业中学全部在原二中校址实现对原有校舍拆除新建，县二中在勐梭镇选址搬迁新建并改名为西盟县民族中学；乡镇中心小学、村级小学全部实施基础设施改造提升工程；6 个乡镇标准化幼儿园和 2 所村级幼儿园建设完成。

2019 年，全县有各级各类学校 58 所，其中教师进修学校 1 所、完全中学 1 所、职业高级中学 1 所、初级中学 5 所、小学 33 所、公办幼儿园 12 所、民办幼儿园 5 所。现有在编教职工 1090 人，其中专任教师 1041 人，其他 49 人。全县有在校中小学生及幼儿 14844 人，其中：普通高中 926 人、职业高中 613 人、初中 3249 人、小学 7303 人、幼儿园（含学前班）2753 人。2019 年，全县共有建档立卡贫困学生 5266 人。其中：学前教育 696 人，义务教育阶段 3782 人，普通高中 261 人，中等职业学校 301 人，高校 226 人。全县小学入学率达99.98%，初中毛入学率达 107.87%。建档立卡贫困人口义务教育阶段无辍学，义务教育阶段辍学率稳定控制在国家规定标准范围内。2018 年 12 月 4 日至 5 日国家督导检查组对西盟县义务教育均衡发展工作进行督导评估，评估得分为 95.5 分；2019 年 4 月 1 日国务院教育督导委员会印发了《国务院教育督导委员会关于公布 2018 年全国义务教育发展基本均衡县（市、区）名单的决定》（国教督〔2019〕1 号）的文件，西盟县被认定为县域义务教育发展基本均衡县。

第二节 阻断贫困代际传递：大力发展教育

扶贫必扶智，让贫困地区的孩子接受良好教育，是扶贫开发的重要任务，也是阻断贫困代际传递的重要途径。对于素质型贫困的西盟，教育扶贫是全县脱贫攻坚的基础工程。西盟县委、县政府始终把教育摆在优先发展的战略地位，紧扣实施义务教育均衡发展这一时代命题，积极探索"小县办大教育，穷县办好教育"的有效途径。开展有效的教育帮扶，不仅是简单地给一个家庭扶贫解困，更是关乎农村可持续发展的长远目标和未来，要重点围绕扶志、扶智、扶德、扶技主题，实施教育精准扶贫，破除短期作战和突击应对的思维，牢固树立长期扶贫、全面扶贫、立体扶贫的理念，结合校园文化、德育教育、课堂教学，把工作重心放在全面提升学校办学水平、提高教育教学质量上，激励学生养成良好的道德品质和行为习惯，培养全面、充分、健康发展的学生，整体提升教育质量和发展水平的内生力量，让教育扶贫成为阻断贫困代际传递、决战决胜脱贫攻坚、实现同步小康的有力推手。通过教育扶贫工程，西盟县改善了学校育人环境，更新了学校育人理念，促进了各级各类学校的共同发展，营造出了西盟教育发展的良性生态。

一、机制构建实现系统化推进

（一）建立组织保障机制

西盟县委、县政府高度重视教育扶贫工作，县脱贫攻坚指挥部下设教育卫生工作组，由县人大常委会主任任组长，县政府成立推进义务教育均衡发展工作领导小组和控辍保学工作领导小组，抽调专人组成工作组，统筹谋划和整体推进教育扶贫工作，制定教育扶贫路线图、时间表和任务书，签订责任状，明确各成员单位职责。县教育局成立教育扶贫和义务教育均衡发展办公室，抽调7人专门负责教育扶贫和义务教育均衡发展工作。各乡镇、各学校也组建教育扶贫和义务教育均衡发展办公室，形成党委、政府主导，教育部门主抓，乡镇、相关部门、学校协同，上下联动、齐抓共管的合力攻坚保障机制。

（二）建立工作推进机制

健全西盟县委常委会、政府常务会定期议教制度和教育工作联席会议制度。

建立县级领导联系学校制度和教育局机关工作人员"包保"学校制度，县处级领导分别联系全县各义务教育学校，县教育局班子成员挂片、股长分包乡镇、干部职工包校。县政府教育督导室聘请34名第三届县级督学，督学责任区领导包片、督学包校。实施"一校一策"，按照"精准识别、动态管理"原则，摸清底数、瞄准对象，构建覆盖贫困村所在地每所学校、每个贫困家庭学龄人口的信息管理平台，按时间节点扎实推进，实行动态销号。教育扶贫工作组经常深入一线指导工作、解决问题，形成了纵向到底、横向到边的教育扶贫责任体系，逐级传导压力，层层压实责任，全面推进工作的落实。

（三）建立舆论宣传机制

西盟县编制了《教育精准扶贫口袋书》《教育扶贫政策解答PPT》，在西盟县电视台播出并下发至各乡镇、学校进行学习；制作了《教育惠民政策明白板》，在各学校显眼位置公示，发放《致家长的一封信》，开展"小手拉大手"活动，对学生进行教育惠民政策知识宣传和测试，通过学生将教育惠民政策带回家让父母知晓；在公路沿线、乡镇村制作教育扶贫宣传标语，各单位、学校利用电子显示屏滚动播放教育扶贫宣传标语和政策，多形式、全方位宣传解读教育扶贫政策和教育扶贫推进成果，宣传教育扶贫的意义、帮扶内容和典型事迹；发动社会各界捐资助学，引导全社会关心支持教育扶贫工作，努力营造了导向鲜明、声势强劲、富有特色的舆论氛围。

（四）建立多元参与机制

习近平总书记指出：扶贫开发是全党全社会的共同责任，必须充分发挥政府和社会两方面的力量作用，构建专项扶贫、行业扶贫、社会扶贫互为补充的大扶贫格局；要健全东西部协作、党政机关定点扶贫机制，各部门要完成所承担的定点扶贫任务，东部地区要加大对西部地区的帮扶力度，国有企业要承担更多扶贫开发任务。西盟县以定点帮扶、对口帮扶为契机，借助上海市黄浦区、中旅集团、省农业厅、光大银行、省林职学院等对口帮扶优势，加大基础设施、社会事业建设。从扶贫的主体看，西盟以政府作为单一扶贫主体的传统帮扶格局，逐步演变为以政府为主导、多方参与的扶贫新格局。西盟的教育扶贫形成了"政府+教育行政部门+学校+社会培训机构+社会团体+基金会"等多元扶贫主体。随着民营经济、私营经济和小微企业等不断壮大，在为助力教育扶贫提供物力、财力支持的同时，拓宽了就业渠道，增加了更多就业岗位。

二、均衡资源配置实现精准建设

均衡办学资源是实现教育脱贫的前置条件，西盟县通过教育扶贫工程，全面改善了全县各级各类学校的办学条件，实施学校文化建设、校长教师素质能力提升、关注学生成长等系统化、体系化能力建设，缩小了城乡校际办学差距。边远村小、教学点实现班班通全覆盖，进一步推动了优质教育资源均衡化，撬动并驱动了学校教育转型升级，让每一个贫困孩子平等地享受到优质教育资源，不输在起跑线上，从根本上加快了西盟地区教育整体脱贫的进度。

（一）加大学校标准化建设力度

西盟县把改善全县学校基本办学条件作为教育扶贫的基础工程，

按照"统筹规划、整合资源、改善条件、保障入学（园）"的原则，通过实施边境国门学校项目、农村义务教育寄宿制项目、"全面改薄"项目、义务教育均衡发展建设工程、普惠幼儿园建设以及希望工程等项目，新建了教学楼、学生宿舍、食堂、乡镇幼儿园、教师周转房、厕所、浴室和校园围墙、大门、运动场地等。

2015年以来，全县义务教育学校新增校舍建筑面积14474平方米、运动场建设13771.6平方米、围墙11180.9米、大门18道，运动场修缮13941平方米，道路硬化1650平方米，39所义务教育学校原有校舍全部进行修缮建设、升级达标改造，全面实施校园文化、绿化、美化、亮化工程。义务教育学校办学基本标准十项指标和"二十条办学底线"全部达标，幼儿园建设基本实现"一乡一公办、一县一示范"，高中办学条件得到有效改善。全县的办学条件发生了西盟几代人都不敢奢求的巨大变化。全县建成了设计合理、美观实用、功能齐全的中小学校舍，教室、实验室、图书室、阅览室、电脑室、保健室及运动场应有尽有，多媒体教学、网络课堂、电脑课件辅助教学、实验教学等现代教学模式和教学设备已普遍应用到全县所有学校的课堂教学中。所有寄宿制中小学全部配备太阳能热水供给系统和安全的饮水设备，寄宿制学校全部实现了"餐有厅、居有楼、教有翼、水有热、跑有道、路有灯"。同时，进一步加强校园文化建设，基本实现了"路硬化、坛绿化、墙美化、地净化"和"春有花、夏有荫、秋有果、冬有青"。如今的学校已成为佤山大地最醒目、最漂亮的建筑物，在西盟教育发展史上写下了浓墨重彩的一笔。

（二）加强教师队伍建设

西盟县委、县政府积极探索建立教师队伍培养提高的长效机制，通过"引进来带、送出去学、自己培养、吸引人才"等渠道，不断加强学校师资队伍建设。一是大力实施"引龙引凤"工程，利用人才见面会、交流会、教师招考会等形式，2000 年以来，先后招聘、引进各类优秀教师人才 500 多人。二是实施人才培训工程，利用"送出去学、请进来教、本地培训"等人才培训途径，通过继续教育培训、脱产进修、学历考试、函授、岗位培训、骨干教师培训、课改培训、教学基本功培训等形式，2010 年以来，组织教师参加国家、省、市、县各类培训达 19247 人次。三是利用多种途径，强化师德师风建设，将师德师风建设作为教育目标考核、年终考核、职称评审、岗位聘用、评优奖励的首要内容。开展多种形式的师德教育，把教师职业理想、职业道德以及心理健康教育融入职前培养、准入、职后培训和管理全过程。西盟县连续多年深入开展优秀教师的评选和表彰。从 2013 年开始，县委、县政府每年通报表扬 10 名优秀教师、5 名优秀班主任、5 名优秀教育工作者，每人奖励 1 万元。四是健全乡村教师补充机制。县教育体育局、县人力资源和社会保障局坚持以实际需求增加师资补充为基数，按照一校一名专业教师的要求，逐年招聘解决结构不合理、学科不配套等问题。根据现有的招考形式，结合学校的科目及设置，采取事业招聘、特岗教师招聘、紧缺人才招聘的办法，合理配置教师资源，及时补充农村教师队伍，优化教师学历、学科和年龄结构。五是落实教师待遇。从 2015 年开始，落实义务教育绩效工资制度和乡村教师荣誉政策，实施乡（镇）工作补贴和乡村教师差别化生活补助，放开乡村教师职称评聘，教师的工资待遇得到大幅度提高，让广大教师"岗位上有幸福感、事业上有成就感、社会上有荣誉感"，教师逐步成为让人羡慕的职业。到 2019 年，全县在编教职工 1090 人，其中研究生学历 3 人、本科学历 502 人、专科学历 594 人；中专高级教师 6 人、中专讲师 3 人、高级教师 388 人、一级教师 316 人；小学专任教师 560 人，学历合格率 99.82%；初中专任教师 265 人，学历合格率 100%；高中专任教师 101 人，学历合格率 98.02%；幼儿园专任教师 63 人，学历合格率 100%。

三、普及学前教育以夯实基础

学前教育作为基础教育中的基础，解决的不仅是幼儿的教育问题，更是有关公平的社会问题。学前教育是终身学习的开端，是国民教育体系的重要组成部分。西盟总人口 9.66 万人，少数民族人口占总人口的 93.82%，汉语并非他们的母语，加上学前教育发展滞后，不少孩子到小学阶段才开始接触普通话，造成后续的学习过程比较困难。西盟县坚持增量和提质、普及和普惠并重的原则，加快推动"一村一幼、一乡一公办"项目建设。除中课镇外，现已实现每个乡镇至少有一所公办中心幼儿园。

（一）推动"一村一幼"项目建设

西盟县充分利用中小学闲置校舍、村级活动场所等公共设施，努力建成了一批安全适用、达到抗震防灾要求、具备卫生保健、保育保教等基本功能的幼教点，扩大了学前教育覆盖面。根据《2019 年中央财政支持学前教育发展资金"一村一幼"备案表》（云财教〔2019〕86 号），西盟县利用闲置校舍维修项目，已申报勐卡镇永业村幼儿园、勐梭镇里拉村幼儿园和勐梭镇秧落村幼儿园。

（二）积极扶持普惠性民办幼儿园

西盟县积极争取上级普惠性民办幼儿园财政奖补政策，探索建立普惠性民办幼儿园优惠政策，通过公建民办、免租金、选派公办骨干教师到普惠性民办幼儿园进行培训等形式，吸引社会人士举办普惠性民办幼儿园。继续落实城乡幼儿园结对帮扶制度，引导并扶持城乡之间、不同园所之间建立发展共同体，开展多种形式的对口支援活动，带动提升了整体办园水平。

（三）实施互满爱—"小太阳"幼儿班项目①

由黄奕聪慈善基金会支持，西盟县实施了互满爱—"小太阳"幼儿班项目。

幼儿班以双语进行教学，用本地语言教孩子们普通话，为他们将来进入小学奠定基础。幼儿班注重体验性教学，除了包含学校传统教学科目之外，还鼓励孩子们学习大自然、音乐和美术等知识。同时，孩子们可以到社区中，学习如何对自己的行为负责，如何独立地做决定。日常的科目有5门：用用你的脑，动动你的身体，用用你的手，数字/数数和我们的语言文字。除此之外，每个月有特定的学习主题，孩子们围绕主题展开学习。项目目标是打破贫困的代际循环，帮助孩子们发展社交和认知能力，将他们带上健康的成长道路，为孩子们的未来创造更多机会，最终防止贫困儿童成长为贫困成人。

项目组织当地社区所有有意愿参加幼儿班的3—6岁的儿童家长，通过村民会议讨论，成立家长委员会。家长委员会积极参与幼儿班的建设和运行。每名幼儿每学期缴纳200元，学费用于支付幼儿班老师的津贴和一些特殊活动的开销。家长委员会每两个月组织家长进行培训，包括儿童心理学、卫生知识、营养和健康知识以及如何正确鼓励自己的孩子。幼儿班老师由家长委员会、村领导及教育局从当地年轻人中选出。互满爱为老师提供培训，以帮助老师一步步成长。幼儿教师在社区中扮演着重要的角色，不仅起到凝聚社区成员的作用，还是每一个幼儿班孩子心中的榜样。

互满爱—"小太阳"幼儿班项目覆盖西盟6个乡镇15个村委会（翁嘎科镇、勐卡镇、岳宋乡、勐梭镇、中课镇、新厂镇）。2015年开办以来累计受益幼儿759名，其中330名幼儿已经进入小学就读，共运行21个幼儿班，在读幼儿429名。项目实施初期，家长不理解、

---

① 西盟县扶贫办：《互满爱项目情况》，内部资料。

不支持，需要多次动员。随着项目的成效显现，家长开始积极送子女入学、参与幼儿班开展的各种活动、投入幼儿班的场地建设和运转管理工作。项目的实施极大提高了贫困村寨村民的学前教育认识和积极性，取得了较好的成效。

四、控辍保学一个都不能少

按照"深化改革、创新机制、提高质量、公平共享"的原则，西盟县采取有力措施，大力改善义务教育学校办学条件，深化教育教学改革，推进县域义务教育均衡发展，建立健全"控辍保学"机制，营造全社会共同关注义务教育发展的浓厚氛围，保障全县义务教育阶段适龄儿童少年"有学上、上好学"。

西盟县通过教育扶贫工程，创新了教育扶贫机制、路径和策略，将教育脱贫与全县脱贫攻坚、经济社会发展作为整体来认识和谋划，明晰了新时期学校发展角色定位和路径选择，相关部门参与学校建设、控辍保学、学生资助等，提高了全社会投身教育扶贫的内驱力和主观意愿，改善了办学条件，更新了教育理念，提升了教育服务意识，构建了覆盖学前教育、义务教育、高中阶段教育和高等教育贫困学生的教育精准扶贫体系，全面落实各项扶持、资助政策，做到"全面覆盖、全程覆盖、全员覆盖"，有效提高了教育扶贫的力度和质量，确保无一名学生在任何阶段因贫失学。

（一）强化领导，全方位推进义务教育均衡发展

西盟县委、县政府高度重视义务教育基本均衡发展工作，将其列入全县年度重点工作。县政府按照"一县一案""一校一策"和"一单位一责任状"的工作要求，细化工作任务，明确工作职责，指定专人负责，制定问责机制和倒逼机制，整合各方面的力量，抓紧、抓实推进。

第一，乡（镇）政府、村（居）委会、组主要负责人是"控辍保学"工作第一责任人。西盟县政府负责辖区内"控辍保学"工作安排部署、检查指导及督促整改。建立"控辍保学"联席会议制度，定期召集成员单位研究部署工作任务，协调解决工作中的难点问题，督促检查政策落实情况和任务完成情况。乡（镇）人民政府具体负责"控辍保学"工作的动员宣传和组织实施。确保适龄儿童少年全部入学，确保小学毕业生全部升入初中。全面掌握义务教育阶段学生辍学情况并采取有效措施动员复学，全力遏制在校学生流失。指导好村（居）委会适龄儿童少年入学情况登记、辍学情况排查及信息上报工作，做到不漏户、不漏人。村（居）委会将"控辍保学"工作纳入《村规民约》管理，协同乡（镇）人民政府动员辍学学生返校学习，对经教育仍不改正的，可依据《村规民约》给予处理，确保本村适龄儿童、少年按时入学。

第二，义务教育学校校长是"控辍保学"的直接责任人。西盟县制定和完善相关奖惩制度，完善"控辍保学"责任制，层层签订责任书，健全辍学学生报告和动员复学机制。每学期开学后15天内对学生学籍进行全面清查，对学生辍学情况进行及时统计，开学后30天内向当地政府和县教育局报告学生辍学和在校学生变动情况，县教育局及时统计报县人民政府，配合做好劝返工作。

第三，各相关职能部门严格履行法律赋予的职责，落实防辍控辍责任，形成"控辍保学"的长效联动机制。教育行政部门对"控辍保学"工作负有直接责任，牵头制定"控辍保学"工作实施方案，科学制定工作目标和工作措施。将"控辍保学"作为教育工作的一项重要任务，列入教育行政部门、学校年度考核内容，并作为义务教育学校校长考核任用的重要依据；民政部门负责对义务教育阶段家庭经济困难学生、留守儿童、随迁子女及流浪辍学返校儿童等特殊群体及时提供必要的救助，帮助其完成学业；人社部门、市场监督管理部门负责定期对企业、个体经营户等用工单位进行检查，禁止任何单位或个人雇用未满 16 周岁的未成年人，对招用应接受义务教育的少年儿童的企事业单位和个人，严格按《禁止使用童工规定》（国务院令〔2002〕364 号）的规定责令其解聘，并依法从严予以处罚，情节严重的，依法吊销营业执照，并按照国家有关法律、法规追究其相关法律责任；司法行政部门依法为未成年人提供法律援助和法律服务，支持教育行政部门和学校开展相关法律法规的宣传教育工作；民族宗教部门配合教育行政部门加强对义务教育阶段学校民族团结教育进校园、进课表、进学生头脑及创建民族团结示范学校的督促、检查、认定工作；公安部门负责保护师生合法权益及安全，按照教育法、义务教育法、未成年人保护法和劳动法等法律法规，强化社会治安管理，加大打击拐卖少年儿童的工作力度，维护义务教育阶段师生的合法权益，定期会同有关部门对学校周边环境进行清理、整顿，为义务教育学校创造良好的治安环境；文化、公安、市场监督管理等部门负责协调相关部门对校园周边娱乐性活动场所进行清理整顿，禁止营业性歌舞厅、电子游戏厅、网吧等接纳未成年人，对违反规定接纳未成年人的，依照相关规定进行处罚，情节严重的，坚决取缔并追究经营者责任；发改、财政、国土、卫生、市场监督管理部门以及工会、共青团、妇联、残联等群团组织结合本部门职能，认真履行法定职责，协助做好"控辍保学"工作。

（二）多管齐下，力求出成效

按照"依法治教、以防为主、防治结合、综合治理"的原则，西盟县坚持依法控辍、责任控辍、管理控辍、帮扶控辍和情感控辍，使控辍保学工作制度化、经常化。

第一，依法控辍。西盟县各乡（镇）成立了由乡（镇）政府牵头，派出所、财政、民政、司法、学校、文化、卫生、村（居）委会等部门参加的教育执法组来具体开展"依法控辍"工作。一是对经劝说不送子女入学的家长或监护人进行批评教育，对辍学学生经多次动员仍不返校的，向其父母或其他法定监护人下达《限期复学通知书》，给予批评教育，责令限期改正。学生法定监护人在接到《限期复学通知书》一周内仍不送学生复学的，由乡（镇）人民政府向其父母或其他法定监护人下达《行政处罚决定书》，在规定时间内仍未改正的，以及被监护的适龄儿童、少年辍学务工的，各乡（镇）人民政府可向人民法院提起诉讼，法院依照《义务教育法》给学生家长或其法定监护人呈送传票，告知家长不送子女上学是违法行为，并限期返校复学，确保失学辍学学生尽早入学复学。二是清理劳务市场，对招用应接受义务教育的少年、儿童的企事业、单位和个人，依法从严予以处罚。三是不定期对网吧等营业场所及校园周边环境进行整顿。四是设立留守儿童少年救助站，及时救助、劝返学校复学。如：中课镇某学生，经政府和学校多次劝返工作和发放限期复学通知书，监护人仍不督促其上学，不履行监护责任。2019 年 3 月 7 日，西盟县人民法院依法拘留其监护人 15 天，该学生在认识到了教育的重要性及事情的严重性后，2019 年 3 月 14 日返回学校接受义务教育。该案件是西盟首例家长拒送子女返校被拘留的实例。该案例在全县范围内营造了"送子女入学是义务，不送子女入学是违法、要受到惩处"的舆论氛围。

第二，责任控辍。西盟县各乡（镇）人民政府成立了主要领导任组长的"控辍保学"领导小组，统筹安排"控辍保学"工作，督促检查村（居）委会、成员单位和学校"控辍保学"工作。完善乡（镇）"控辍保学"工作机制，建立了"控辍保学""五包"责任制度，即县政府领导班子成员分片包乡（镇），乡（镇）领导分片包干，县属部门、乡（镇）干部包村，村干部包组、组干部包户，并层层签订责任书，明确各级责任，建立完善乡（镇）、村（居）委会、组干部责任人发放入学通知书、组织学生入学、劝返辍学学生及向上级责任人报告的工作制度。建立了教育系统"控辍保学"责任制，教育行政部门主要负责人、乡（镇）中小学校长、班主任层层签订责任书，分解任务，明确责任人，认真履行参与组织学生入学、辍学学生劝返及向上级责任人报告辍学情况等工作职责，形成齐抓共管的"控辍保学"工作格局。

第三，管理控辍。一是西盟县各乡（镇）学校加强对辖区内义务教育阶段学生学籍实行统一管理。把农村、边远、贫困、民族地区和流动人口相对集中地区作为重点监测地区，把初中作为重点监测学段，把流动留守、家庭贫困儿童和随迁子女作为重点监测群体，及时掌握辍学动态，并向县教育局和当地人民政府报告辍学情况。二是规范义务教育阶段学生学籍管理。按上级有关规定规范学籍变动手续，做到转入、转出、休学、复学、辍学情况清楚，相关材料齐全、手续完备。明确专职学籍管理人员，每学期开学 30 天内对本校学生入学、变动、复学、辍学情况进行分析。义务教育阶段学校不得开除学生，不得责令学生退学、休学、提前毕业，不得出具虚假转学、学历、学籍证明。因疾病或者特殊情况，适龄儿童、少年不入学接受义务教育的，必须由其父母或者其他监护人提出书面申请，经乡（镇）人民政府批准，并报县教育局备案（疾病者应出具县级以上医院证明，外出就学者应出具就学学校当地教育行政部门证明）。三是完善义务教育阶段学生入学工作机制。进一步完善义务教育学校招生政策，规范招生工作，全面落实就近免试入学制度，全面落实进城务工人员随迁子女在流入地接受义务教育政策，确保所有适龄儿童少年免试就近入学。严禁小学招收不足龄学生，严禁拒绝本学区范围内的适龄儿童少年入学。

第四，帮扶控辍。西盟县各乡（镇）人民政府将留守儿童少年、随迁子女儿童少年作为"控辍保学"的重点对象，统筹协调各部门力量，积极构建学校、家庭和社会各界广泛参与的关爱网络，开展多种形式的社会帮扶。认真落实义务教育"两免一补"、农村义务教育学生营养改善计划等惠民政策，加大对家庭经济困难学生的社会救助和教育资助力度，对建档立卡的贫困家庭非寄宿学生，参照家庭经济困难寄宿生生活费补助标准给予补助,严防因贫辍学。加强"留守儿童少年之家"建设力度,建立了留守儿童少年关爱帮扶体系。建立留守儿童少年普查登记制度,准确掌握留守儿童少年信息。加强寄宿制学校建设和管理,优先满足留守儿童寄宿需求。建立留守儿童少年社会救助制度,为家庭困难和处于困境中的农村留守儿童少年提供社会救助。妥善解决进城务工人员随迁子女、孤儿、适龄残疾儿童少年等特殊群体接受义务教育的问题和困难。

西盟县按照"政府主导、社会参与、多方筹集"的帮困、助学、育人方针,构建了从幼儿教育到高等教育的全方位教育资助关爱体系。在学前教育阶段,经县以上教育行政部门审批设立的普惠性幼儿园就读的家庭经济困难儿童、孤儿和残疾儿童等,按在园人数35%的比例每人每年按300元标准发放学前教育资助金(含民办幼儿园)。在义务教育阶段,实行"两免一补"政策:一是免学杂费并补助学校公用经费,补助标准为小学每生每年600元,初中每生每年800元,特殊教育每生每年6000元;二是向城乡义务教育阶段学校学生免费提供教科书,标准为小学每生每年90元、初中每生每年180元;三是对家庭经济困难寄宿生补助生活费,标准为小学每生每年1000元、初中每生每年1250元。对农村义务教育学生营养改善计划膳食补助:每生每天4元,全年按照200天计算,每生每年补助800元。在普通高中阶段,还有国家助学金和生活费学费补助。普通高中家庭经济困难学生,一等每人每年资助2500元、二等每人每年资助1500元,建档立卡贫困户家庭经济困难学生享受一等助学金资助。普通高中建档立卡等家庭经济困难学生,每人每年补助生活费2500元和免学费1100元。在中职教育阶段,一有国家助学金补助,具有中等职业学校全日制学历教育正式学籍的一、二年级在校涉农专业学生和非涉农专业家庭经济困难学生,每生每学年补助2000元。二有免学费,对中等职业学校(含民办)全日制正式学籍一、二、三年级在校生中所有建档立卡贫困户家庭经济困难学生、农村(含县镇）学生、城市涉农专业学生和家庭经济困难学生免除学费（艺术类相关表演专业学生除外），每生每学年 2000 元。三有雨露计划，对中等职业学校建档立卡贫困户家庭经济困难学生给予生活费补助，每生每年补助 3000 元，其中东西部协作计划到江苏就读的"两后生"每生每年补助 5000 元。四有省政府奖学金，中职学校全日制学生中特别优秀的学生，每生每年奖励 4000 元。五有县级奖励政策，在县职业高级中学完成职高学业并同时取得职业高中毕业证书、与本专业相关的职业技能证书、省级以上专业技能比赛三等奖以上者，每人奖励 5000 元。

第五，情感控辍。西盟县各义务教育阶段学校加强师德师风建设，要求教师尊重学生人格，不讽刺、挖苦、歧视学生，不体罚或变相体罚学生。加强对学习困难学生的帮扶和指导，通过个别辅导、结对帮扶等形式沟通思想，帮助其树立学习信心，克服厌学情绪。面向全体学生开展支持性、预防性为主的心理健康教育，及时化解学生心理不健康问题，培养学生良好的心理素质。加强流浪返校儿童少年、辍学返校学生的情绪疏导和心理健康教育，使其能顺利融入校园。进一步完善农村留守儿童、少年关爱体系，建立亲情心理疏导室，指派教师担任留守学生的亲情监护人，关心学生身心健康。寄宿制中小学安排专人担任生活指导教师和心理辅导教师，帮助解决学生成长中遇到的困惑和问题，引导学生学会做人、学会学习、学会生活。

五、发展职业教育增强就业能力

习近平总书记非常重视职业教育精准扶贫，在中央扶贫开发工作会议上讲道"一个贫困的孩子如果能接受职业教育，掌握一技之长，能就业，这一户的脱贫就有希望了"。职业教育是教育扶贫的排头兵，是见效最快、成效最显著的教育扶贫方式。相较于普通教育，职业教育具有保权利、助发展、促就业的精准扶贫的功能优势。义务教育和高中教育之后往往是贫困家庭学生辍学的高峰阶段，接受职业教育则是保障这部分学生群体受教育权的重要路径。西盟县着力推进职业教育，强化教育扶贫的"造血"功能，努力实现"职教一人，就业一个，脱贫一家"。

（一）改善办学条件

西盟县财政加大对职业教育的投入，单独建立与办学规模和培养目标相适应的投入机制，保障教育费附加用于职业教育的比例不低于30%。加强中等职业学校基础设施建设，改善办学条件。西盟县现有职业高级中学1所，建筑面积25562平方米，有教学楼、实训楼、办公楼、学生食堂、礼堂、宿舍楼、民族传统体育训练基地、图书馆、4个标准篮球场，1个标准室内球场，1个内操场，配备有餐厅、客房、艺术插花、舞蹈、茶艺、音乐、美术、养殖实训基地。学校现有教职工40人，其中专任教师36人，兼任教师17人。专任教师中本科学历35人，专科学历1人。有外聘专业教师2人。专业教师取得不同工种专业资格证书有14人，双师型教师达到40%。西盟县坚持"以服务为宗旨、以就业为导向"的职业教育办学方针，根据西盟经济社会发展的需要，围绕建设国家级绿色经济试验示范县的目标，发展壮大目前开设的现代农艺、旅游服务与管理、舞蹈表演、畜禽生产与疾病防治、酒店服务与管理等5个专业的基础上，有选择性开设热作、汽车美容与装潢、电脑艺术设计、装潢艺术设计等专业，努力办好一批社会有需求、办学有质量、就业有保障的特色优势专业。实施初中毕业后中职"注册入学"和"考试入学"并举的录取方式，实现全县中职教育和普高教育招生规模达到0.9∶1的比例。

（二）实施"两后生"计划

西盟县营造职业教育氛围，充分运用多种宣传形式，大力宣传职业教育，扩大西盟县高级职业中学招生规模。鼓励"两后生"

（未升学的初中、高中毕业生）直接报读中等职业学校，提升职业技能，增加就业机会。动员全县建档立卡贫困家庭"两后生"参加职业技能培训，通过培训熟练掌握一门技能，增强就业能力，提高就业竞争力，促进贫困家庭稳定增收，实现就业一人、脱贫一户的目标。

第一，实施职业教育东西协作对口帮扶。根据《教育部、国务院扶贫办关于印发〈职业教育东西协作行动计划滇西实施方案（2016—2020年）〉的通知》和江苏省教育厅与云南省教育厅签订的职业教育合作协议，江苏省镇江市与普洱市建立对口帮扶关系，招收普洱市建档立卡贫困家庭学生到江苏省接受优质中等职业教育。从2017年起到2020年止，镇江市与普洱市合作实施职业教育东西协作行动计划。2019年镇江市的镇江高职校、丹阳中专校、句容中专校、扬中中专校、润州中专校等五所中职院校继续向普洱市招录500名建档立卡家庭子女（两后生）接受优质中等职业教育。西盟县已完成职业教育东西协作行动计划招生报名25人。培养方式主要为东部（江苏镇江）单独培养，采取"2+1"的方式（即学制3年，2年学校学习，1年企业定岗实习），按照现代学徒制、订单式等培养模式进行校企联合培养，实现入校即入企、毕业即就业，为西盟籍建档立卡贫困家庭的学生提供"百分百接受入学、百分百推荐就业"保障。

第二，组织短期就业技能培训班。截至2019年，普洱市兴盟民艺职业培训学校已开展职业技能培训129期，培训人数6951人（其中2019年1974人），建档立卡户占95%以上。涉及工种主要是茶艺师、农家菜烹饪、民族歌舞表演、橡胶栽培割胶、咖啡种植、核桃栽培、肉猪饲养、澳洲坚果栽培、家政服务、蜜蜂养殖、家畜饲养、畜禽养殖、手工编织等。2017年至2019年，共完成东西部协作招生68人。2014年至2019年，县职业高级中学完成招生1380人，共574名学生毕业就业。

第三节 教育的力量：阿佤青年的故事

从物资奇缺的年代，到现在孩子们能吃上营养可口的早餐午餐；从曾经的茅草房到现在宽敞明亮的多功能教室，西盟教育实现了从"无学上"到"有学上"的转变，并正在从"有学上"到"上好学"发展，教育正改变着一代代佤山学子的命运。有建档立卡户的孩子享受精准资助政策完成学业，又反哺家乡、投身精准扶贫的事业；有残疾青年在中专求学时，走上竞技体育的道路，有了人生的奋斗目标；有职校毕业的年轻党员，返乡创业，带领群众共同致富。

一、反哺家乡的佤族女研究生

张安顺，佤族，生于 1992 年，西盟县岳宋乡班帅村人，2010 年至 2014 年就读于云南民族大学中国少数民族语言文学（佤语）专业，2014 年至 2015 年就读于北京邮电大学（西部计划少数民族骨干生），2015 年至 2018 年就读于上海师范大学中国少数民族语言文学专业（硕士研究生），现为西盟县文化和旅游局职工，暂抽调到西盟县脱贫办工作。

安顺一路的求学经历，有些曲折，2012 年父亲在一场意外中去世，那年安顺正读大学二年级。2013 年，安顺家被评为建档立卡贫困户。安顺得到了县、乡政府以及很多好心人的帮助，加上自己的坚持，顺利从上海师范大学中国少数民族语言文学专业硕士研究生毕业，并回到了自己的家乡，安顺想为民族、为家乡做一些该做的事，希望能带动更多的有志青年把家乡建设得更加美好。

在班帅村 3000 多人口的小村寨，陆陆续续有不少年轻人走出山区，或是上学读书，或是打工谋生。在发达的城市里，他们的思想观念也有所转变，视野有所开阔，因此，当他们再次回到家乡的时候，开始不满足现状，不甘心家乡如此后进，脑袋里便开始思索着，想为家乡做些实事。在张安顺的提议下，与岩要、岩文、岩多、万萍、岩盖、岩宝等多位年轻人共同协商后，正式提出每年春节在村里举办一次联欢晚会，为村民提供展示自我才艺以及文艺交流的平台。2013 年 1 月 19 日，在乡领导和村干部的支持下，班帅青年团正式成立。班帅青年团是由班帅村大学生、高中生和初中生等一群年轻人自发组织而成立的年轻队伍，班帅青年团最初成立的团队宗旨是：开拓创新，文化惠民，建设家园。以文艺晚会的形式达到政策宣传、娱乐百姓，促进交流、增强凝聚力，挖掘与传承民族文化的目的。自 2013 年举办第一次春节文艺晚会开始，至今已成功举办了 7 场跨年文艺晚会，参加群众人数累计超过了 3000余人。

青年学生难得的假期正好遇上全村上下正在热火朝天地进行"贫困对象动态管理工作和农村低保精准施保"全面排查行动，安顺主动与村委会联系，动员班帅青年团的成员到村委会帮忙。通过村干部、驻村扶贫工作队员以及乡工作队员的指导，他们便迅速进入角色，与动态管理工作组一起进村入户，一起填写调查表、计算收入、核实信息、录入系统等。他们的加入为工作队员减少了工作量和工作压力，增添了动力和干劲，班帅村的动态管理工作在全乡范围内开展得最为顺利。现如今，班帅青年团不再是单纯的"文化宣传员"，更是扮演起了"政策宣传员"的角色，积极承担起班帅村脱贫攻坚的重任。他们走村串寨，鼓励群众重视教育，支持子女上学，带动青年积极性，有效助力脱贫攻坚。

二、为 2022 年冬奥会拼搏的佤族少年[①]

2017 年 3 月 30 日，佤族少年岩巩再次踏上故乡的土地时，他已离家有半年多。下车后第一件事就是去吃了一碗当地的小锅米线，在朋友圈感叹道，还是西盟的米线最好吃！其实好吃的不是米线，而是故乡的味道，马上就能见到亲人的雀跃，让口中的美食更加美味。与半年前离开时不同，此次归来，收获满载。乡亲们只觉得他又壮实了一些，可增长的不仅是体能，还有走南闯北的见识和高山单板滑雪的体育竞技技能。

2016 年 9 月，云南林业职业技术学院精准扶贫工作队将他送往云南省华夏中等专业学校学习，本是想让残疾辍学的他学一门傍身的技能，今后自食其力。但岩巩积极向上的生活态度和长期爱好体育锻炼而练就的身体素质受到了国家体育总局的青睐。在西盟王雅时，他虽然腿脚不便，却仍然坚持天天打篮球，单脚行动依旧抢篮板，运球、投篮丝毫不比其他小伙伴逊色。长此以往的运动练就了他良好的身体素质，在残疾运动员的首轮选拔中顺利入选，并于 2016 年 10 月前往哈尔滨体育学院开展为期 5 个月的高山单板滑雪训练项目。因残疾几乎从未离开过普洱地区的少年，不鸣则已一鸣惊人，一个从未见过下雪的孩子，凭着自己的一条腿跨越大半个中国，从村里一个几百平方米的篮球场去到东北上万平方米的专业滑雪场"起舞"，开启全新体育项目的学习。其中的艰苦和困难不言而喻，但他勇于开拓、顽强拼搏的精神支持自己不断进步，从一开始磕磕绊绊，三步一摔到后来掌握平衡要领流畅地变向，顺利滑下数千米赛道的身影，堪比专业，成长的又何止是体格？

2017 年 3 月初，冬季滑雪训练结束，他带着在全队 74 人中位列

[①] 西盟县委组织部：《西盟典型人物材料》，内部资料。

第九的综合成绩荣归故里，教练表示他的成绩有很大可能入选 2022 年冬奥会运动员之列，在这之前每年几乎都要系统地接受训练。比起前往求学时的茫然和不安，归来的时候满脸坚毅与自信，与村干部和驻村队员交流对答落落大方。这是体育训练锤炼出的心理素质，这是努力进取换来优异成绩的从容不迫，这是团队集体意识给予的开朗与健谈。搂着妹妹拍照的他越发有顶天立地男子汉的样子。春节前夕，他将节省下的 500 元训练补助，请扶贫队员转交给妹妹，因训练无法回家团聚，希望妹妹能在过年时买一套新衣裳，吃些好吃的。

2017 年 5 月 8 日，岩巩和小伙伴一起征战在长沙举办的轮椅大赛，获得优胜奖。2017 年 5 月 17 日，他再次起航，前往哈尔滨体院开展夏季体能训练，10 月 31 日结束，为期半年，为冬季滑雪项目做准备。据了解，岩巩在训练期间，除了食宿统一解决外，每月还有专项补助，生活开销有保障，他能最大限度地全身心投入训练，相信在社会各界的帮扶下，他能取得更大进步，争取进入冬奥会运动员之列，继续奔跑，勇攀高峰。

三、返乡创业的致富带头人①

岩盖，男，佤族，中共党员，1989 年 3 月出生于西盟佤族自治县中课镇永不落村。岩盖是永不落村的第一个大学生，走出佤山求学的那一刻起，他就立志一定要学有所成，用学到的技术帮助佤山群众摆脱贫困，过上幸福生活。

2011 年，岩盖以优异的成绩毕业于云南农业职业技术学院。2011 年，岩盖加入了中国共产党。这一年，他面临人生的重要抉择，留在城市，有很好的工作机会和发展前景，但家乡却是岩盖心里始终放不下的牵挂。"家乡的落后贫穷一直是我心里的痛。如果我们年轻

---

① 西盟县委组织部：《西盟典型人物材料》，内部资料。

人都离开了，那家乡还有什么希望！"改变家乡的强烈愿望，让岩盖选择了回乡。

让父母和村民没有想到的是，岩盖返乡后，竟然以养猪开始了创业之旅。很多人对此冷嘲热讽，但他却说："现在我们农村如此贫困，创业是最好的致富之路，而农村创业最大的困难不是资金、不是项目、不是政府的政策资助，是农村没有年轻人愿意去做那些看似简单却极其艰难的事，作为村里第一个大学生，我希望能用自己的所学所知，带领全村人摆脱贫困，走向新生活。这是作为当代大学生应该肩负起的责任，更是我一直以来的梦想！"四周的"负面舆论"和父母的不理解，反倒让岩盖立志要当个成功的"大学生农民"。

创业的梦想是美好的，创业的艰辛又有几人能够知晓。建设养殖厂房、争取贷款资金、培训饲养技术、拓展购买市场，这一切岩盖都亲力亲为。没有节假日，没有休闲时间，岩盖所有的精力全都投入到创业当中。为了把养殖场做好，他曾经住进猪场一个多月，每天与猪为伴，一边喂养，一边观察。最辛苦的还是母猪生产的时候，为了使猪不对接生人产生抵触，每天都坚持给猪按摩，到了接生的时候一守就是通宵，他老婆曾开玩笑地跟他说："我还不如你的猪啊！"

经过长期的努力，岩盖的养殖产业在当地家喻户晓，接到的订单越来越多，甚至其他乡镇的客商都会慕名而来。他靠自己的辛勤劳动走上养猪致富之路后，并没有忘了初心，时刻把"一家富，不算富；大家富，才真富"放在心里，并付诸实践。从 2015 年底开始，岩盖将种猪免费给村民养殖，亲自教他们养殖技术和防疫方法，并利用自己销路广、信息面宽的优势，积极帮助养殖群众联系销路，使得永不落村的村民"钱袋子"越来越鼓。岩盖的不懈努力赢得了村民的支持。2016 年 5 月，岩盖全票当选为村党总支副书记，开启了他人生新的征程。当选后的岩盖激动地说："从开始创业的时候我就想，我不但要自己搞得好，还要带动老百姓一起发家致富，带动那些有创业想法的人，一起致富奔小康，现在，我又多了一个为老百姓服务的机会。"

当选村副书记的岩盖肩上的担子重了很多，他认真履行副书记职责，协助党总支书记做好各项党务、村务工作。除了负责党总支日常工作外，他还认真抓好脱贫攻坚、安居工程、"三会一课""两学一做"学习教育、党员发展、党员管理等重点工作。他白天要到村党总支处理党务、村务，晚上又得拖着疲惫的身体管理养殖场，但是他仍然乐此不疲，把两边的事情都处理得妥妥当当。

要脱贫，最核心的还是得让贫困户的"钱袋子"鼓起来。对于一个产业基础薄弱、交通闭塞的小村庄来说，要找到一条致富来源谈何容易。头脑聪明的岩盖凭借自己创业的经验认为，一个产业只有做大、做强才能形成市场竞争力，赚取更多的财富。于是，他提出带领贫困户一起来发展养殖产业，每天挨家挨户地宣传党的方针政策、脱贫攻坚政策、养殖的优势和技术等，但很多村民很固执，不愿意养猪，怕辛苦，怕赔本。但脱贫攻坚刻不容缓，岩盖又一次勇于创新，他又提出成立合作社，建立起"公司+合作社+建档立卡贫困户"这样的模式，采取托养、寄养的方式，让村民把仔猪入股到他的养殖场，将村民分散的力量集合在一起，村民每年领取8%的分红，五年以后村民可以领回入股仔猪，也可以继续入股，这种"一次投入、滚动发展、长期利用、扶持到户"的模式受到了镇党委、政府的支持，也增强了岩盖做好这个项目的决心。他每天走家串户向村民们一遍遍地讲、一次次地说。悉心呵护的种子，终于破土而发。2016年，永不落村的16户贫困户在岩盖的养殖场入股60头仔猪，2017年底开始分红。岩盖说："民族要发展，村民要致富，这些都要靠知识，要让孩子们接受良好的教育，这样才能有希望和未来。"作为走出过大山的孩子，岩盖深知知识的力量，他希望能让更多的孩子到学校去读书。他经常以自己为例子去说服村民，让孩子们重新走进课堂，将来承担起带领佤山崛起的重任。

第五章

除草房　转思想

　　茅草房、杈杈房，伴随佤山人民走过了一个又一个春夏秋冬，多年来，西盟佤山的民房改造步履维艰。西盟茅草房、杈杈房覆盖面广，其改造不仅需要大量资金，更需要强有力的组织体系；加之当地居民因思想观念无法转变，对建新房造成了极大障碍。对当地居民来说，除草房建新房不仅仅是居住环境的改变，更是思想观念的转变。只有安居，才能乐业，这是西盟扶贫必须突破的重点，更是西盟扶贫中转变群众思想的起点，所以西盟县将住房问题列为精准扶贫的第一要务。

第一节　有家无"房"：佤部落的陋居

　　谒读有关史料典籍，关于西盟佤山盖房子的历史记述很少，但从一些古代传说故事中还是能搜寻一些印迹。在佤族口口相传的创世史诗《司岗里》《江三木洛》里，可以寻到有盖房子的记录：阿佤人从司岗里出来后，不知道盖房子住，只能歇在树林里，与草木为伴，受狼虫威胁。后来去请教蜘蛛和画眉鸟，从它们那里学会了盖房子。居无定所，在佤族并不是多久远的事情。1965 年，佤族群众的住房情况，在思茅民族地区《党史资料》（1950.4—1961.12）中张一飞摘文的题为《西盟佤族社会经济调查报告》中有一段记录：同傣族房子相似。草房，竹、木、茅草结构，建房方法简单，每个男人都会。

一家建房，寨人相帮，当天即可建成。房子是架空楼房，楼上住人，楼下是家畜活动之所。

佤族群众祖祖辈辈靠着落后的生产方式，散居在崇山峻岭间。一户一人家，一两年换一个地方，简单地搭一个窝棚，砍倒一片林子，放把火一烧，满天星似的撒上谷种，等着收获。种一两年，土地肥力消耗殆尽了，再换一个地方，就这样，一年又一年，一代又一代。由于人随地走的生产方式，西盟佤山的各族群众建房极端简陋，建一间茅草房管三四年，一年一小修，三年一大建。低矮、潮湿、阴暗的茅草房散发着各种异味。茅草房的上层住人，下层则关牛关猪，人畜共居，卫生状况恶劣。茅草房里没有什么卧室、客厅、厨房之分，吃饭、睡觉、会客都在一个屋里。茅草房里就是一个火塘，几口锅，全家人共处一室，围着火塘，睡在地板的竹席上。住在这样的房屋中，冬不御寒，夏不挡暑，饮风食雨。更为严重的是，茅草房从脚到顶都是以易燃物构成，而佤族又是一个"阿佤火塘永不灭"的民族，稍有不慎，村庄就会变成一片火海。1996年，中课乡班箐5组发生火灾，整寨在烈火中化成灰烬。1997年，他郎村大寨在夜间发生火灾，火光映红了整个天空，寨子全部烧光。2000年春节前，岳宋班帅3组发生火灾，数小时之间，全寨烧光，村庄化成一片废墟。

西盟县经历了3次大规模的民房改造工程。第一次，是2002年至2004年，国家每户补助2000元，把栏杆式的茅草房改造成了空心砖墙的石棉瓦房。第二次，是2012年至2014年的"整乡推进"工程，国家每户补助20000元，把栏杆式的茅草房、空心砖墙的石棉瓦房改造成了有上下圈梁、红砖墙、彩钢瓦顶的抗震防震安居房。第三次，是2015年开始一直持续到2018年的民生改造工程，国家每户补助40000元，基本实现安居房全覆盖。

第二节　共筑安居：佤山巨变唱新歌

"精准扶贫、精准脱贫是党心所向，民心所盼。"西盟县坚持攻坚克难，以大力实施农村安居工程建设为突破，举全县之力为打赢打好脱贫攻坚战做好先行和保障，在阿佤山乡唱响了震天动地的安居房建设战歌。

一、唱响安居工程"进军歌"

2015 年，云南省省长在西盟县召开全省农村安居工程建设启动大会上强调：一要科学制定规划，二要精心组织实施，三要强化政策保障和金融支持，以更加坚定的决心、更加有力的措施、更加扎实的作风，把惠及千万农民群众的好事办好、实事办实，早日让农村困难群众住上"保命房""安居房"，过上好日子。西盟县全面谋划，统筹部署、协调推进。

（一）加强组织领导

早在 2013 年西盟就提出了"美丽村寨"建设规划，2014 年开始，结合实际对安居房建设方式、建设标准、房屋结构、组织领导架构等进行探索，为后期大规模开展安居房建设打下了坚实的基础。2015 年，为贯彻落实好习近平总书记考察云南时的重要讲话精神，深入贯彻落实科学发展观，让边境少数民族与全国人民一起共享改革开放成果，2015 年 7 月 30 日，西盟、孟连农村安居工程建设正式启动，载入西盟的光辉史册。省委、省政府以农村危旧房改造为主战场，以贫困农民为主要对象，以推进安居建设促进经济增长、加快产业发展促进农民增收、促进社会稳定为主要目标，用一年半的时间完成 12846 户安居房建设任务，这是西盟近 50 年来从没有过的新跨越。西盟县及时建立县委书记任指挥长、县长任常务副指挥长、分管和联系的县级领导任副指挥长，各部门及乡镇党委书记、乡镇长为成员的领导机制，下设指挥部综合协调办公室及项目规划组、资金筹措组、工程建设组、物资采购供应组、宣传发动组、资金财务审计监督组、督查检查组等 8 个工作组。从 2015 年 11 月 30 日起，每周一召开县农村安居工程建设指挥部视频通报会，切实发挥"精准、快捷、节时、督促"的重要作用。通过视频切换，及时了解第一线的困难问题，针对问题参会领导给予当场答复解决。严格实行"县委常委包乡镇、县处级领导包村、部门包组、干部包户"的包保责任制，全县 7 名县委常委包 7 个乡镇，31 名处级领导干部包 35 个行政村，102 个县属单位（部门）包 322 个村民小组，2185 名干部职工包 12846 户建房户，把农村危房改建任务包保到户，责任细化到人，倒排工期，制定和完善工程进度记录表、工期倒排表，对标对表抓好工程进度。

（二）严格认定标准

2015 年安居工程实施前，为全面了解和掌握系统的农村安居房工程建设工作，打好有准备的仗，西盟县及时召开全县农村贫困危房户摸底调查工作动员会，积极动员各级各部门深入挂钩联系村（组），协助各乡（镇）开展贫困危房户调查核实工作，做到不遗漏一户贫困户，不让一户脱贫户占名额，确保认定结果准确，共锁定实施对象 12846 户。2017 年《中共云南省委办公厅云南省人民政府办公厅印发〈关于加强全省脱贫攻坚 4 类重点对象农村危房改造工作的意见〉的通知》（云厅字〔2017〕18 号）下发实施后，西盟县住建局抽调精兵强将、业务技术骨干参加普洱市组织的农村危房鉴定专业技术培训，并在全县脱贫攻坚培训会上对县乡干部、村两委、扶贫工作队、乡镇规划助理员、挂包干部进行了培训。培训后组成农村危房鉴定技术组，对全县所有农户住房情况进行鉴定，鉴定中严格按照《云南省农村危房鉴定指南（试行）(2017)》，以农户住房实际情况为依据，在全县开展农村危房等级认定，认定后由县、乡（镇）、村三级对认定为 C、D 级的危房户信息进行筛查从而锁定改造对象。2017年以来，共认定、筛查符合改造政策对象 1893 户。

（三）精准制定方案

改造对象锁定后，西盟县制定下发了《西盟县边疆民族特困地区农村安居房工程建设总体方案》《西盟县边境民族特困地区农村安居工程建设精准实施方案》《西盟县 2017 年农村危房改造暨脱贫攻坚四类重点对象安居房建设实施方案》《西盟县 2017 年农村危房改造暨脱贫攻坚建档立卡危房户安居房建设实施方案》《西盟县脱贫攻坚农村危房改造扫尾工作方案》《2018 年农村危房改造实施方案》，明确任务分工，做到有章可循，有据可依，科学有序地推进工作。

（四）加强规划引领

在安居工程建设中，为了达到宜居宜业、与自然环境融为一体的目的，对具备条件的寨子，始终坚持村庄规划先行，遵循"依山就势，错落有致，留够公共，留足农户建房用地"的原则，按照"美丽村寨"和"人畜分离、厨卫入户"的标准，合理编制美丽乡村建设规划。马散永俄寨邀请同济大学进行村庄规划，有村庄总规、房屋风貌控制、基础设施建设、产业发展等规划，并严格执行规划。在建房过程中，西盟县以民族文化为魂，坚持把延续民族文化、弘扬个性作为一项重要内容来抓，注重"形"的保护和"神"的传承，把富有民族特色的文化元素有机融入安居房建设。在设计中，摸索出了一条本地专家+国内著名设计团队+群众参与的规划设计路子，立足县情，试点先行，发动对西盟县历史文化有深入了解的本土专家进行方案设计，并邀请相关专家进行比较，选出较能体现地域特色和民族特色的方案，通过广泛征求市民群众意见后对方案再进行优化、细化，做到有条不紊地铺开。同时，安居房建设前，结合西盟实际，统一民房建筑风格，以传统民居为溯源，本着"安全、适用、经济、功能完善、富有特色"的规划设计理念，根据不同层次农户的需要，聘请有资质的设计单位，设计了60—100平方米80种户型和14套效果图供农户进行选择。施工图设计及效果图编印成册下发各乡镇，工程效果图及建房技术要点编入包保队员工作手册。严格执行规划设计，严格按图施工，使安居房融入自然，蕴藏佤族、拉祜族文化及传统栏杆式原型元素，饰以木鼓、牛头等图案，呈现古老而生动的故事。

（五）加强统筹监督

西盟县农村安居工程建设指挥部根据各工作时间节点，紧扣既定的目标任务，明确督查监察重点，深入各乡镇开展督查工作，强化责任意识。每周一召开指挥部视频通报会，发挥"精准、快捷、节时、震慑"的重要作用。根据指挥部督查监察组到各乡镇巡回督查发现和收集乡镇上报县安居办的好做法、好典型，对工程建设中质量好、进度快的乡镇进行通报表扬。对个别包保队员不在岗、推进缓慢、资金兑现不及时等问题进行通报，提出限时整改。对重要时间节点必须完成的建房任务及时提醒，促使各乡镇各单位在强大的压力下，寻找突破，推动工作。在视频通报会上，采取视频切换，进行互动交流，乡镇提出的问题，参会的有关部门领导根据问题逐一解答，在最短的时间内给予解决和整改，把有限的时间、精力、资金投入到工程建设中。同时，2015年安居工程建设时，西盟县以政府购买服务的形式，聘请了监理公司，为每个乡镇配备了至少1名技术服务员，全县35个建房行政村均成立了质量监督委员会，每个村2—4名监督员，县住建局成立了6个由领导班子及技术员组成的技术巡查组，分片区对7个乡镇农村危房改造工作进行技术巡查指导，对监督员开展培训，技术监督员深入施工现场监督施工，抽查工程质量，认真履行职责，确保工程按时、保质保量推进。每个村民小组成立质量监督委员会，全程负责工程质量、村寨环境的监管。在建设过程中，西盟县严把建筑面积控制关，原则上1—3人户控制在40—60平方米，且1人户不低于20平方米、2人户不低于30平方米、3人户不低于40平方米、3人以上户人均建筑面积不超过18平方米，不得低于13平方米。兜底解决的特困户，改造房屋的建筑面积按下限标准控制，并严格落实"厨卫入户""人畜分离"等建设要求。

（六）加强宣传发动

为充分发挥群众的主体作用，西盟县以歌舞、文学作品、漫画、手册、汇编、标语、彩铃等生动鲜活、喜闻乐见的方式和广播电视、微信公众号、新浪微博、手机客户端、手机报等媒体平台进行广泛宣传；省、市、县各级驻村工作队和包保队员深入村组召开群众动员会730余次，参会群众36700余人次。中央、省、市、县各级媒体积极参与安居工程建设宣传，形成了强大的宣传合力，做到家喻户晓，人人皆知，全民参与，在全县掀起了大干安居工程建设的热潮。

二、唱响安居工程"攻坚歌"

西盟县12846户农村安居房的建设过程中遇到了许多难题。时间紧，任务重，过去50年西盟县只完成了1万多套的安居房，现在要在2年时间内完成1.2万套安居房建设，挑战巨大，需要采取强化措施。而且住房存在突出困难的人同时也是经济方面最困难的人，家无余钱，筹措建房资金难度大。开展这么大规模的集中建设，建材物资需求量大，建材物资供给可能出现供不应求的局面，建材价格如何稳控？建房过程中，搬迁用地难、与当地少数民族风俗传统相冲突等问题如何化解？西盟县党组织和党员在安居工程建设中主动作为，勇当宣传政策的先锋，做带头建房的表率、主动服务群众的知心人、矛盾纠纷的调解员，想方设法克服困难，一一破解各个难题。

（一）"时间紧、任务重"问题的破解

西盟县严格落实安居工程建设包保责任，实行县委常委包乡镇，县处级领导干部包村，挂钩联系单位（部门）包组，领导干部和新农村建设工作队员包户的工作责任制。依托"互助联动"机制，互帮互助，联合担保。根据村庄整体规划，通盘筹划，合理安排，整合资源，完善措施，采取统规自建、统规统建、统规联建三种方式，分期分批实施建设行动，力求以最少的投入、最短的时间取得最好的效果。同时压实责任，一是县处级领导干部每周坚持到挂包乡镇、村靠前指导、解决问题一次；二是县各单位（部门）主要负责人亲自负责所包村民小组农村安居工程建设工作；三是县各单位（部门）抽调1名副科级领导干部到所挂包村民小组蹲点，当好政策宣传员、组织发动员、为民服务员、纠纷调解员、质量监督员、上传下达通讯员，做好安居工程建设；四是包保队员深入到所挂建房户，帮助建房户出主意、想办法开展建房工作；五是实行乡镇副科级以上领导无特殊情况不出乡镇，蹲点包保队员"白加黑"和"五加二"工作，全力推进工程进程。

（二）筹资难问题的破解

一方面，西盟制定出台《西盟县农村安居工程建设资金使用管理实施细则》，召开部门、乡镇例会，研究协调资金使用事项，及时与省市部门对接，邀请上级财政、审计部门进行实地指导，为依法依规整合资金提供保障。另一方面，充分发挥财政资金的杠杆作用，加强与农业银行、农村信用合作社等金融机构的积极对接，为贫困农户建设贷款搭建平台。引导符合贷款条件的农户进行"三权三证"抵押贷款，实行"组帮组、户帮户"互相担保贷款，积极争取国家贴息政策（扶贫资金贷款贴息、小额担保贷款贴息等）。县包保工作队积极配合县农村信用合作社和中国农业银行西盟支行做好群众贷款相关发动登记工作，同时加强与施工方的沟通联系，尽可能在建房对象中聘用小工，折抵部分建房资金。

（三）建材问题的破解

西盟县精心测算建房所需物资，并对西盟及周边县区建材物资供给情况进行了摸底调查，与31家物资供应商签订协议，保障了工程建设所需的钢筋、水泥、砖瓦、砂石等主要建材的有效供应和市场价格稳定。为防止物资供应商哄抬价格、恶性竞争，工程建设物资供应原则上实行公开招标。一是对红砖、砂子、石材等相对紧缺的物资，由物资采购供应组与各供应商积极洽谈，确定统一的合理供应价格，签订供应协议，供施工队和自建农户自行采购。二是对钢材、水泥、瓦片等市场供应充足的材料，采取竞标供应或商议确定的方式，与中标商家或确定的供应商签订供应协议，稳定市场价格，供施工队和自建农户自行采购。三是原材料能自己做的就自己做。就拿建房用的红砖来说，当时负责这项工作的同志，打听到在缅甸有一位会土法烧制红砖的师傅，他们就边打听边找寻，直到把师傅找到。烧砖的师傅听说是为了帮老百姓盖房子，被感动了，二话不说，跟着来到了安居工程建设的村村寨寨。从挖土制坯到搭窑烧火，从观察火势到如何封火，一次一次示范，一户一户教。

（四）搬迁用地难问题的破解

西盟县坚持申报程序规范化，强化"实打实"服务、"脚跟脚"报批，由国土资源部门作出地质灾害评估、矿压分析，环保部门作出环境评价工作，上报后，住建部门作出村庄规划，国土、林业部门按程序进行申报。鼓励群众以置换方式解决好搬迁点涉及的土地问题。采取抽签的方式确定农户宅基地，避免群众争议。涉及群众间的土地置换，分解细化责任措施，由包保工作队牵头组织乡、村、组工作人员深入做好群众的思想工作，以置换方式解决好搬迁点所涉及的土地问题。

（五）与建房有关的当地风俗问题的破解

佤族群众一生中大概要建七八次房子，年年备料为盖房是西盟佤族群众的真实写照。从第一间茅草房盖好那天起，就得着手准备下一次盖房。到房子实在不能住了，全寨乡亲都会赶来帮忙，但动手干活的人少，在盖房工地边吃喝的多。因而，建房使他们不仅没有积蓄，还欠上一身债。还有些群众提出来动工、下基、支砖、浇灌房顶、入住，都要看日子和看卦。佤族群众还有个丧葬习俗：家里的亲人逝去了，通常就埋在房前屋后。他们认为，亲人即使逝去了，也应该与活着的亲人相伴左右。面对这些问题，西盟县一方面注重发扬佤族群众互帮互助的历史传统，同时为杜绝互助中吃喝的不良习俗，制定了三不准原则，即不准在建房的人家吃饭，不准在建房的人家喝酒，不准向建房的人家要烟抽。

对于看日子和杀鸡杀猪看卦，从拉家常开始，用接地气的方式在潜移默化中对群众进行思想动员。而寨中零散分布的墓冢，这是个大问题。比如罗列，寨中20多座墓冢，零零散散分布在寨中。说迁坟，老百姓死活不同意。按常规，逐个做工作。思想工作一做，就是一个多月。可是任你找谁做工作，人家都把头摇圆了说："我可不敢。要是我同意了，以后寨子里闹鬼、受灾，寨子里的人还不骂死我。"那就开村民小组会，会一开，就是十几天。每次开会，扶贫工作队员都要买着酒去。十几天的会开下来，罗列的村民渐渐想通了，不迁坟，的确无法搞扶贫建设。最后，寨子里年长的人提出，迁坟可以，但要按佤族的习俗办。工作队员说："行，我们尊重你们的习俗。"于是，请来了魔八（巫师），泡了水酒，又买了20多只鸡。墓冢里是男性的，就杀只公鸡，墓冢里是女性的，就杀只母鸡。就这样，魔八念着经，村民隆重地把 20 多座墓冢，迁到了寨外的林子中。

（六）"新房旧貌"、发展不平衡问题的破解

许多贫困群众住进了新房，仍然沿袭着不爱洗衣、不爱洗被、不爱洗澡的陋习，房前屋后不便清扫的区域成了垃圾场和臭水沟，从而造成新房旧貌的问题。西盟县广泛开展爱国卫生运动，从生活中的小事做起，教育和引导群众做到至少每月剪一次头发、一次寨子大清扫，每周洗一次澡、换洗一次衣服、剪一次指甲，每天洗一次脸和脚、刷一次牙，饭前便后要洗手等，培养群众良好卫生的生活习惯。深入开展"践行西盟公约，争做美丽居民"主题活动，把《西盟公约》融入行业规范、职业守则、村规民约等各类行为规范，认真组织学习宣传，全面提升居民文明素质，教育和引导居民文明行为。为破解发展不平衡的问题，西盟县大力推进住房、环境、产业、素质等综合扶贫工程，实现"输血式扶贫"向"造血式扶贫"转变，形成"一村一业、一村一景、一乡一品"，实现人居环境和自然生态、产业发展和农民增收、社会保障和农村服务、农民素质和精神文明的全面提升。加大科技培训力度，2016 年，全县共组织开展各种培训 82 期 12197 人，提高群众劳动生产技能，有效发挥科技对农民脱贫致富的支撑作用。

（七）"等靠要"思想问题的破解

如何改变人们陈旧落后的观念是难上加难的事情。比如在罗列扶贫时，从书记到一般干部，还有广大武警官兵，云集罗列，挥汗如雨地帮着老百姓挖地基。可是，罗列的老百姓，像看热闹一般，站在一旁，手抱肚地看着。这还不说，扶贫建设那段时间，县民政局为罗列村民提供了四十顶帐篷。为了让住在帐篷里的老百姓有粮吃，各挂钩帮扶单位，给罗列的老百姓送去了粮

食、猪肉、粮种、农药、化肥等，让他们帮着卸东西，结果罗列的老百姓第一句话就是"给多少工钱"。所以在罗列，乃至在西盟全县，扶贫是个大课题，它不仅是物质方面的改善，它还需要扶智慧、扶志气。

为改变等靠要的思想，西盟县强化基层党组织在农村安居工程建设中的引领作用，教育和引导贫困地区干部群众牢固树立战胜贫穷、改变落后面貌的信心和决心，探索和总结出"347788"群众工作法，为全县农村安居工程建设提供了强有力的组织保障。三深入：深入基层，深入实际，深入群众。四个用：用脚丈量民生，用心贴近民意，用情化解民忧，用力赢得民心。七到户：民房改造动员到户，惠民政策宣传到户，产业发展落实到户，增收致富算账到户，组织建设延伸到户，邻里纠纷化解到户，就学就医发动到户。七个一：一间房，保安居；一产业，促增收；一堂课，提素质；一首歌，感党恩；一台戏，扬正气；一面旗，树新风；一本书，学先进。八注重：注重组织执行，注重配强队伍，注重制度保障，注重责任落实，注重整合资源，注重服务群众，注重增收致富，注重党群和谐。八强化：强化规划引领，强化领导责任，强化部门协调，强化精准扶贫，强化群众主体，强化社会合力，强化监督管理，强化基层组织。

广大党员干部积极发挥战斗堡垒作用，引导发动群众，带头宣传政策，带头执行规划，主动分担子，涌现出许多动人事迹。如博航八组共产党员岩东不顾家人反对，把自家刚装修好的新房拆掉，为村庄规划让路，确保组内道路畅通无阻。里拉村党总支书记曹德林说："连晚上做梦都在做群众工作。"通过典型带动，农村群众的思想观念发生了较大改变，实现了从"要我建房"向"我要建房"的转变，安居工程建设进入了快车道。

三、唱响安居工程"幸福歌"

开展安居房建设以来，西盟发生了翻天覆地的变化，旧貌换新颜，群众搬离了住了几千年的烟熏火燎、人畜混居、厨卧不分、脏乱差黑的吊脚楼、杈杈房、竹笆房，住上了安全稳固、遮风避雨、宽敞明亮、通水电、人畜分离、厨卫入户的安居房，实现了佤山群众千年安居梦，并且培养了一大批砖瓦工、钢筋工、水电工、木工、电焊工、安装工、粉刷工等各类工匠，让他们掌握技术的同时增加了收入。现在，佤山几乎看不到最原始的茅草房、杈杈房，仅有一些作为教育子孙了解发展历史、牢记共产党恩情的"教育房"。但西盟县没有满足于此，在农村安居工程建设全面完成后，又着眼长远，系统谋划，实施"四大提升"，助力广大人民群众脱贫奔小康。

（一）宜居宜业，环境提升

西盟县坚持规划引领，攻坚克难，建成一幢幢小楼、砖瓦房，构建"一村一风景、一寨一幅画"的美丽乡村，着力实施人居环境提升建设，全县 36 个行政村 260 个自然村按照中心村、特色村、一般村三种模式进行分类，以中心村为主战场，以特色村为示范引领，通盘筹划、突出重点、以点带面，分批组织实施。全县总投入 6480.5 万元，实施 15 个美丽乡村建设项目，实施了"七改三清"工程，逐步形成了点上有特色、线上出效应、面上出规模的美丽乡村建设格局。

（二）安居兴业，产业提升

西盟县念好"山字"经，唱好"饲草"戏，打好"肉牛"牌，以"橡胶、茶叶、甘蔗、畜牧、民族文化旅游"为主导产业，引进云南三江并流、丁氏蜂蜜、云南藤临红、云南安得利、阿佤香食品等有限责任公司，整合资源养殖肉牛、冬瓜猪及茶叶精深加工，发展种植石斛、砂仁、灵芝等中药材、打造品牌，延长产业链，带领群众增收致富。现在的西盟"河谷橡胶绿如蓝，梯田蔗粮青波翻；半山茶米色添香，山顶森林万宝藏"。

（三）破旧立新，素质提升

西盟县大力改善人居条件的"民生工程""德政工程"，充分调动群众的参与权、决策权、选择权、监督权，群众的主动性、积极性和创造性得到了充分发挥。新厂镇探索出互助联动小组，力所乡南亢村的互建突击队，班母村的"红太阳"劳务队等都充分展现了群众建房的风采。群众通过安居房建设学会精打细算过日子，统筹安排生产和建设，理财能力和自立自信得到增强。

（四）民生关注，福祉提升

西盟县在安居工程建设中，把困难群众有饭吃、有学上、有病能就医、老来有保障等作为一抓到底的重要工作。各个部门主动作为，热情服务，让困难群众满怀喜悦地得到小额担保贷款、城乡最低生活保障、教育"两免一补"等惠民政策，实现了住房、环境、产业、素质、幸福感等五大提升。

安居工程的建设不仅解决了西盟人民的住房问题，还通过安居工程建设实现了西盟党组织的整合和团结以及工作能力的提升，也实现了西盟群众思想转变的开始，有了新居就有了新的期盼和希望，有了对美好生活的向往和追求。不仅如此，安居工程的建设对整个居住环境、生活条件和生态环境的改善、也为下一步的发展提供了更多空间。

第三节　安居工程建设例：美丽村寨博航八组

按照省市对直过民族脱贫发展的要求，在西盟县委、县政府的坚强领导下，结合博航八组自身实际，以党支部为引领，以建设"新房、新村、新业、新管理、新农民、新气象"为抓手，力图把博航八组打造成宜居、宜游、宜商的生态旅游小城镇。

一、博航八组概况

博航八组隶属勐梭镇秧洛村，距新县城 13 公里，距镇人民政府驻地 11 公里，是一个佤族聚居村落和典型的"直过区"贫困村寨。2019 年末，全组共有 45 户 136 人，有耕地 600 亩，粮食作物面积 580 亩，产量 94634 公斤，人均收入 6400 元。该组隶属秧洛村博航第四党支部（由博航八、九、十组联合组建的联合党支部），现有正式党员 8 名，预备党员 1 名；其中少数民族党员 9 名，女党员 1 名，35 岁以下年轻党员 3 名。

博航八组按照省市对直过民族地区脱贫发展的要求，结合博航八组实际，以创业、创新为前提，聚集智慧、精力为基础，把博航八组建成直过民族地区脱贫奔小康的缩影，展示佤族文化的窗口，体验乡村旅游的精品，打造美丽宜居村寨的典型，引领产村融合的示范，形成国际化、人性化、特色化、智能化、社会化为一体的美丽村寨。

博航八组规划按照地形地貌特点进行合理布局，营造舒适、幽静、宜居的环境，使建筑与自然生态环境融为一体。充分利用区域资源，依据山势特点，借山林营造景观，建设各具特色的建筑，营造富有灵气的居住区。建筑依山设计，以种植式的理念为指导，将建筑种入其中，使建筑像从山林里生长出来的树木一样自然协调，与山体完美结合，实现建筑与山水和谐交融。

二、党建引领下的安居工程建设

（一）"八个一"党建工程

博航八组以"八个一"党建工程为载体，不断强化边境党的建设。"八个一"党建工程的总体思路：按照一条主线、两个抓手、三项引领、四处发力、五个实现的工作思路，扎实开展基层党组织建设。一条主线：以治国安邦、重在基层、管党治党、重在基础为主线；两个抓手：以党建带扶贫，扶贫促党建和挂包帮、转走访为抓手；三项引领：以边境党建、国门党建、警地联建为引领；四处发力：在强组织、强队伍、强基层、强边疆上发力；五个实现：实现党组织从无到有、从有到强，实现边境和谐稳定红旗飘飘，实现民族发展与党建工作互融互利，实现党的后备力量充裕，实现同步全面小康。实施"一堂课、提素质"工程，强化手边信念；实施"一本书，学先进"工程，弘扬活边先锋；实施"一面旗，树新风"工程，筑牢固边防线；实施"一产业、促增收"工程，铺就兴边之路；实施"一首歌、感党恩"工程，凝聚亲边力量；实施"一套房，保安居"工程，构建强边安居；实施"一台戏，扬正气"工程，激发稳边活力；实施"一制度，讲规矩"工程，建强护边组织。

（二）基层党组织发挥领导核心作用

一是工作准备阶段，以乡镇、建制村、村民小组三级党组织为基础，建立安居工程建设责任体系。乡镇党委书记是第一责任人，党政领导班子成员是直接责任人，村组党组织书记是具体责任人。以辖区内党员为主体，以第一书记、新农村指导员、大学生村官等党员干部为补充，组建宣传队、先锋队、服务队等。服从上级部门领导和基层党组的安排，积极参与安居工程建设各项工作。以党建责任区为基础，落实包保责任，建立"互助联动"机制，在村民小组内以10—20户为单位划分工程建设"互助联动小组"。

二是宣传动员阶段，采取群众大会、入户恳谈等方式，帮助群众解除思想包袱，自觉主动参与。通过公开信、广播、手机短信、公示栏、发放宣传册等方式，宣传安居工程建设的扶持政策。组织党员成立"政策宣讲团"，用通俗易懂的方言或少数民族语言为群众解读政策。

三是确定建设阶段，组织党员、干部入户调查，做好摸底调查工作。摸清群众心理状况，摸清住户基本情况，摸清房屋建设情况等。充分运用"四议两公开"工作法，讨论重大事项。严格审核、严格把关，公平公正公开配合做好确定安居工程建设对象的工作。

四是组织实施阶段，乡镇、建制村、村民小组三级党组织配合相关部门做好安居工程建设的选点、地勘、规划、预算等工作。注意听取群众意见建议，并及时汇总上报相关部门。规划确定后，及时向群众反馈，做好施工建设准备。基层党组织配合上级部门，做好补助资金的发放工作，跟踪使用情况。村组干部不等不靠，发挥好建设户带头作用，党员政党示范户、样本户，引领群众推进安居工程建设。"互助联动小组"的党员与党员、党员与群众，相互支持，帮助建设。基层党组织发动党员先锋队、服务队，发动群众，义务投工投劳，重点帮扶"五保户"、孤寡户做好建设。党员干部带头联保贷款，示范引领困难户采取农户联保贷款的方式解决资金问题。基层党组织参与施工过程的监督，对不符合建房质量要求和群众有意见的，及时向上级有关部门报告。

五是检查验收阶段，乡镇、建制村、村民小组三级党组织配合相关部门做好工程项目的验收，协助和支持做好资金使用情况的审计。

基层党组织把涉及工程建设的文件、资料进行收集整理，对建档立卡贫困户做到"一户一档"，保证资料齐全完备。

博航八组农村安居工程建设目标任务为 46 户 137 人，工程于 2016 年春节前全部竣工，137 名群众已顺利入住。

第六章

兴产业　富在民

西盟的产业扶贫是西盟脱贫的重要支撑，西盟产业扶贫的特点在于：基础好却起点弱，具有丰富的土地资源和自然资源，但因历史原因，生产方式极其落后，甚至还是原始农业的状态；产业覆盖面广，西盟的扶贫产业不仅仅包括扶贫项目下的特色产业开发，还包括传统产业的提质，这就使其对贫困户甚至农户的覆盖面都很广；农户参与性高，这种参与性不仅包括因产业覆盖面广覆盖的农户多，还包括农户对参与产业发展的积极主动性高；统筹性强，由于所涉产业多、农户多、资金多、项目多，西盟县政府将所有资金进行统筹使用，并对产业进行统筹规划和发展，正是因为政府的这种强统筹性，使西盟的产业扶贫效率高、效果明显。当然，西盟的产业扶贫之路经历了一个不断探索的过程，也经历了一个改造原始农业的艰难过程。

第一节　困难与开拓：原始农业基础上的产业扶贫

西盟产业扶贫最大的困难在于其原始农业的起点，最大的优势也在于其原始农业的起点。原始农业的改造是一项庞大的工程，不仅包括现代耕作技术的传播、化肥农药的巨大投入，更重要的是耕种者思想的改变，尤其后者，不仅需要党员干部、农技人员不断的劝服、指导、推广，还需要农户整体教育水平的提高，这是一个循序渐进的过程，也是一个漫长的过程。很多时候，技术推广员不断劝说，但农民还是使用旧技术，农民会把政府发的良种吃掉，发的化肥丢掉，等等。但是，西盟产业扶贫的最大优势也是来自其原始农业，原始农业使西盟拥有了没被破坏的生态环境；在原始农业下，农户为维持生计需要更大面积的人均耕地以及多样化的产业形态，由此形成了西盟较高的人均耕地面积和资源量，这也就形成了西盟较好的产业发展基础。

一、原始农业的改造与扶贫工作

（一）置县前的农业状态

西盟佤族自治县位于云南省西南部，思茅地区西部，该地区雨量充沛，气候温和，光照适中，适于亚热带各类作物的生长。但因为长期处于原始社会的刀耕火种阶段，并未发育出农耕文明，农业生产极不发达，农业产值极其低下。据西盟县志记载，在 1950 年时，西盟境内仅有 2000 余亩水田，多数集中在勐梭傣族地区。佤族和拉祜族农民主要靠毁林开荒、刀耕火种，耕作粗放，生产力和人民生活水平极为低下。

置县后，根据西盟的实际情况，中共云南省委按照中共中央"慎重稳进"的边疆工作总方针，提出了"团结、生产、进步"的具体方针，决定不对西盟地区划分农村阶级、搞土地改革，而是通过组织互助合作，发展生产，直接向社会主义社会过渡。1956 年组织第一批农业生产互助组、合作社，兴修水利，开垦农田，发展生产。

经过 10 年的艰苦奋斗，至 1966 年，入社农户达 6996 户，占总农户的 60%。西盟地区的生产初步发展，人民生活有所改善，革除了蓄养奴隶、猎人头祭祀、镖牛祭祀和种植罂粟等不利于民族团结、不利于发展生产的陈规陋习，完成了向社会主义初级阶段的过渡。但

"文革"期间，社会秩序一度被破坏，农业生产发展一度停滞，到1976年后才逐渐恢复。

（二）中国共产党领导下的农业初步改造

从西盟的农业发展史来说，1956年的置县是个重要转折点，从1956年开始，西盟的农业可以说开始了新的发展阶段，在党和政府的主导下，开始了原始农业的改造。一是农业基础设施的建设；二是现代农业耕作技术的推广，改造的首要目标是解决吃饭问题。但这个过程的推进是艰难而缓慢的，一是本身基础弱，底子薄，改造难度大。不仅农业基础薄弱，"直过民族"的社会基础也使农民的基础素质不高，绝大多数农民是文盲，对新的农业技术接受较慢或难以接受。县干部说，最开始政府向农民推广使用化肥，给农户免费发放化肥，但农户都把化肥倒掉，只拿化肥袋回去。而一些农耕技术的传播，只能靠技术人员和政府工作人员手把手教，多次教，农民才能学会和接受。

二是当地的地理气候条件使其交通和农业基础设施建设难度较大。多为山地、几无平地，以及暴雨的强集中冲刷，使当地的道路和农田水利建设难度大、成本高，且建成后易损坏，维修成本高。

三是财力人力的限制。由于当地经济基础的薄弱，基础建设主要靠国家的财政拨款，人才也主要靠输入，而需要建设的项目多、面积广，国家再多的财政投入下去，也只能是"撒胡椒面"，所以只能一点一点地推进。即使这样，经过50多年的努力，西盟完成了大量的道路和农田基础设施建设，改善了西盟农业发展的基础。新中国成立前，从内地到西盟只有羊肠小道，崎岖难行，从西盟通向外界全靠步行，即使到大理，也需几十天，每逢雨季洪水暴涨，便会交通中断。1956年10月1日，募西公路通车，其中通过西盟县境内65公里。1964年开始建县区（乡）公路，至2013年时基本形成了覆盖全县的公路网络，为此后的"脱贫攻坚战"打下了基础。

长期扎根在西盟的干部对西盟发展的艰难以及变化感触最深。已近 80 岁高龄的西盟老县长，他的童年是在原始部落中度过的，后来经历了西盟的历次改革和变化，但说起过去岁月，让老者记忆最深刻的还是总吃不饱，自己生产的粮食不够吃，需要靠国家的返销粮，其实西盟的人均耕地达 3.14 亩，户均耕地 8.5 亩，但由于生产力低下，产量很低。

据西盟农村农业局马局长回忆，他 1995 年来西盟工作时，农业生产还主要是靠人挖，部分靠畜力，仍然有一部分还是刀耕火种的方式，水稻和玉米亩产也就三五百斤，水稻也还没引进杂交稻，干部需要到田间地头手把手教农民怎么挖地怎么种。勐梭镇孙副镇长说，1998 年他参加工作时下乡到村，需要走路 2 个小时，无路也无车，他参加工作后的第一件事就是拿着工具帮农户挖台田，因为在 2000 年以前，大部分农户的耕地仍是坡地，农户的耕作方式也多是不耕地直接点播，且不使用化肥，所以当地有句话叫作"种了一片坡，收了一笃笃"。

（三）扶贫政策下的产业发展

可以说，从 1956 年置县以后，西盟的农业发展主要是完成对原始农业的改造，解决农民的基本生产以及吃饭问题。但进入脱贫攻坚以来，中央和西盟县政府下定决心改变西盟普遍贫困的现状，坚决在 2020 年前打赢脱贫攻坚战，不仅让西盟人民吃饱穿暖，更要强起来富起来。西盟县现任书记杨宇带领全县干部开了脱贫攻坚誓师大会，并进行了庄严宣誓，由此掀开了西盟脱贫的新篇章。

西盟属于深度贫困区，也是"直过民族"区，扶贫工作开始较早，1986 年和 1994 年，西盟县先后两次被确定为国家重点扶持贫困县，据县志记载的最早的扶贫是 1985 年，县农牧局引进黑白花奶牛 8 头，以扶贫的方式放到农户家饲养。从 1980 年到 2013 年，西盟的扶贫在扶贫方式和资金来源上都具有多元化的特征，同时越来越专业化，以及产业扶贫的地位越来越凸显。经过了"八七"扶贫和"九五"扶贫后，西盟又展开了"精准扶贫"，在精准扶贫工作中，西盟加强扶贫力度、创新扶贫方式、推进脱贫进程，整合资源、合理布局、动员群众，开创了"党建+扶贫"模式、"六个一线"工作法、产业扶贫"四个全覆盖"和"六个联结"机制等扶贫方式和经验，取得了丰硕成果。

2019 年，全县累计完成粮食作物播种面积 21.19 万亩，产量4.15 万吨，人均占有粮 426.02 公斤（2016 年云南省人均占有粮400.1 公斤，全国人均占有粮 447 公斤），肉类总产量 5966 吨，人均肉、蛋、奶占有量 78 公斤，蔬菜瓜果播种面积 2.07 万亩，有效保障全县农业人口"不愁吃"。2019 年，全县农村常住居民人均可支配收入 10837 元，同比增长 10.7%，增长率高于全国 1.1 个百分点、高于全省 0.2 个百分点、与全市持平，增速比上年同期上升 0.7 个百分点。农村常住居民人均可支配收入突破万元，实现可持续增长。2019年建档立卡户人均纯收入达到 10546 元，比 2014 年人均纯收入 1913元增加了 8633 元，增长 450%。2019 年，全县实现生产总值 23.34 亿元，同比增长 9.3%，分别高于全国、全省、全市 3.2、1.2、1.2 个百分点。农林牧渔业的增加值从 2014 年的 2.76 亿元增加到 2019 年的 4.38 亿元，占 GDP 比重分别是 2014 年的 21.2%、2019 年的18.8%。主导产业扶贫效益初步显现，抗风险能力增强。并于 2019年 4 月 30 日光荣脱贫，提前取得了脱贫攻坚战的胜利。

二、西盟产业扶贫的基础与意义

（一）产业扶贫的基础

学者把产业扶贫定义为通过围绕某种资源、产品或服务，形成产业化的经营体系，通过在贫困地区培育产业，提升农户职业能力，促成贫困农户收入稳定增长，从而实现带动贫困群体持续稳定地脱贫致富的目标。无疑，产业扶贫是打赢脱贫攻坚战的可靠保障，是实现脱贫的重要基础和根基，也是巩固脱贫成果的重要依托，更是下一步农民致富的关键，其重要性不言而喻。但对于很多贫困地区，由于自然条件的恶劣、资源的匮乏，难以发展产业，只能通过其他途径来实现脱贫。西盟虽然处于中国西南的边陲地带，且属于"直过民族"，却具有良好的发展产业的基础和条件，同时对于西盟，发展产业对实现脱贫又具有更重要的意义。

西盟县位于云贵高原的西南部，同时具有低纬、季风、山地的气候特点，四季气温变化不大，全年无霜期较长，年均有霜期仅为0.2天。夏半年（5—10月）降雨高度集中，降水量占年降水量的89%，冬半年雨量偏少，占年降水量的11%，全县森林覆盖率达64.86%，有"中国生态第一城"之称，具有丰富的光、热、水和生态资源条件。

西盟因独具特色的地理环境和气候条件形成了丰富多样的自然资源，不仅适合粮食作物的生长，也有丰富多样的经济作物和林下经济，除了旱稻、水稻、玉米外，还适合甘蔗、橡胶、咖啡、茶树等产业的发展，以及丰富的药草资源，如灵芝、砂仁、石斛、草果等。全县森林覆盖面积大，植被复杂多样，主要有季节性雨林、季雨林、季风常绿阔叶林及后期发展的杉木林、橡胶林、思茅松林、竹林等，适宜橡胶、茶叶（野生古茶）、板栗、核桃、木瓜、竹子、沉香木、桉树、桑树等的生长。不仅有利于林业和林下经济的发展，也具有生态环境优势，有利于发展旅游业和有机农业。同时，西盟气候宜人，冬无严寒，夏无酷暑，且环境优美，生态环境好，享有"天然氧吧"的美誉，现在西盟有龙潭和三佛祖遗址两个自然保护区。西盟具有发展产业的良好自然环境基础和资源基础。

除丰富的自然资源外，其丰富的文化资源也是进行产业发展的重要资源。西盟是少数民族聚居区，是一个以佤族、拉祜族为主、多民族聚居的自治县，除佤、拉祜、傣三个世居民族外，县境内还有彝、白、哈尼、壮、苗、傈僳、回、纳西、景颇、瑶、藏、布朗、蒙古、水、满、布依、汉等21个民族，根据2008年的人口统计，佤族人口占全县总人口的69.73%，拉祜族人口占16.57%。多样化的民族结构造就了西盟丰富而具特色的民族文化。西盟建县以来，民族文化在保护中得到继承与发展，比如挖掘整理出了一批具有佤族特色的舞蹈和歌曲，其中，《木鼓舞》被国家列入"中华民族21世纪经典舞蹈"。民间织布、木雕、绘画等传统工艺绚丽多彩。"佤族木鼓舞之乡""岳宋村永老寨佤族传统文化保护区"被列入云南省第一批非物质文化遗产保护名录；勐梭龙潭成功申报为"国家级水利风景区"；建立了全国第一个佤族博物馆。丰富多彩的文化资源结合秀美的自然风景和温和的气候条件，使西盟具有发展旅游业的巨大潜力。

（二）西盟发展产业对脱贫的意义

2015年10月16日，习近平总书记在减贫与发展高层论坛上首次提出了"五个一批"脱贫措施，即发展生产脱贫一批、易地搬迁脱贫一批、生态补偿脱贫一批、发展教育脱贫一批、社会保障兜底一批，为扶贫工作指明了方向，提供了路径和方法。

西盟是典型的农业县，第二、第三产业不发达，但就西盟本身的资源条件以及主要致贫原因来说，发展生产、依靠产业脱贫是主要也是核心的方式。由于是从原始社会部落直接过渡到社会主义社会，且1956年才建县，当地的教育事业以及教育水平可以说是从零开始，当地农民的受教育水平普遍偏低，且很多为文盲，不会说汉语，只会说本民族语言，所使用的生产方式基本为原始生产方式。这一方面制约了对当地丰富资源的开发，另一方面也制约了外出打工获得经济收入。

因为不识字，语言又不通，也很难有适合现代社会的一技之长，再加上交通不便，当地农民很难通过出县、出省务工来获得收入。而在西盟县域范围内，县域经济又极为不发达，所能提供的就业机会极少。在这种背景下，在当地发展产业尤其发展种养产业对解决当地劳动力的就业、增加农民家庭收入、实现贫困家庭的脱贫就尤为重要。

同时，因为当地产业和县域经济的不发达，所能提供的就业机会以及其他发展机会有限，即使是通过易地搬迁和生态补偿脱贫的农户，很难获得可持续发展的机会和能力。再加上前面所说的受文化水平以及语言的制约外出务工也受限制的情况下，后续的脱贫巩固也很难，很容易再返贫困，所以必须通过在当地发展产业来解决脱贫成果的巩固问题以及农户可持续发展能力的培养。

由于交通不便，以及商品经济的欠发达，很多村落几乎处于与世隔绝的状态，与外界的交流很少，农民的商品经济意识薄弱，对教育重要性的认识也不足。发展产业，促进当地农户参与到商品经济中来，以及增加农户的就业，也是打开农民眼界、增强农民见识、提高农民认识、加强农民与外界交流的重要途径。在访谈中，村干部就有提到，很多农户在进入企业打工、参与到产业扶贫项目中以后才认识到知识的重要性，同时也通过参与到产业扶贫项目而开始变得有自信，即发展产业，对当地农民以及社会来说，不仅是经济条件的改善，更是增强了社会互动、民族交流与社会开放，对整个地区的社会文化的交流活跃都意义重大。

三、产业扶贫方式的转变

西盟扶贫从一开始就是坚持以开发式扶贫为方针，以经济建设为中心，支持、鼓励贫困地区干部群众开发当地资源，发展商品生产，改善生产条件，增强发展能力。除了推进交通、农田水利基础设施建设以及改造茅草屋的安居工程外，开发式扶贫的一项重要措施便是发展产业。2017 年之前，西盟的产业扶贫主要是畜养扶贫、种植扶贫，将牛、猪、鸡等免费发放给农户饲养。比如从 2003 年开始实施畜牧扶贫项目，2003 年共完成 14 个村委会 160 个村民小组 26265 户的猪厩改造，投放生猪 3065 头；2010 年扶持茶叶种植 2470 亩、建盖蚕房 62 间等。上海的对口帮扶资金中，很大一部分就是用来扶持农民猪厩改造，给农户购买仔猪，扶持农户种植经济作物和林果。

依据西盟县志和西盟年鉴的统计，2003—2008 年，专项的产业扶贫项目资金是 355 万元；2009—2011 年，累计实施完成产业扶贫项目 6 个，投入扶贫资金 705 万元；2012 年产业发展项目资金 180 万元，主要是母猪养殖以及甘蔗良种推广；2013 年产业扶贫项目 7 个 370 万元，主要是扶持民族文化服饰制作、母牛养殖、母猪养殖、池塘养鱼等，也都是以发放到户的方式。2014 年、2015 年、2016 年产业扶贫资金分别是 450 万元、811 万元、380 万元，以上资金投入都不包括外来对口帮扶资金对农户种养业的扶持以及整村推进等项目中对农户产业发展的扶持。但从 2017 年开始，产业扶贫方式发生了转变，不再分猪、分牛、分蜂到户，而是将扶贫资金统筹使用，开创产业扶贫新方式。

扶贫干部发现，分"物"到户的产业扶贫方式，最大的问题是持续性发展问题和市场风险问题。一是很多农户将家畜领回去后直接吃了或卖了，二是养殖种植技术缺乏而导致养死种坏，从而导致贫困户更多损失，三是即使种养好了，还要面临卖不出或卖不好的市场风险。这几乎是分"物"到户方式必然面临的问题，不仅在西盟，在全国其他地区也面临这样一些问题。

从 2017 年开始，西盟开始探索新的产业扶贫方式，改变分"物"到户的方式，将项目资金统筹使用，不再分"物"到户，而是引进企业或通过与企业的合作，通过"企业+村集体（合作社）+农户"的方式来经营产业，然后再根据每个产业的具体情况制定更具体的农户可持续性参与产业发展的方式，比如以前的养殖扶贫多改为了"先分红到户再技术到户最后才产业到户"的发展方式，以培养农户持续发展能力为首要目标，同时配以企业合作以保证稳定畅通的销售渠道，这样不仅实现了农户当前的脱贫，也为以后巩固脱贫成果以及农户的致富奠定了基础。截止到 2019 年 8 月笔者调研时为止，西盟的产业扶贫改革效果非常明显。

第二节　脱贫与致富：产业扶贫新举措

打响脱贫攻坚战以后，西盟的领导干部就一直在思考、探索扶贫的新路径与新方法。在发展产业这方面，西盟的领导充分思考了西盟所具有的优势以及短板，并进行了实地调研和有益探索，慢慢摸索出了适合西盟当地情况的产业发展之路。他们充分认识到，西盟整体的自然环境、资源条件都很好，其贫困并不是资源型贫困而是素质型贫困，即并不是没有资源，而是没有充分地挖掘开发资源，其中最重要的原因是当地农民缺乏开发资源的资本和能力。所以政府在这个过程中主要做的就是引进企业和组织培训农民。当地资源是丰富的，只要找准方向，在充分考察的基础上，引进具有可持续发展的项目和可靠的企业，产业发展才有龙头，才能保证畅通的市场销路以及可持续发展的可能。让农民掌握先进种养技术，不仅让现有产业提质提量，也让农民的生产能力和水平符合企业和产业发展的要求，从而最后让农民具有开发利用当地资源的能力，以及独立发展的能力。

在以上基础上，西盟的产业发展总思路可归结为：传统产业的提质，新产业的培育，特色产业的再开发。2014 年以来，西盟县委、县政府着力构建起以橡胶、甘蔗、茶叶、畜牧（云岭牛和中蜂）、文化旅游为主导产业，以咖啡、西盟米荞、冬季农业为特色产业的"五+X"产业扶贫格局。其中，橡胶、甘蔗、茶叶为传统产业，云岭牛和中蜂是培育的新产业，咖啡、西盟米荞、冬季农业等为特色产业。

转变扶贫思路后，为了能有效实施，县政府围绕产业扶贫构建了整套体系，包括责任体系、产业体系、政策体系，即"三个体系"；同时为了能将产业扶贫惠及每个贫困户以及将产业发展的效果辐射包括非贫困户的整个西盟的发展，又提出了产业项目全覆盖、主体带动全覆盖、技术培训全覆盖和利益联结全覆盖，即"四个覆盖"。

一、产业扶贫体系构建

（一）责任体系

构建从县一直到村组的扶贫工作队以及责任体系，从而形成高效率、执行力强的扶贫组织体系。在县脱贫攻坚指挥部成立以县委副书记、县驻村扶贫工作队总队长为组长的发展产业工作组，在乡镇成立发展产业工作组，在村级确定发展产业责任人，在村民小组成立脱贫工作委员会，构建起上下联动、左右协调、事有人问、活有人干、责有人担的统一组织指挥体系。县发展产业工作组坚持把产业调研、谋划、决策、统筹、协调、督导等职能职责紧紧抓在手中，做好产业布局、规划、顶层设计工作，在实践中探索出了"三化一单"工作法，即在制定规划计划工作中坚持做到格式标准化、目标数据化、工作项目化和项目管理清单制，使出台的产业扶贫方案都经过部门和乡镇、村之间的充分沟通和反复论证，与村施工图和乡镇路线图紧密对接，最终评审入县项目库。仅 2018 年以来围绕研究产业扶贫工作，共组织召开产业工作会议、督导 34 次，研究出台产业扶贫政策和实施方案 52 个。具体的落实和执行则主要依靠乡镇、村两委以及村小组的扶贫工作委员会，无论是在项目的选定还是项目的执行落实环节，县政府都特别重视乡镇、村委以及村民的参与性，调动他们的积极性，让其充分发挥主观能动性，依据各自乡镇甚至各村组的具体实际情况，选定产业、创新方式、动员群众。

（二）产业体系

西盟县因为气候和地形的原因，小气候现象明显，每个乡镇甚至每个村以及村民小组适合种植的作物都不一样，比如，橡胶、茶叶、甘蔗是西盟的主导产业，但能种橡胶的地方却不能种茶叶，所以西盟不能在全县范围内推广统一的产业发展计划，不适合搞"一县一品"或"一镇一品"，而是适合搞"一村一品"。县政府以"生态立县、绿色发展"为思路，以"调整结构、提质增效"为突破口，根据各乡镇、各村组的具体情况制定产业发展计划，构建能覆盖全县的产业发展体系，做到宜农则农、宜工则工、宜商则商、宜游则游、宜林则林。确保每个乡（镇）至少有1个产业基地、1个养殖示范小区，每个贫困村有1—2个产业发展项目，1个以上主导产品，"一村一品""多村一品"扎实推进，每个贫困户有1—2个产业覆盖。

县政府主要是根据两个因素来考量制定各乡镇以及各村的产业发展计划，一是自然资源禀赋，因气候和地形的原因，县域范围内不同地区的自然资源禀赋差异极大；二是劳动力状况，因民族文化差异或其他一些原因，县域范围内不同民族不同地区的劳动力状况的差异也比较大，比如当地的拉祜族不喜外出，拉祜族寨子中外出务工人员极少，闲散劳动力多。有的区域的自然资源禀赋适合发展多种产业，但劳动力不充足，就需要在几个可能发展的产业中挑选所需劳动力较少的产业，即使劳动力多的地区，劳动密集型产业也不能发展太多，因为当地并无雇工的习惯，暂时还没有形成劳动力雇佣市场，需要根据劳动力的情况来规划产业规模。而有的产业对自然条件要求较高，只适合少数几个村庄来发展。如此，在西盟发展的众多产业中，规模小的只涉及几个村庄，规模大的覆盖了全县。

最后，在广泛调研和专家论证的基础上，西盟县精准选择橡胶、茶叶、甘蔗、畜牧、文化旅游为主导产业，蜂蜜、咖啡、西盟米荞等为特色产业的"5+X"产业发展体系，并把项目、资金、技术等要素统筹集中起来做大做强主导产业，特别是集中资源要素重点打造的云岭牛产业，取得了显著的成效。目前，全县已经实现每个主导产业都有 1 个以上主导产品、每个贫困村都有 1 个以上主导产业，破解了西盟县扶贫产业覆盖面小、组织化程度较低、产业支撑不足的难题。

（三）政策体系

产业扶贫新模式的实施从 2017 年才开始，但尝试和摸索在此之前就已进行，从 2016 年开始，西盟县政府出台了一系列的政策来推动产业发展。首先，围绕破解发展什么产业的问题，西盟县出台了《西盟佤族自治县人民政府办公室关于加快推进产业扶贫的实施意见》《西盟县精准扶贫精准脱贫特色产业实施方案（2016—2020 年）》《西盟统筹整合使用财政涉农资金工作实施方案》等政策文件。其次，又围绕破解怎样发展产业的问题，出台《西盟县2018 年发展生产脱贫一批暨产业建设实施方案》《西盟县 2018 年精准扶贫精准脱贫产业发展扶持方案》《西盟县扶持甘蔗产业发展方案（2018—2019）的通知》等政策文件。再次，为了解决贫困户参与积极性以及后续动力问题，出台了《关于进一步构建和完善产业利益联结机制促进贫困群众稳定持续增收脱贫的指导意见》，以加强贫困户和扶贫项目、企业以及村委的联系，以利益的紧密联结为根本，创新多种形式实现贫困户的持续参与和持续受益。最后，为了产业发展的持续性，以及衔接乡村振兴，西盟县出台了《西盟县精准脱贫攻坚项目三年实施方案（2018—2020 年）》和《西盟佤族自治县脱贫攻坚巩固提升三年行动橡胶产业精准扶贫实施方案（2018—2020）》《西盟县肉牛产业扶贫三年行动计划（2018—2020）》《西盟佤族自治县脱贫攻坚巩固提升三年行动中蜂产业精准扶贫实施方案（2018—2020）》等 9 个精准扶贫实施方案，将扶贫产业发展为乡村振兴的主要力量。

二、产业发展实践推进

（一）传统产业的提质

西盟的主要粮食作物是玉米、旱稻和水稻，长期以来因为基础设施的落后、种植技术的落后，以及化肥使用少等原因，单产都非常低，主要是满足家庭消费，包括家庭成员的口粮、养猪养鸡以及酿酒，商品化低，家庭收入的来源则主要靠橡胶、甘蔗、茶叶等经济作物的种植，而经济作物也面临与粮食作物一样的问题，即因技术落后、化肥使用量少等而导致产量、品质低。对于深度贫困地区来说，这是贫困的原因，同样也是脱贫的重要突破口，因为提升空间大。以主要粮食作物为例，从县志的统计数据来看，1980 年时，西盟的主要粮食作物旱稻的平均亩产量为 75.5 公斤、水稻平均亩产量为 132.5 公斤、玉米的平均亩产量为 58.9 公斤，到 2008 年时，旱稻、水稻、玉米的平均亩产量分别为 146.1 公斤、259.2 公斤、181.2 公斤，相较于 1980 年，平均亩产量实现了翻倍，玉米的平均亩产量甚至提高了 3 倍，但从全国水平来说，其亩产量仍是极低的，还有很大的提升空间。

对于西盟，对传统产业的提量提质对全县的脱贫意义重大、效果明显。

首先，对于普遍贫困、深度贫困、主要依靠第一产业的西盟来说，提升其主要粮食作物和经济作物的产量、质量，不仅对于贫困户，对一般农户而言，其提高生活质量和家庭收入的边际效果明显。

其次，提高产量和质量的成本小，见效快，是实现贫困户快速脱贫的有效手段。西盟的户均耕地多，气候条件好，土地的产量低并不是因自然条件限制，家庭收入少并不是因为土地资源少，而主要是农资投入和技术不够，相比于受自然条件和土地资源限制的贫困地区，政策空间大。所以在制定产业扶贫政策时，对传统支柱产业的改造成为重要方向之一。但这种改造不是一概而论，一"策"统所有，而是针对每个产业的实际情况，细细考量，因"业"施策，对症下药。

1. 橡胶产业

西盟县橡胶产业主要分布于海拔 900 米以下的河谷区域，从1983 年西盟县政府将橡胶种植列入经济发展项目，并请景洪热作研究所进行区划，开始在南康河水文站种植橡胶 167 亩，到 2019 年种植面积为 22 万亩（已开割 16 万亩），县内建有 3 个乳胶加工厂，31个橡胶生产队，与 9889 户 29669 人种植橡胶农户建立紧密稳定的订单联结关系，其中建档立卡户 2274 户 7864 人。2019 年完成干胶产量10000 吨，实现产值 12000 万元，涉及全县 6 个乡（镇）26 个村 9889户 2.96 万人胶农，户均增收 4500 元。橡胶是西盟种植面积最大、覆盖人口最广的农业产业，且是国家的战略农产品之一，如何发展好橡胶产业不仅是持续带动农民脱贫的重要途径，也是稳定农户收入、防止农户入贫的重要保障，橡胶产业的发展对西盟整体脱贫至关重要。西盟的橡胶种植基本采取公司和农户签订订单的方式，公司以 30 元每亩每年的价格租用农户土地种植橡胶，然后再以 5 元每棵的价格承包给农户进行管理，最后所产橡胶公司按市场价进行统一收购，并和农户四六分成。对于胶农，销售不成问题，产量和价格是影响收入的主要因素。尤其最近几年，橡胶价格很低，严重影响了农户的收入。西盟县针对橡胶产业提出的发展思路有二：一是提产，二是通过"期货+保险"的方式对冲国际市场橡胶价格的变动。

橡胶的提产增效主要有两个途径：一是增加化肥的使用和病虫害的防治，二是提高割胶技术。西盟的农民普遍没有使用化肥农药的习惯，胶农也如此，一般情况，橡胶树 7 年可开割，但因化肥农药使用少，很多胶树开割时间都晚于 7 年，且产量很低，尤其是橡胶树一旦有病虫害，开割就会死树，会造成巨大损失。针对这种情况，县政府针对全县建档立卡户民营橡胶提供化肥补助实施低产胶园改造，并进行病虫害防治的技术培训和联防，补助方式是先做后补，先由村委组织群众统一施肥、打药和除草，村干部监督，验收后再发放补助。

另一方面，橡胶的产量与割胶技术紧密相关，割深了会伤树而导致胶树死亡，割浅了又会胶量小、产量低，为此，西盟县政府从2017年开始开展了大规模割胶技术培训以增加产量保护胶树。技术培训由村干部和乡镇干部带队，集中住在小学进行集中培训，胶农自带被褥，县里统一负责伙食。第一堂课教理论，第二堂课教磨刀，每人一把刀一块磨刀石，磨会为止，然后才是割胶操作学习。由割胶能手负责教学，一般都是胶企的技术骨干，用废弃的橡胶树进行操练，手把手一个一个教，每一个都必须学会且技术达标，没学会则继续学，一般一个培训周期是5—7天，几乎覆盖所有胶农。通过以上两项措施的实施，橡胶产量得到明显提高。

橡胶产业面临的另一重要挑战是价格波动大，橡胶价格深嵌国际市场，且波动较大。2011年橡胶价格达3万每吨，而最近两年橡胶价格才1.2万—1.3万每吨，很多胶农不愿开割宁愿养树，出现弃割弃管现象，价格的波动增加了胶农的风险也打击了胶农的积极性。为了解决这一问题，西盟县积极实施了天然橡胶"保险+期货"扶贫试点，与安信农业保险股份有限公司和上海五矿经易期货有限公司签订《"天然橡胶期货价格指数扶贫保险"合作协议》，以"保险+期货"模式，在天然橡胶开割季，中国太平洋财产保险股份有限公司云南分公司、上海五矿经易期货有限公司与西盟县人民政府共同出资，为西盟县天然橡胶建档立卡贫困种植户购买天然橡胶价格保险，当保险期间内天然橡胶理赔结算价低于保险目标价时，视为保险事故发生，差额部分由保险人按保险合同的约定负责赔偿。2017年，上海五矿经易期货有限公司出资110万元、占90%，西盟县级财政出资12.2万元、占10%，为建档立卡贫困户购买保险，共完成橡胶投保1.3万亩，覆盖建档立卡贫困户754户2639人。2018年，全县进一步扩大项目试点规模，五矿经易期货有限公司全额承担保费，每亩40元，共计 360 万元，橡胶投保面积 9 万亩，覆盖全县涉胶建档立卡贫困户2274 户 7864 人。2019 年西盟县持续推进"金融扶贫"即天然橡胶"期货+保险"项目，每亩保费 48 元，共计 690 万元，投保面积14.22 万亩，覆盖全县涉胶建档立卡贫困户 2468 户 8391 人。由此，到 2019 年末，实施橡胶"期货+保险"，共计投入保费 1172.2 万元，投保面积 24.52 万亩，覆盖 10853 位胶农，实现对种植橡胶的 5496户建档立卡户全覆盖，理赔 1052.02 万元，户均收入 969.3 元。

以上措施，不仅仅帮助了当前贫困户的脱贫，更为西盟橡胶产业的长远发展、农民的持续增收打下了坚实基础。2017 年，全县橡胶开割面积 11 万亩，产干胶 12560 吨，农产值 12560 万元；2018 年，全县橡胶开割面积 15 万亩，产干胶 13106.56 吨，农业产值 12335.82万元；2019 年，全县橡胶开割面积 15 万亩，产干胶 10738 吨，农业产值 10201.1 万元。

2. 甘蔗

西盟县甘蔗产业主要分布于海拔 1200 米以下的河谷区域，从 20世纪 90 年代开始种植，当时主要是供给县属国营糖厂，此后因糖厂经营不善，全县甘蔗种植面积下降，在 2000 年左右，农户基本不再种植甘蔗。2009 年，原国营糖厂被私营企业收购，私营企业开始通过建示范基地等措施动员农户恢复甘蔗种植，全县甘蔗产量开始逐渐上升，到 2016 年时，全县种植面积达 2.5 万亩左右。2017 年政府开始积极介入甘蔗产业的发展，出台一系列措施，主要包括推广新品种、培训新技术、帮助提高企业产能、帮助农户与企业签订订单，大幅度提高了甘蔗的种植面积和单位面积产量，使甘蔗产业成为持续稳定带动群众脱贫致富的重要产业之一。到 2019 年全县种植面积达4.56 万亩，总产量破 10 万吨，与 5263 户 22811 人蔗农建立起紧密稳定的订单联结关系，其中建档立卡户 2419 户 8584 人，产值 4971 万元，户均可增收 6800 元以上。

西盟县把甘蔗定位扶贫主导产业之一，一是当地有种植甘蔗的传

第六章 | 兴产业　富在民

统；二是当地已具有一定规模和产能的蔗糖厂；三是当地的甘蔗种植技术、品种等还有很大改进空间即增产空间；四是甘蔗收购价格较稳定，增收预期稳定且风险低。但是，甘蔗种植面临的主要问题则有：一是品种老化、技术落后，导致单位面积产量低；二是企业产能的不足，如果增加了种植面积、提高了单位面积产量，企业如何消化；三是甘蔗的种植需要良好的田间道路设施。

针对以上优劣势，政府在扶持甘蔗产业时的主要方向：一是加强田间道路建设，二是推广良种，三是培训种植技术，四是帮助企业提高产能。当然，这些不能全靠政府来做，一是政府没有如此多的人力和财力来进行投入，二是政府需要调动各方的积极性和参与性。由此西盟县政府出台了《西盟佤族自治县人民政府办公室关于印发西盟县扶持甘蔗产业发展方案（2018—2019)》，以确定政府、企业、乡村和群众各自的责任以及扶持标准。

一是修路。新建蔗区修路政府每公里补助 8000 元，村民自己出义务工，以村民小组为单位，自己的路自己修。

二是新品种、新技术的推广。以前种植的甘蔗品种老旧，种植技术也落后，新的提质提量思路是"良种推广、全膜覆盖、深耕深松、控缓释肥"，在这个过程中由企业免费提供新种、有机肥、地膜、农药以及技术人员，政府和村委负责组织农民参加技术培训。负责培训的技术人员主要是企业和政府农技工作人员，乡镇干部以及村两位干部主要负责组织农户参与培训。培训直接在田间地头的种植过程中进行，仍是采取干部包干负责制，干部不仅自己要学会，还要负责自己挂包的农户也必须学会。技术人员撤走后，挂包干部还需与农户同吃同住同劳动，督促农户按照技术标准来完成整个种植过程。现已重点针对贫困户开展技能培训 6000 人次以上，实现种植甘蔗的贫困户至少有一人次参加培训。

三是增加企业的产能、打造企业品牌。按照"企业主体、政府扶持"的原则，鼓励企业对现有制糖加工设备、场地进行扩容技改，重点对装卸系统和清选系统进行升级，全面提升企业研发、生产、管理和服务的智能化水平，实现高品质白砂糖产业化生产，确立品牌引领发展理念，加快甘蔗产业"三品一标"创建工作，重点培育打造"龙血树"牌蔗糖产品品牌。

良种推广和技术培训在蔗糖种植上的效果是最明显的，在良种推广和技术培训前，每亩平均产量只有 2 吨左右，而良种推广和技术培训后，每亩产量可达 4.87 吨，单产迅速提高了 1 倍。同时，甘蔗的收购价格较稳定，种植户都与企业签订了收购合同，收购价是每吨 435 元，并且甘蔗种植是投 1 年产 5 年（种一次即可，后面只需砍伐，砍了再长），每年只需追加肥料投入，改良之前每亩收益不到 1000 元，改良后每亩收益达 1600 元。

3. 茶叶

茶是西盟最传统的产业，从 20 世纪 50 年代开始就发展茶叶，其主要分布在海拔 1200 米以上的高山地区，全县种植面积多年来一直稳定在 5.2 万亩，县内共有茶叶初制所 53 个，其中标准茶叶初制所 9 个，与 7858 户 36642 人，建立起了紧密稳定的订单联结关系，其中建档立卡户 3626 户 12211 人。企业和农户签订订单一直是当地茶产业的主要模式，企业与农户签订协议，明确收购时间、收购标准（1 芽 1 叶，1 芽 2 叶等）以及收购价格，除此之外，也有企业+基地+农户的模式。但西盟茶产业发展面临的困境在于，一是产量低，二是市场竞争激烈，虽然农户种植茶叶多，但商品率低，对家庭增收效果不明显。产量低主要是茶农疏于管理、投入肥料少，这也与茶叶销路有限有关，云南省是茶叶大省，西盟位于云南边境地区，其茶叶种植在全省并不占优势。针对茶叶产业面临的问题，以及西盟县所具有的生态优势，县政府提出的茶叶发展思路是"有机引领、茶园提质、茶厂提技、品牌提升"。

一是通过发展有机茶叶来发挥当地的资源优势，将劣势变优势，开展有机茶园认证，开辟有机茶市场，建立自己的品牌，到 2019 年有 4 家茶厂已获得有机证书，共计 3008 亩，有 3 家正在开展有机茶园认证工作，面积 1172 亩，同时大力创建茶产业绿色高效示范基地和有机茶园示范基地。

二是加快实施低产茶园改造。重点围绕园地管理，培肥地力，病虫害防治，修剪、台刈等工作，抓好 6 个乡镇 17 个村共计 10000 亩的低产茶园改造工程，提高茶叶的单位面积产量。

三是进一步引进企业，扩大茶叶销路，仅 2018 年就引进企业 8 家。为了增加对茶企的吸引力以及保证茶厂后续的可持续经营，在引进企业前，政府首先要规划好成片的茶园，为企业配备足够其产能需求的连片茶园面积，且要就近原则，即茶园都需要围绕在茶厂周围，这就需要政府进行统筹，按照规划集中连片种植。

四是帮助原有企业进行设备和技术升级，增加产量的同时提升质量。截至 2019 年，提升改造茶叶加工厂 28 个，主要是进行厂房改造、茶叶加工设备购置、晒青棚以及基地建设等。帮助企业进行设备和技术升级，并不是简单的投钱，而是通过企业+合作社（村集体经济组织）+农户的方式，进行利益联结，即扶贫资金通过合作社入股茶厂，茶厂每年给予分红。茶叶加工厂建成后，由企业负责管理经营，并做到提高茶叶鲜叶收购价：1 级鲜叶每公斤不低于 10 元，2 级鲜叶每公斤不低于 8 元，3 级鲜叶每公斤不低于 6 元。此外，茶叶专业合作社（茶企业）每年按村集体经济入股本金的 3% 分红给村两委，或从鲜叶量中每公斤提取 0.5 元作为村两委的集体经济收入，并按一年一结算的方式支付。资金到期返还本金给村委会。

五是补助农户种苗和肥料，鼓励农户种植以及提高产量。其中有机茶园改造是重要补助对象，由政府补助让农户只使用有机肥，政府补贴黏虫板而不打农药，虽然这只是部分茶园改造，但县里的计划和目标是全县范围茶叶种植的有机化。

六是增强政府在品牌创立、质量检测中的作用。如实施"公共品牌+区域品牌+企业产品品牌"三大品牌战略，组织企业参与南博会、茶博会、农博会等大型活动，以奖代补，支持企业推进知名品牌创建工作；推行茶园农药、化肥投入品的使用登记备案制度，建立茶园农资投入品可追溯机制，推进茶叶生产标准化；等等。

（二）新产业的培育

虽然甘蔗、茶叶等传统产业提升空间很大，在增收和扶贫上效果明显，但也有其局限性。

第一，甘蔗、茶叶和橡胶对气候条件有要求，只适合特定的气候条件，无法覆盖整个西盟地区，在这些传统产业无法覆盖的地区则需要培育新产业来实现增收。

第二，这些产业对劳动力有要求，割胶不仅是重体力活，而且需要晚上进行，劳动量集中，只有青壮男劳动力才合适从事，而收割、搬运甘蔗也是重体力活，需要大量男劳动力，这两个产业的发展就受劳动力的制约，气候适合的地区不一定有足够的劳动力，而有劳动力的地方不一定适合种植，所以种植面积往往需要考虑村庄劳动力的工作量。反之，采茶又只适合老人和妇女，在茶叶种植区又需要解决青壮年劳动力的就业问题。而发展新产业则可以在一定程度上缓解以上问题，通过新产业来调节村庄劳动力的配置。

第三，这些产业受交通条件制约，可覆盖面有限。有些地区，因交通条件限制，即使气候条件和劳动力条件满足，也不一定能发展这些产业。西盟全县都是山区和狭窄的河谷地带，各村即使通路也多为盘山公路，运输距离较远，甘蔗种植区如果离蔗糖厂太远，则会因运输成本太高而难有盈利，同样，茶叶也只适合种植在茶叶初制厂附近。

第四，传统产业增收有限、发展空间有限，需要通过新产业来进一步增收以及提升发展空间。甘蔗、茶叶和橡胶的产业链条很难再一步延伸，增收空间有限，一旦价格有大的波动，脱贫效果就会受影响，新产业的培育尤其是具有发展潜力产业的培育，不仅可提升增收空间，也可增加农户尤其是贫困户家庭收入来源的多样性，提高抗风险的能力。传统产业更多是保收入，新产业的培育则是乡村振兴的生长点。

基于以上考虑，西盟县在选择培育新产业时则不仅考虑了西盟的资源条件、发展基础，也考虑了产业的可持续性、可覆盖性以及与农户的可衔接性。主要按两个方向来发展主产业以外的产业，一是覆盖面广的新产业，二是适合特定村庄特定条件的特色产业。西盟县领导通过多方考察调研最终确定将养蜂和养肉牛作为重点培育的新产业，其原因如下：

第一，这两个产业有老牌成熟的企业参与领头，市场运营成熟、市场销路畅通，降低了参与的贫困户和农户的市场风险。

第二，西盟有养蜂和养牛的传统，有一定基础。当地很多农户都有养一两群野蜂和一两头牛的习惯。

第三，西盟的自然条件也很适合养蜂和养牛。西盟的森林覆盖率高，各种植物繁茂，具有优质的野生花蜜源，同时西盟天然与外界隔绝的自然条件为本土品种"中华蜂"提供了良好的生存环境。这两点使西盟具备产优质特色蜂蜜的条件，是其他地区不具备也无法复制的。同时，西盟多山、地广人稀，草场资源丰富，气候条件适宜，适合肉牛的养殖，尤其适合优质肉牛品种"云岭牛"的养殖。西盟不仅本身土地资源丰富，能提供大量土地资源种植草料，同时西盟的气候条件可让青储饲料一年产三批，且西盟的气候条件适合"云岭牛"的养殖。

第四，养蜂和养牛容易与农户衔接，农户都住在山中，可将蜜蜂或肉牛领回家自行养殖，不仅增加农户的参与度，也可大大节约企业的养殖管理成本，还可降低病疫感染和传播。

第五，养蜂和养牛对气候条件、劳动力条件、运输条件没有严苛要求，可覆盖面广，很容易实现对其他扶贫产业的"查漏补缺"。

第六，肉牛的产业链条具有较长延伸性，向上可通过种植青储饲料增收，向下可通过开发下游产品提高附加值和产业链，农户增收空间大。

1. "中华蜂"养殖

西盟发展养蜂的优势在于生态环境优越、养蜂基础广泛、蜜源植物繁多、四季鲜花盛开，而养蜂对于农户来说，不争资源、不争土地、不争劳力并且投资少、见效快、适合山区散户养殖。2018年初，在云南省农业农村厅的帮助下，西盟引入云南丁氏蜂业工贸有限公司（省级农业产业化龙头企业），按照"托管式生产、孵化式培训、精品式打造"的思路，发展"中华蜂"养殖，带动贫困群众稳定增收脱贫。到2019年末，全县与丁氏蜂业依山伴林合作养殖中华蜂共计40000群，各乡（镇）村组养殖点场独立养殖中华蜂共计30000群，覆盖建档立卡户9230户31502人，实现户均增收1540元以上。具体做法如下：

（1）托管式生产

第一步，县政府整合各类扶贫资金3200万元统筹使用，根据《西盟县精准脱贫攻坚项目三年实施方案（2018—2020年）》，将资金下拨至各乡镇，由各乡镇将产业发展资金补助到贫困户。但钱并不是直接发放到贫困户手中，而是将到户产业扶贫资金委托村集体（合作社），以每群800元的价格从云南丁氏蜂业工贸有限公司购入优良中华蜂，作为农户特色种养业扶贫发展资本，2019年全县养殖中华蜂70000群，并在勐梭镇班母村富母乃寨建立了全省最大的中华蜂良种繁育示范基地，基地年均养殖蜂群达3000群以上；同时建立了年均可养殖蜂群500群以上的有中课镇永不落村勒马恩（灯台树地）、翁嘎科镇班岳村水库等一批养殖基地。

第二步，考虑到农户养蜂技术并不熟练，村集体（合作社）先将要分发给农户的蜂群统一托管于丁氏公司集中养殖。丁氏企业则于2018—2020年期间，每群中华蜂每年分别分给托管贫困户400元、200元和200元托管收入。同时，为了确保三年托管期满后，农户能具备自行养殖能力，丁氏公司在托管合同期内有义务对农户开展技术培训，做到每个村集体（合作社）至少有 2 名以上的农民熟练掌握中华蜂养殖技能。具体做法上，村集体（合作社）按照每 500 群中华蜂安排 1 个培训岗位，到企业参与 6 个月的以工代训，月收入 2000 元，三年共计培训 240 名养蜂能手。除了培训外，企业就地就近优先吸纳贫困农户实现灵活就业，获得稳定持续的工资收入。班母村富母乃寨子二妹从自己待业在家到参与企业务工，再到以技术骨干的身份赴翁嘎科镇参与企业分厂技术服务，不仅自己获得了 31200 元/年的稳定收入，还以村民小组脱贫工作委员会宣传委员身份带领挂联贫困农户到企业就业增收。

第三步，三年合同期满后，农户可继续托管企业集中养殖，也可免费领回托管的蜂群按照企业技术标准进行自主养殖，企业以协议价格订单回购蜂蜜，实现从托管养殖到独立发展的转变。回收价格是每公斤蜂蜜 55 元，每群蜜蜂每年的产蜜量在 7—10 公斤，养殖户每群蜂每年的收益可达 385—550 元，而一个熟练技术工可管理上百群，除人工成本外，几无其他成本。

托管式生产首先通过化零为整、整合资源、集中管理，解决了以前发放到农户养殖的养殖风险和市场风险问题。无论是家畜还是蜜蜂等，发放到农户养殖常见的问题之一就是农户养殖技术不过关，容易养死或者产品质量不过关，另一常见问题是养好了却没有市场或市场价格不好，导致养得越多亏得越多。依托企业进行托管，企业集中规范生产负责销售，解决了农户分散养殖的两大难题，同时农户参与养殖过程，获得工资收入的同时也获得了技术培训和养殖收益。

在农户获得养殖技术后，企业又通过第二阶段的化整为零，将生产环节委托给农户，不仅降低了企业扩大规模过程中的资金投入成本、劳动力投入成本以及管理成本，也提升了养殖户的收益空间，实现企业和养殖户的双赢。从化零为整再到化整为零的过程中，关键的衔接点就是农户的技术培训，西盟县政府正是认识到这一点，除了扶贫资金的投入外，下大力气投入人力和资金狠抓技术培训环节，做好技术培训服务。

（2）孵化式培训

为了能让托管生产顺利向农户自己生产过渡，就必须让农户掌握优良养蜂技术，同时，为了能让未参与项目但想通过养蜂致富的农户也能掌握优良养蜂技术，仅靠企业的技术培训是不够的，为此，西盟县政府统筹财政、农科、科协、人社、扶贫办等部门培训资源，开展蜂农饲养、疫病、管理等技术培训。养蜂企业的培训是实行学徒制，在蜂厂打工的同时学技术，主要靠蜂厂技术人员带，学会为止，主要是针对建档立卡户。这样的培训虽然有工资拿，但培训周期长，能培训的人数有限。

为了能尽快推进养蜂产业的发展，政府推进了周期更短、规模更大的直接培训。由农科局组织，面向所有农民，采取全县集中封闭式培训。由乡镇干部带队，每个镇都必须参加，自带被褥，伙食由农科局补贴，培训时间为1个月。带队的乡镇干部也必须参与培训和考试，且必须通过。培训分为理论学习和实际操作学习，一般早上理论课，剩下时间现场操作教学，晚上再分组讨论，进行学习总结。培训期结束后进行考试，带队乡镇干部直接对学员的考试成绩负责，纳入干部的绩效考核，考试合格者，有毕业证书。

第一期培训结业105人，到第二期和第三期时，分了重点班和普通班分开培训。普通班仍是一百多人，进行常规技术培训。而重点班则是有针对性地强化培训，共有几十人，主要是一期学员中考试成绩优异者、在蜂厂技术培训中的佼佼者以及民间养蜂能人等，对他们进行再强化培训，作为以后的技术骨干和师傅，以期将他们培育成技术带头人和致富带头人。

当养蜂产业规模扩大后，仅靠政府和企业的技术指导是不够的，需要培养起农户自己的技术骨干，以及产业发展的中坚力量和带头人。重点班的培训便是政府在为产业的进一步发展做准备打基础。无论是企业的学徒制培训还是政府的集中式培训，都抓得很实，培训效果良好。

（3）精品式打造

在蜂产业的发展中，政府除了做好技术培训服务外，另一重要任务就是推进蜂产业的可持续发展，这样才能让蜂产业作为主导新产业发展下去，才能成为农民致富的一个增长点。为此，西盟县政府主要从以下三个方面来支持西盟蜂产业的发展。

一是帮助企业打响品牌。西盟因得天独厚的资源优势能生产出品质高可复制性低的特色蜂蜜，但这需要宣传和认证。西盟县政府积极帮助丁氏公司开展优良生态原产地认证、欧盟有机认证、日本有机认证、HACCP 质量体系认证、ISO9001 质量体系认证等产品质量认证及企业管理体系认证。依托丁氏公司的市场影响力、知名度和企业文化，融合西盟特色，注册"彩蜜坊牌"山林百花蜜，此种山林百花蜜荣获第十四届中国昆明国际农业博览会优质农产品奖，这是唯一获奖的蜂蜜产品。

二是帮助企业保证产品质量。西盟优质的特色蜂蜜是以西盟未受污染的生态环境、丰富的植被条件、外界隔绝的养殖条件为基础的，这个基础被破坏，便也没有了西盟养蜂业的发展基础，由此，县政府出台《关于严禁在中蜂产业养殖场保护区域内引进外来蜂种及养殖其他蜂种的通告》①，保护中华蜂种质资源，保障中华蜂产业健康发展。下一步，还将积极探索在特色蜜源和中华蜂养殖集中区建立中华蜂保护区，严格管控农药，保护蜜源植物，确保全县所产蜂蜜品质。

三是积极帮助企业开拓市场销路。如依托佤部落电子商务平台，开展西盟蜂蜜产品线上销售；积极参加各类农产品展销会、博览会，广泛推介、推销，提高美誉度和知名度。

托管式生产、技术培训和精品打造是一个系统性工程，在这个过

---

① 中蜂即中华蜂。

程中，需要企业、农户和政府的紧密合作和努力，才能实现一个新产业的培育和可持续发展。

2. 云岭牛养殖

（1）产业定位与资源整合

云岭牛是由云南省草地动物科学研究院的几代科研人员，利用印度婆罗门牛、澳大利亚莫累灰牛和云南黄牛 3 个品种杂交选育而成，是我国第一个采用三元杂交方式培育成的肉用牛品种，第一个适应我国南方热带、亚热带地区的肉牛新品种，在高温高湿条件下表现出较好的繁殖能力和生长速度，具有较强的耐粗饲能力，适宜于全放牧、放牧加补饲、全舍饲等饲养方式，对体内外寄生虫等有较强的抵抗力，繁殖性能优良且能生产出优质高档雪花肉。

对云岭牛产业的培育是考虑了西盟的气候条件、资源条件、产业覆盖等因素后所确定的重点扶持项目，作为"一县一业"扶贫产业。西盟县政府出台了《西盟县 2018 年发展生产脱贫一批暨产业建设年实施方案》《西盟县肉牛产业发展规划》《西盟县肉牛产业精准扶贫开发项目实施方案》《西盟县云岭牛产业饲草基地六化建设方案》，举全县之力，从顶层设计的高度纵深推进"一县一业"云岭牛扶贫产业。在编制《西盟县精准脱贫攻坚项目三年实施方案（2018—2020 年）》村级"施工图"、乡级"路线图"和县级"项目库"时，通盘考虑"一县一业"云岭牛扶贫产业所需资金、项目；统筹整合财政涉农资金，到 2019 年已建成标准化云岭牛养殖小区 9 个，存栏种牛 5458 头，累计带动农户 8695 户 28582 人；累计种植青贮玉米 3.5 万亩，累计带动农户 7608 户 26084 人，其中建档立卡户 2973 户 10396 人，实现户均增收 2500 元以上。

（2）多方合作、共同推进

云岭牛养殖产业主要采取"龙头企业+平台公司+合作社+贫困户"的模式，以省级农业龙头企业三江并流公司为带动。

一是龙头企业。2016 年底，云南省农业厅帮忙牵线搭桥，引入三江并流科技有限公司。该公司主要从事肉牛养殖、屠宰、分割、销售；肉牛粗饲料种植，农产品销售，农业技术研究开发、餐饮服务、国内贸易。不仅有十几年的养牛经验，还有自己整套的屠宰、冷藏运输、连锁超市销售体系。西盟的养牛产业引入三江并流科技有限公司后，公司主要负责肉牛养殖、加工、销售，开展农户技术培训，做好股份收益分成。二是平台公司。以西盟县扶贫开发投资公司为平台，县政府整合涉农资金后，委托县扶贫开发投资公司来具体负责养殖场基础设施建设和云岭牛采购。三是合作社即村集体。村集体主要负责组织农户进行生产合作和劳务合作。

除以上环节外，政府的技术支持也很重要。云岭牛养殖项目规模大，并采取自繁殖方式来扩大规模，中间涉及云岭牛的繁殖和育种等，对技术要求较高，虽然有企业的技术支持，但远远不够，且云岭牛本身就是由云南省草地动物科学研究院培育成功，对相关技术很熟悉；整个养殖环节也完全是按照现代化的工厂养殖模式进行，需要完善的产业配套技术。由此，西盟县发挥省农业厅对西盟的定点帮扶优势，依托省农业厅设立黄必志、王之盛 2 个省级专家基层工作站，建立国家重点研发计划肉牛差异化育肥节本增效饲养关键技术示范基地 1 个，授权《云岭牛生产雪花牛肉技术方法》《牛移动式稳重器》等技术专利 7 个。聘请郭爱珍、孙宝忠等 4 名国家级技术专家担任技术顾问；成立了以省草地动物科学院副研究员赵刚为组长的技术服务组，开展饲草种植、肉牛养殖技术培训班。

（3）农户增收途径

云岭牛养殖产业的一个重要优点是上下产业链长，农户可参与环节较多。

一是饲草种植。贫困户在政府的引导和村集体的组织下，有计划种植饲草，政府给予一定生产项目补助，其中皇竹草补助生产资料每亩 700 元，青贮玉米补助生产资料每亩 200 元。同时，三江并流公司与各村集体经济组织签订饲草订单收购协议，按固定价格统一收购饲草。贫困户通过种植饲草能获得稳定收入。现在因为养殖规模还没有完全建成，以及还主要是繁育小牛阶段，对饲草的需求量并不高，为了能增加增收覆盖面，采取了广种少收的方式，即增加种植面积，但减少收割次数，如青储饲料本可收两茬但现在都只收一茬（收完这一茬，不影响农户再种玉米，所以种青储饲料算是额外收益），皇竹草本可收 3 次现在只收 1—2 次（皇竹草多是利用荒草地种植未占用耕地），以尽可能让更多贫困户从种植饲草中获得收入。到 2019 年时，饲草种植面积有 2.6 万亩，其中皇竹草 0.45 万亩、青储饲料 2.15 万亩，覆盖建档立卡贫困户 3470 户 11858 人，人均增收 1597 元。如果产业发展起来，种饲草的收入会进一步提高。

二是务工收入。农户的务工机会主要来自两个方面，一是直接进入养殖场务工。合作社组织建档立卡贫困户赴养殖区务工，人均每天可获 100 元报酬。每年可带动 500 名建档立卡户进场务工 90 天，劳务总收入 450 万元。同时，三江并流公司组织建档立卡户开展以劳代训，参与的建档立卡户每年可获得培训收益 400 元。二是产业带动就业机会，如饲草收割、运输、收购、粉碎、打包、入库等环节的劳动力需求。

三是租金股金收入。租金收入主要是建养殖场占地的租金，每亩每年 600 元。股金收入则主要是贫困户以政府到户的养牛扶贫项目资金通过村集体合作社投入股本到养殖企业，最高 2 万元，最低 5000 元，每年获得 4.5％的分红利润。

四是直接养牛收入。同养蜂产业一样，等产业达到规模，农户自己掌握了养牛技术，农户可通过自己养殖，公司负责收购的方式增加农户收入。但是，这也必须以农户充分掌握养殖技术为前提，为此，西盟县政府针对肉牛养殖技术也开展了深入的技术培训，培训包括饲草种植、肉牛养殖等。先后组织市、县畜牧专业技术人员，组建云岭牛产业发展技术服务队伍，结合养殖小区和饲草种植布局，赴各乡镇、村、组和养殖小区开展技术服务工作，确保农户种植饲草前有统一的技术指导、种植时采取统一的种植规范；企业在云岭牛进场前有防疫检疫，养殖中采用标准化流程。已累计开展了云岭牛生产管理培训 8 期 415 人次、疫病防控培训 20 期 360 人次、饲草种植集中技术培训 88 期 5280 人次、田间指导培训农户 38420 人次，实现云岭牛产业技能培训全覆盖。

（4）产业延伸

产业链条延伸是提高附加值、增强产业可持续发展的重要途径，对于西盟的云岭牛养殖来说，其产业延伸有两个方面。

一是牛肉产品本身产业链条的延伸。西盟县致力于将西盟打造成全国最大的云岭牛良种集中繁育基地和优质云岭牛集中养殖供应基地，配套完善精深加工，生产经营附加值高、市场占有率高的牛肉产品，完善西盟云岭牛产供销全产业链配套建设。积极与三江并流公司合作，有效解决产加销脱节等问题，实现西盟云岭牛产品和西盟农产品产销一体化，产业链不断延伸、价值链充分提升。与此同时计划施行云岭牛从养殖、运输、屠宰、分割、加工、贮藏、包装到进入市场销售的全程追溯管理，确保西盟云岭牛质量安全，提升西盟云岭牛核心竞争力。

二是融合牛文化依托养殖基地开展休闲旅游、健康养生等第三产业发展。西盟是佤族自治县，全县佤族占主导，而佤族人民将牛作为民族图腾，并将牛作为财富的象征，牛是佤族的建筑、服饰、舞蹈等文化形式中重要的文化要素。同时西盟有"人类童年·西盟佤部落"城市地标，这些都是可利用的资源，结合云岭牛的生态养殖，可打造相应的云岭牛主题旅游和云岭牛文化产品，争取成为云岭牛产业配套旅游目的地。

（三）特色产业的再开发

西盟因独特的气候条件，相对于全国来说很多产业都可算特色产业，如橡胶、茶叶、咖啡、中华蜂、冬瓜猪、民族旅游等，但就西盟来说，一些产业是其传统主导产业，一些产业适合被培育成主导产业，还有一些产业因地理、气候、市场、资金等因素不适合大范围发展，但在一定范围内发展能很好地发挥对精准扶贫的"查漏补缺"作用，以及很好的增收效果，西盟县政府将这样一些特色产业作为主导产业的补充，故叫"五+X"产业扶贫格局。

新产业的培育是对传统产业覆盖面不足的补充，而特色产业的开发则是产业覆盖的进一步补充，从而实现"大石头缝里填小石，小石头缝里填沙子"的产业扶贫无遗漏的效果。对特色产业的开发一来是西盟产业发展的要求，如前所述，因各镇、各村甚至各村民小组都具有不同的气候、劳动力、交通条件，主导产业不一定能全面覆盖，或者主导产业的收入不足以实现脱贫，需要依靠本地的特殊资源条件发展特色产业加以补充。二来西盟具有发展特色产业的条件。各地特殊的资源条件可通过发展特色产业充分发挥其增收的作用。

从总体上说，西盟的特色可分为两类，一是其"直过民族"和少数民族聚居区的文化特色，二是因其气候条件形成的农副产品特色，如咖啡、西盟米荞、冬瓜猪、灵芝、石斛等。西盟县政府将文化旅游作为其主导产业，但在过去几十年，西盟因交通条件的制约，旅游产业相较于云南省其他地区并不发达，故我们将其纳入再开发的特色产业。其他种养类的特色产业，种类极其繁多，但西盟县政府重点发展的是与主粮种植和主导产业不争地的冬季农业和林下经济。

1. 文化旅游产业的再开发

（1）旅游发展新契机

西盟不仅具有适宜的气候条件、优美的自然环境，还具有富有特色的民族文化，很适宜发展文化养生旅游，但一直以来，地处西南边陲的地理位置和不太方便的交通条件成为制约其旅游业发展的主要因素。在 2017 年以前，从昆明到西盟县，只能坐汽车，里程 700 公里，需要坐 16 个小时，几乎都是盘山公路，且一天只有一趟。2017 年 5 月，邻县的澜沧机场通航，从昆明乘飞机到澜沧机场只需 1 个小时，从澜沧机场乘车到西盟，也只需 1 个小时，由此从昆明到西盟的时间由 16 个小时缩短为 2 个小时，且旅程的舒适度也大大提高。不仅如此，于 2021 年 1 月 11 日开通客运专线，2021 年 12 月中老铁路建成通车也对西盟有了极大的交通便利。由此，西盟发展旅游业的最大制约解除。

西盟发展旅游的另一契机是 2015 年以来精准扶贫的推进。在精准扶贫工作的推进下，西盟县的交通条件、居住条件、环境卫生、精神面貌等都得到了全面改善，这为旅游业的发展提供了社会基础。同时，精准扶贫的资金和政策支持更是为西盟旅游业的发展提供了契机。旅游业的发展能带动当地经济的发展，是帮助西盟人民脱贫致富的良好途径，西盟县政府正是看到了这个前景、抓住了这个契机，将文化旅游产业作为西盟县精准扶贫的主要产业来推进。

（2）发展旅游的条件

一有自然资源。有以佤山云海为代表的天象景观，有以高山草甸为代表的生物景观，也有以勐梭龙潭、里坎瀑布、佤山天池以及温泉为代表的水域风光，还有岳宋司岗里岩溶、木依吉神谷、佤山榕树王，以及原始森林等特色景观。且已创建了勐梭龙潭国家 4A 级旅游景区、木依吉神谷 3A 级旅游景区。

二有人文资源。有具民族特色的村寨聚落；有多样的传统仪式活动，如剽牛祭鼓等；有多彩的民族歌舞与服饰，当地民族有着"会说话就会唱歌、会走路就会跳舞"的天赋和歌舞传统；有具民族特色的各种节日，如佤族的木鼓节、新米节等，拉祜族的赕佛节、赕白马节等，傣族的泼水节、进斋节等。除此之外，西盟也有浓厚的佛教文化，有里坎佛寺、南归佛寺、三佛祖佛房遗址等。

三有前期文化宣传。《阿佤人民唱新歌》这首全国人民耳熟能详的歌曲，便起源于这里，已建有阿佤人民唱新歌纪念墙。编创了《佤部落》《阿佤人民再唱新歌》等两部反映民族演进历史和近代佤山发展巨变的史诗级作品，在国家大剧院及 11 个省市完成巡演。西盟·佤部落旅游区被纳入省级旅游度假区创建名单，成功入选 2018 年中国旅游影响力县（区）前 10 名。

（3）发展旅游扶贫新举措

一是通过节庆营销活动增加群众收入。依靠勐梭龙潭国家 4A 级景区、木依吉 3A 级景区及博航、马散民族特色村寨等相对成熟的旅游景区辐射带动周边群众增加收入。在全县木鼓节、新米节等重大民族节庆活动期间，发展群众助演，2018 年在 5 镇 2 乡中聘用群众助演约 822 人次，共发放 27.76 万元补助资金。2019 年举办"中国佤族木鼓节'五·一'黄金周"节庆活动，共聘请群众 700 余人，发放补助 26 万余元。同时，鼓励建档立卡贫困户利用现有基础设施开展烧烤、特色产品营销活动，在勐梭"38 公里"、博航民族特色村、龙潭景区"美食一条街"以及永俄"野果节"上设置摊位，其中"38 公里"现有摊位 6 个，博航民族特色村 24 个，永俄"野果节"等节庆活动设置临时摊位 20 个。2019 年举办"中国佤族木鼓节'五·一'黄金周"节庆活动中设置"美食一条街"，共有摊位 16 个，全部倾斜建档立卡贫困户，预计增加收入 5000 元。

二是搭建旅游平台增加收入。争取了上海对口帮扶资金 200 万元，实施了马散村永俄寨生态实景舞台建设，争取了港中旅集团文化发展专项资金 230 万元。积极推动博航、永俄等 9 个乡村旅游点建设。通过重大项目、景区、乡村旅游区和旅游项目在贫困村或周边地域建设，吸收贫困人口务工就业。截至 2019 年，全县共有民宿客栈 8 家，从事乡村旅游 25 户。支持贫困群众发展织布、竹篾、鼓乐等民族手工艺品制作及米荞等农特产品，积极帮助寻求市场营销。利用现有民族文化传承人，支持手工艺品发展。

三是通过文化输出增加收入。截至 2019 年，在勐卡镇班哲村和勐梭镇班母村富母乃寨实施了文化旅游产业扶贫培训项目，项目总投资 10 万元，培训民族歌舞表演 200 人，带动了建档立卡贫困户 200 户，其中班哲村 154 人，班母村富母乃寨 46 人。每户增收 500 元。

加强与县人社部门沟通衔接，加大对歌舞表演的技能培训，让更多劳动力带技就业。2019 年全县共有 481 户通过文化输出就业，其中 150 户 528 人参加歌舞表演就业。西盟县勐梭镇他朗村岩罗带领外出务工人员到深圳从事歌舞表演，在深圳成立了自己的公司，并被深圳市评为"深圳市十佳青年"。

2. 特色种养产业开发

（1）冬季农业开发

西盟发展冬季农业具有气候优势，同时，冬季农业主要是利用冬季空闲地与劳动力的空闲时间发展生产，不与主粮作物争地争劳力，可在保证农户主粮生产前提下实现增收，即"春农保米袋子，冬农保钱袋子"。主要是发展能发挥当地独特优势、有市场竞争力的产业：西盟米荞、甜脆玉米、无筋豆、长寿豆、辣椒、"双低"油菜等冬季特色农业种植，其中无筋豆通过冷链运输直接销往北京等地，西盟米荞通过平安人寿保险股份有限公司云南分公司平台进行销售。2018 年，全县种植西盟米荞 14800 亩，产值 888 万元，带动 4228 户农户实现户均增收 2100 元以上。种植无筋豆、长寿豆、辣椒、"双低"油菜等面积 2000 余亩，带动 4 个乡镇 657 户农户实现户均增收 1340 元。为了更好发展冬季农业，2017 年西盟县引进绿润源公司，建立了西盟县第一个冷库。2019 年全县种植西盟米荞 11800 亩，冬农开发无筋豆、长寿豆、辣椒、"双低"油菜等种植 2000 余亩。2019 年覆盖贫困户 278 户 1018 人，预计户均增收 850 元。

（2）林下经济开发

发展林下经济的最大优势是不需占用耕地，而西盟县有 57 万亩天然林，可发展空间大。同时，林下经济的产品往往是小众化产品，市场竞争压力小，附加值高。比如很适合在西盟生长的灵芝、铁皮石斛以及一些中草药等，都是市场价值比较高，但对生长环境有较高要求的产品。除天然林外，西盟还有 22 万亩橡胶林，也可以发展林下经济，尤其近年来，因橡胶价格下跌，胶农收入明显下滑，鼓励扶持胶农发展林下经济可增加胶农收入。县政府主要是结合肉牛产业发展，引导和扶持胶农进行林下种植饲草，发展鸡、鸭等养殖，同时农业部门做好品种试验推广和技术服务，以增加胶农收入，比如，翁嘎科镇龙坎村和力所乡王雅村分别实施橡胶林下种植珠芽魔芋 30 亩和 100 亩。砂仁是西盟另一种林下高附加值药材，县政府鼓励推动贫困户在林下种植砂仁以增加收入，2019 年全县低热河谷区林下种植药材砂仁 16438 亩，产量 163 吨，实现产值 3632 万元，平均每亩 2209 元。

除农户天然采摘或自种植外，依托企业发展也是发展林下经济的重要途径。西盟县于 2011 年引进云南安得利农林科技有限公司，仿野生种植铁皮石斛、灵芝、香菇等林业生物药业，实现无公害、无污染、绿色生态的产品种植。目前，累计完成铁皮石斛种植面积 900 亩，灵芝种植面积 100 亩，2019 年实现中药材产值 1134 万元。几年来，公司取得 5 项专利，被国家林业和草原局列入"服务精准扶贫国家林下经济及绿色产业示范基地"，被云南省农业厅授予省级龙头企业，被云南省科技厅授予"中药材种植科技示范园"，并获得云南省科技型中小企业认定，被普洱市农业局、林业局授予市级龙头企业。

（3）其他特色产业

除了冬季农业和林下经济外，西盟还有一些具有特色的种养产业，这些多与当地特殊资源相结合发展项目，主要由乡镇、村共同研究决定，补助鼓励贫困户发展符合本乡镇本村组特点、有市场竞争力的特色产业。比如咖啡种植、米荞种植、冬瓜猪养殖、竹虫养殖等。咖啡主要分布在力所乡、勐梭镇、翁嘎科镇，种植面积 8000 余亩，年产咖啡豆 500 吨，实现产值 2000 万元，平均每亩产值 2500 元。米荞生长期短，营养价值高，投入少，全国范围内只有西盟县种植，故又称为"西盟米荞"，全县各乡镇均有种植。西盟冬瓜猪是云南有名猪种，属于体型较小的滇南小耳猪。因为体型较小，一般成年猪体重只有 50—60 公斤，有"冬瓜身，骡子屁股，麂子蹄"之称，所以被形象地称为冬瓜猪。竹虫蛋白质含量高，营养价值丰富，是酒店招待贵宾的美味佳肴，全县各乡镇均零星分布种植竹子，累计面积 38554 亩，2019 年竹笋干产量 40 吨产值 202 万元。每年 12 月正是采收竹虫的最佳季节，每公斤售价 120—180 元，年产值 100 万元以上。

（4）发展电商平台

小众化是西盟特色产业的优势，同时也是缺点，不像甘蔗、橡胶等这样的大众产业容易销售，扩大种养规模面临的重要问题就是销路的扩展，在一些特色品种并不为大众普知、生产规模也无法达到规模效应的情况下，政府层面的宣传以及电子商务的发展就对特色农产品的销售很重要。为了帮助西盟特色产业的发展，2016 年 1 月成立特色产业西盟县电子商务服务公共服务中心，主要负责本土产品的研发孵化。中心设立地方特色农产品展示区、产品物流配送区、人才孵化区、合作交流区以及承担农产品上行及工业品的下乡等工作。2018 年以来结合全国电子商务进农村综合示范项目的开展，现全县已完成三级电商体系建设，全县设立 1 个县级电子商务公共服务中心（含 1 个电子商务展示厅），7 个乡镇电子商务服务站，22 个村级服务点，实现乡镇电商服务站全覆盖和村级电商服务点覆盖率达 61.11%。西盟县电子商务公共服务中心培育 1 个区域公共品牌——"西盟佤乡"；组织全县 40 家电商企业（合作社）成立西盟电商协会；鼓励 3 家企业开展农产品质量监测检验和认证、培育 5 家企业建立农产品可追溯体系、支持 21 家本地传统商贸企业开展电商营销。

目前，在西盟县注册登记的电商企业共 24 家，注册资金达 10781.42 万元（其中：公司 21 家，注册资金 10764.42 万元；个体 3 家，注册资金 17 万元）。企业充分利用美团、淘宝、彩云优品、云南购精彩、三江并流食品商城、云南农垦集团电商交易平台、云南鲲鹏农产品电子商务等电商交易平台，把"西盟米荞"、茶、蜂蜜等特色农产品及猪肉制品、橡胶、白糖等农特加工品"引流上线"有效推动全县产业发展。

三、产业发展路径总结

西盟的贫困与很多深度贫困地区不同，它的贫困不是因为资源的匮乏或土地的不足，相反，西盟的土地资源以及自然资源是相当丰富的，导致其贫困的则是利用这些资源的能力不足，这个能力不足一方面是当地农民个体素质导致的发展农业生产能力的不足，另一方面是当地政府资金的原因导致的无法对当地产业进行整体的规划和引导。

2015 年国家展开精准扶贫后，西盟县政府对本县的致贫原因和脱贫的道路进行了深入的思考和多次的讨论，抓住国家大力扶贫的机会，利用各方扶贫资金，在实践中不断地摸索，最后走出了西盟的产业扶贫之路。今天我们回过头来总结西盟的产业发展的探索之路，可将其总结为：坚持党的领导，精准定位、统筹规划产业发展方向，统筹使用产业扶贫资金，以对农民的技术培训为抓手，以激发农民的内生动力为持续动力，将产业扶贫与村庄治理相结合实现相互促进。

（一）精准定位、龙头带动、利益联结

1. 精准定位

西盟产业扶贫的第一步也是关键的一步就是找准了产业发展方向。

第一，立足西盟的资源禀赋和发展基础，确定可为与不可为，不盲目铺开项目，而是在充分调研的基础上，确定主导发展产业，辅助特色产业。主导产业既包括传统优势产业橡胶、甘蔗和茶，又包括能充分利用当地资源、形成当地特色的新产业即中蜂养殖和云岭牛养殖，而特色产业则是符合各镇各村组特色的产业。对产业的扶持则是统筹规划，在《西盟县 2018 年精准扶贫精准脱贫产业发展扶持方案》中，其扶持原则就包括扶持资金重点用于橡胶、茶叶、蔗糖、

畜牧、旅游文化等产业，按照"总量控制、统一监管、相对侧重、突出特色、利益联结"的原则落实资金和项目。

第二，立足实际，一业（产业）一策，不盲目推广"模式"。即使确立了主导产业，对于每一产业的发展规划，又是在对产业的深入了解之后，根据产业本身的特点制定其发展规划和方案。比如在茶叶产业发展实施计划方案中，其指导思想主要强调"以建成产出高效、产品安全、资源节约、环境友好的现代茶园为重点，以提产量、质量、品牌为中心，强化行政推动、项目带动和创新驱动，通过实施标准化茶园改造工程、标准化茶叶初制所示范工程、茶叶品牌创建工程、茶园综合利用工程，不断夯实茶叶产业发展基础，增强发展后劲，加速推进茶叶产业转型升级、实现全产业提质增效"，因为西盟茶叶产业特色是绿色无污染，但问题是茶厂水平不高、没有自己的品牌。

在橡胶产业发展的实施方案中，其指导思想则是"加强组织领导，强化服务管理，优化产业资源，培育新型经营主体，引进先进经营理念和技术人才，全面推动橡胶产业升级和持续发展，把资源优势转化为经济优势和发展优势"，这是因为西盟橡胶产业面临的是低价格、低产出、低效率的问题以及由此导致的胶农的弃割问题，所以橡胶产业的发展思路则是如何通过政府的组织和服务实现种植、经营和管理的优化，从而提质增效以弥补低价和解决弃割问题。

第三，精准的产业覆盖。精准即包括产业发展必须符合当地的资源、气候和社会条件，又包括产业的发展必须全面覆盖，实现每个主导产业都有1个以上主导产品、每个贫困村都有1个以上主导产业。所以，传统产业、新育产业和特色产业是一整套相互补充和促进的体系，是一环套一环的统筹安排，从而不漏掉一个贫困户的脱贫与发展。

2. 龙头带动

西盟产业扶贫的第二步则是引入可靠企业，实现龙头带动全覆盖。西盟确定的主导产业以及特色产业都是经济作物，相较于粮食作物，经济作物面临的最大问题就是销售问题，面临的最大风险就是市场风险。解决这个问题的最有效的方式是引入企业以保销路，通过订单降低风险。为此，西盟县政府一是帮助提升现有企业的规模和品质，二是新引入可靠的企业。因橡胶、甘蔗和茶叶是西盟的传统产业，在精准扶贫之前就已有不少合作企业，在精准扶贫之后，西盟县政府在引入新企业的同时，也帮老企业进行升级。采取"公司+基地+农户"模式，先后引进了农垦集团、安得利、三江并流、丁氏蜂业等省级龙头企业7家和市级龙头企业2家，建设对口基地达30多万亩。

企业引入后，还需要用合适的方式将企业与农户联系起来。由此，西盟县立足各产业的特色，尊重农户意愿、维护农户利益，建立了多种形式的农户与企业合作的模式。如云岭牛养殖采取的是"龙头企业+平台+合作社+贫困户"的模式；橡胶则采取"公司+基地+农户"模式，省级龙头企业云南农垦以生产托管的方式与农户合作；中蜂养殖采取"企业+合作社（村集体）+贫困户"的模式；茶叶则采取"企业+基地+合作社+农户"或"基地+合作社+农户"模式；龙头企业昌裕糖业与建档立卡贫困户签订甘蔗收购协议，对建档立卡户生产的甘蔗承诺全部收购、确保价格稳定，并在市场好的情况下，适当对建档立卡户提高收购价格。每一种模式都是在考虑产业本身特点以及保证农户的利益基础上而形成。

3. 利益联结

西盟产业扶贫的第三步便是多途径增收、激发农户内生动力。选好产业，让农户脱贫"联得上"，不漏掉一个贫困户；选好企业创新模式，让农户"结得好"，稳定收益降低风险；而要脱贫"稳得住"，则需要创立多种利益联结机制、激发农户内生动力。西盟县则是通过"订单、股份、劳务、租赁"等联结方式，让户户有增收项目、人人有脱贫门路，然后通过村集体以及脱贫工作委员会将这种分配与贫困户的参与相联结，进一步激发贫困户的动力。

一是订单联结，贫困户当卖家收"现金"。对有产品销售需求的贫困户，引导新型农业经营主体优先与其签订农产品购销合同，形成稳定的购销关系，按照"保底价格+浮动价格"等保护价收购。如：省级龙头企业西盟昌裕糖业有限公司与建档立卡贫困户签订甘蔗收购协议，除对建档立卡户生产的甘蔗承诺全部收购以外，确保价格稳定，并在市场好的情况下，适当对建档立卡户提高收购价格。

二是股份联结，贫困户当股东分"股金"。贫困户把土地（林地、草地、水面）等资源经营权、自有设施设备、扶贫小额信贷资金以及折股量化到户的集体资源资产资金、财政支农资金等，根据自愿的原则，入股新型农业经营主体，贫困户按照"保底收益+按股分红"的方式获得收益。如，云岭牛养殖收益模式中，鼓励支持农户以扶贫到户资金和小额信贷资金以村集体经济为平台参与云岭牛养殖，获取股金分红。

三是劳务联结，贫困户当工人拿"薪金"。对有一定劳动力的贫困人口，引导新型农业经营主体优先吸纳其长期就业或季节性务工，获得工资性收入。如云南丁氏蜂业公司在西盟发展中蜂养殖项目中，除与建档立卡户实行订单联结外，还与当地25名贫困人口签订劳务合同，就地吸纳到蜂场务工，每月支付工资2600元/人，年收入可达31200元。自营基地或园区的新型农业经营主体，根据经营管理需要，划出基地或园区部分片区、设施设备分包给贫困户管理，贫困户按照"保底工资+超产分成"的方式获利。如西盟橡胶公司以生产托管合作方式，按户划定胶园，委托建档立卡户长期生产经营，农户按约定比例获得固定收益加超产分成，目前该公司共带动农户9889户2.96万人，其中建档立卡贫困户2274户7864人，实现户均增收4500元以上。

四是租赁联结，贫困户当房东有"租金"。对于贫困户拥有的闲置或低效利用的土地（林地、草地、水面）等资源和设施设备，引导新型农业经营主体优先流转或租赁，实行实物计租货币结算、租金动态调整等计价方式，确保贫困户获得稳定的租金收入。如，西盟县勐梭镇班母村贫困户以出租 1200 亩土地的方式，与本村红太阳合作社开展饲草饲料种植合作，收入的 30% 作为土地租金归贫困户所有。目前，红太阳合作社已带动 350 余户建档立卡贫困户种植青贮玉米、皇竹草等 2000 多亩。

（二）抓实技术培训：从授人以鱼到授之以渔

技术培训可以说在西盟的产业扶贫中起了核心作用。一是，西盟的贫困不是资源型贫困，而是素质型贫困，守着丰富的资源，当地农户却无发展能力，其中最大障碍便在于，作为直过民族地区，其农业发展史太短，农民对现代农业技术掌握太少，从而导致生产力的低下。所以对于西盟的农民，脱贫说容易也容易，说难也难，说容易则在于，因无资源条件限制只要提高了农户的生产技术就可普遍提高农民收入；说难则在于，对于普遍存在的落后技术和农民较低的教育水平，普遍提高农民生产技术是一项艰巨的任务。西盟县政府正是认识到了技术培训对西盟脱贫的重要性以及技术提升的艰巨性，从而将技术培训作为西盟脱贫的主要工作，制定了整套措施，且狠抓落实。

二是，西盟县培育的新主导产业以及推进的一些特色产业，只有对农户进行技术培训，让农户真正掌握了技术，才能最终实现农户的自主发展与收入空间的提升，而不是一味依赖企业的分红，即从授人以鱼到授之以渔。比如养蜂产业的发展，如果中间没有对农户的技术培训就无法实现由托养到自养，不仅整个养蜂产业无法扩展规模，农户也很难从养蜂产业中获得更高收入，养蜂产业也很难惠及更多农户。养牛产业、冬瓜猪养殖以及一些特色产业都是如此。

西盟县政府几乎针对所有产业都开展了技术培训，且培训由干部带队、干部带头、干部负责，必须保证培训之人学会，必须保证所有贫困户至少参加一项培训，落实到人。所以，西盟县政府以县农技局

（现被纳入了农业农村局）为主导，各乡镇农技所以及乡镇干部参与，组建县产业发展技术服务队伍，结合产业布局情况，赴各乡镇、村、组开展技术服务工作。

比如对全县种植橡胶建档立卡户实有劳动力进行培训，由县茶特局负责组织专业技术人员赴乡镇开展割胶技术培训，乡镇负责组织建档立卡户参加培训，确保建档立卡户100%全覆盖。

对全县种植甘蔗农户进行培训，一是开展技术骨干班培训六期，每期50人，培训300人（技术骨干人员必须为村组干部、驻村扶贫工作队员），由邀请的省市技术专家进行理论及现场实践培训，以确保每个甘蔗种植组有技术员进行技术指导。二是据农时节令，以种植甘蔗户所在村委会、村民小组为重点，适时进田块开展技术培训，以现场培训为重点，派出经业务培训合格的科技人员依农时节令采取现场操作、讲解、答疑，同时做到户均一册宣传培训技术手册，做到建档立卡户每户培训1人。而茶叶技术培训则包括全县茶企业负责人、全县涉茶建档立卡户。

在肉牛产业扶贫上，经省委组织部、省人社厅批准设立了"黄必志、王之盛基层专家工作站"，建立国家重点研发计划肉牛差异化育肥节本增效饲养关键技术示范基地1个，授权技术专利7个。聘请郭爱珍、孙宝忠等4名国家肉牛牦牛产业技术体系岗位专家担任技术顾问。全县累计举办割胶、甘蔗、茶叶、种养等各类专业技术培训2018年190期6880余户14800余人，2019年392期21060人次，并根据种养殖业生产进度开展指导性培训，实现了技术培训全覆盖。

（三）发挥主心骨作用：党的领导是核心

1. 党的方向领导

西盟产业扶贫在短时间内取得了巨大成效，且具有可持续发展之力，这要归功于相关部门精准定位、龙头带动、利益联结的措施和推进方法，但这背后是党的领导在起核心作用。总结以上措施和推进方法，其一个重要特征是系统性的推进。

首先是产业选择的系统性。传统主导产业、新育地域产业、开发特色产业是一个相互配合相互补充的产业体系，不仅能使扶贫产业惠及每个贫困户，也实现了当地自然资源、劳动力资源等的优化配置。

其次是产业推进的系统性。这其中就包括产业扶贫资金的统筹使用、对产业发展至关重要的劳动力培训以及整个过程中企业的引入、群众的动员等，各个方面的协调配合才能有了短时间内实现全县范围内的产业发展的成果，缺少其中任何一个环节产业扶贫都不能顺利推进。

最后是产业规划的系统性。每一项产业的发展方案都是考虑了其过去、现在和未来的系统性方案，既要考虑其发展基础、又要考虑现在的增收、更要考虑其可能的发展潜力。每一项产业都需要考虑农户与企业的利益分配和合作，实现两者的共赢。这样一个庞大的系统性工程背后是党的领导在起主心骨作用、在把握整体方向，否则很难实现如此庞大体系的规划与整体推进，以及产业发展与群众的联结。在党的领导下，西盟县政府不仅就整体产业体系出台了规划与实施方案，还就每个产业的发展也出台了具体方案。

2. 党员的担当

西盟扶贫产业的发展也是一个艰难的过程，在这个过程中广大党员以及干部发挥了重要作用。虽然西盟的扶贫产业的真正发展是从2016年开始，但其能成功发展起来与西盟党员干部的担当，以及西盟的党员干部前期所做的工作、打下的基础密不可分。

西盟的党员干部有深入农村、参与劳动的传统，很多在西盟工作了十几年、几十年的干部都回忆说刚参加工作时就是下地帮农民干活。分管农业工作十几年的张文良副县长，对西盟的气候和自然条件的优劣、各农业产业的情况以及优劣势、各乡镇农业产业的情况以及自然条件、县域内各涉农企业的经营情况等都了熟于胸，所以才能在制定产业发展政策时做到因地施策、少走弯路、少犯错误。

　　分管农技的马景明局长，几十年如一日扎根农村，行走于田间地头，为西盟的农业技术推广而奔波，现在马局长几乎已成"全才"，对西盟各项农作物的种植技术都有心得。如马局长一样的农技推广人员在西盟还有很多，正是有这样一群党员和干部的存在，在扶贫产业发展中的大规模的农业技术培训才有可能实现并效果明显。勐梭镇孙红武副镇长有几十年基层工作经验，时刻都想着农村的发展，想着怎样才能带领群众致富，所以在参观养殖大户的猪圈时，首先想到的是怎样才能带动贫困户脱贫，然后就有了贫困户养猪项目的托养模式。

　　除了西盟当地的党员干部，在西盟进行驻村扶贫的干部也都发挥了党员的积极性，并不把去西盟扶贫当作临时的工作，而是扎根西盟，对西盟的产业发展献计献策。比如省农业厅办公室主任派驻西盟的总队长郑青江，虽然其从2017年才担任产业工作组组长，但其深入干部和群众，深入调查当地产业基础以及发展情况，从而确定了全县产业发展总思路，并制定规划、组织实施，形成了当前西盟产业发展格局，以及探索出了当前西盟具有系统性、持久性的产业发展之路。

　　再比如西盟云岭牛产业，就是从云南省农业农村厅去西盟进行驻村扶贫工作的郑青江带领当地干部深入全县7个乡镇36个村委会进行认真细致的调研摸底后确立的产业发展项目，并为推动这个产业的发展联系企业、联系技术人员、开展技术培训等。更有西盟县委杨书记为了西盟的脱贫日思夜想。正是有这样一批心系西盟群众、扎根西盟的党员和干部的长期付出和努力，才能在推进产业扶贫时，形成溪流汇成江河的力量以及良好的产业发展的社会基础，才能在扶贫攻坚战中系统性地推进产业扶贫。

　　党员和干部自身的觉悟和担当是一方面，西盟县政府为了提升党员和干部的觉悟和能力而专门开展的学习和培训也是重要方面。西盟县政府为了能让党员干部具有打赢脱贫攻坚战的思想觉悟和能力，专门针对干部进行了思想、能力、知识和素质的培训，并要求干部一同参与对农民的技术培训中学习技术，不仅让干部的能力和素质跟上精准扶贫的工作要求和乡村振兴的发展要求，还要让干部在生产中也能带头并起指导作用。为此，西盟县政府先后出台了《西盟县"提素质、补短板、促脱贫"干部学习实施方案》《西盟县干部夜校实施方案》以提升干部的素质和工作能力。

两者的学习对象都是包括全县党政机关，各人民团体，各企事业单位，中央、省、市直属单位全体干部职工，各乡镇、村（社区）干部、大学生村官及驻村扶贫工作队全体成员。但是前者的学习方式是以部门、乡镇、村（社区）为单位自行进行集中学习，各单位要及时制定学习方案和计划，每周组织一次集中学习，通过个人自学、集中学习、专题辅导、观看影像资料、讲座培训、"西盟讲堂"等方式开展学习活动，每月不少于2次集中学习。后者的学习方式是以部门、乡镇、村（社区）为单位，利用晚间时间自行进行集中学习，各单位要及时制定年度学习方案和计划，通过集中学习、专题辅导、观看影像资料、讲座培训等方式开展学习，学习过程中领导干部和普通干部要轮流讲课，互学互评，交流心得，夜校集中学习每周不少于2次，每次不少于1小时。前者的学习内容包括习近平总书记系列重要讲话和考察云南重要讲话精神，中央、省、市、县相关扶贫开发会议精神，中央、省、市、县脱贫攻坚政策，脱贫攻坚综合知识、强农惠农政策、行业政策、"挂包帮、转走访"职责任务、部门业务知识等。后者的学习内容则分为三大块，即理论培训、业务培训和脱贫攻坚知识培训。

3. 党的组织作用

党员的觉悟和带头作用同时也形成了西盟发展产业的良好的组织基础。每个产业的发展都是一项庞大的系统性工程，如果没有政府的组织协调和组织建设，几乎很难完成，可以说，西盟的农业扶贫产业的顺利发展其核心就在于党委政府的组织作用。

当前我国农业产业的发展，无论是粮食作物还是经济作物，面临的一个普遍问题就是土地的零碎化、种植的分散化，这直接导致生产效率的低下以及农民难以被组织起来，农民难以被组织、生产无法集中形成规模化效益就很难实现一个农业产业的发展。而西盟农业扶贫产业之所以能在短时间内实现提质增收以及新产业的培育和特色产业的发展，其关键在于政府通过组织建设将农民组织起来了，将生产集中起来了。

比如橡胶产业，胶农按村民小组被组织成了生产队，生产队统一规划橡胶种植、收割和技术培训，这不仅提高了橡胶的生产效率，也使关于橡胶的一些扶持政策、技术培训能很好地实施下去。

比如甘蔗产业，蔗糖厂为什么敢在短时间内扩大生产量，关键在于政府对甘蔗种植户的组织能力使蔗糖厂对甘蔗的种植和收购有稳定安全的预期，由政府统一组织农户连片成规模种植、收割甘蔗，这大大减少了蔗糖厂的风险和成本。蔗糖厂和政府合作，对所有甘蔗种植区进行统筹规划，根据就近原则、成片集中种植、统一品种、联合管理，且蔗糖厂与政府合作对甘蔗种植提供技术指导和培训以保证甘蔗的质量和产量，根据计划以及生产量、甘蔗成熟情况下派甘蔗收购任务以及收购时间，各村委根据收到的收购任务和收购时间，统一组织种植户收割甘蔗，按时保量地完成收购任务。

同样，茶厂愿意来西盟落户的一个重要原因在于政府对茶农的组织化。政府需要先组织农民形成连片成规模的茶园，才会引进茶企业，且根据企业的生产量，就近组织农户种植茶叶，在茶叶的种植过程中，政府也协助管理。青储饲料的种植同样如此，即按计划、成规模、统一技术和管理。

除组织生产外，政府的组织作用还体现在技术培训上，在西盟的脱贫中，农民技术的普遍提升是重要环节，西盟在短时间内实现了不同作物的种植农户技术的普遍提升，这除了西盟有大量的技术人员外，另一重要原因是政府能有效地将分散的农户组织起来，在这个过程中，各部门各层级的干部都起了重要作用，党员干部不仅要组织带领农民参加培训，还要负责他们学会，自己也需要学会。正是在这样的组织管理下，西盟的技术培训才效果明显。政府对产业推进的统筹、对农民生产的组织管理、对农民技术培训的组织不仅提高了农民的生产效率，也节省了企业的成本，同时也降低了农民和企业的风险，从而使双方能更好实现互惠互利的合作以及整个产业的持续性发展。

第三节　产业兴村例：富母乃寨脱贫记

勐梭镇班母村富母乃寨的发展和脱贫非常典型地反映了西盟产业扶贫政策的特征和优势。一方面通过传统主导产业、新育主导产业和特色产业的互相补充实现产业覆盖无遗漏，富母乃寨几乎没有传统主导产业，扶贫工作队就依据其地理气候特征发展了茶叶产业，参与到云岭牛养殖和中华蜂养殖产业中，并发展了冬农产业无筋豆，在这样几个产业的配合下，富母乃寨村民不仅实现了全村脱贫，且大有致富奔小康之势。另一方面，党的领导的优势，富母乃寨的产业扶贫也是西盟县统筹使用扶贫资金、统筹项目规划、统筹组织农户生产、党员示范带头、激发群众内生动力的扶贫示范村。

一、富母乃寨的贫困概况

勐梭镇班母村十四组，也叫富母乃寨，是纯拉祜族寨子，全寨现有 46 户 180 人，有水稻田 140 亩，旱地（种玉米）711 亩，林地 2655 亩，以及 300 多亩茶园，以种植玉米、甘蔗、稻谷、茶叶为主，小部分农户养猪、鸡、牛等。2014 年全寨经济总收入 39.02 万元，人均纯收入 2011 元，全年粮食作物面积 423 亩，产量 58813 公斤，人均有粮 352 公斤，茶叶种植面积 40 亩。到 2014 年时，富母乃寨农户大都住在草木房内，草木房以竹子和茅草搭建而成，房屋分上下两层，楼上住人，楼下为牲畜、家禽活动之所。房内无桌椅，竹席木板当床，也没有被褥，可算是一贫如洗。在 2015 年精准扶贫时，富母乃全寨都是建档立卡贫困户。

导致富母乃寨贫困的原因主要有三：一是因地质灾害和水库修建而两次搬迁消耗了家庭积累；二是拉祜族人不喜外出，全寨外出打工者较少，农业外收入少；三是农业生产技术落后，田地产出少，粮食作物亩产只有 100 多公斤，只能满足自己消费。精准扶贫之后，全寨实现了住房改造，茅草房、杈杈房被彻底消灭，人居环境得到彻底改善。但是，在基础极其薄弱的条件下，如何发展生产，实现从"输血式"扶贫转变到"造血式"扶贫则是西盟县政府、勐梭镇干部、班母村两委以及富母乃寨村民面临的更艰巨的任务。最终，在整个西盟县产业扶贫的带动下，富母乃寨在短短的几年内就实现了全寨脱贫，没有落下一个贫困户，可以说，富母乃寨的脱贫过程是整个西盟脱贫的缩影，富母乃寨的扶贫产业发展是整个西盟扶贫产业发展的缩影。

二、富母乃寨产业脱贫之路

（一）传统产业的提质

首先是对主要粮食作物补足种子和化肥。其次是扩大茶叶种植面积。富母乃寨位于海拔 1500 米的山上，年平均气温 19.6 摄氏度，适合种植茶叶，但精准扶贫前，因没有销路，其茶叶种植只有 40 亩，且主要是用于自家消费。精准扶贫后，依托附近新引入的茶厂，驻村扶贫干部以及村干部组织富母乃寨村民集中种植茶叶，使茶叶种植面积达 300 亩，因是新种，暂时还没有收益，但是茶叶收购价格稳定，除劳动力投入外，几乎无须额外投入，每亩可预期收益在 800—1250 元，平均每户可增收 6000 元左右。

在茶叶种植发展过程中，就充分体现了党领导下的组织、规划作用的优势。如果让农户自己去种植茶叶，销路肯定成问题，只能依靠政府去帮忙引进企业的合作，而企业之所以愿意与富母乃寨合作，则关键在于政府通过村组组织和党员的带头作用，将富母乃寨的茶叶种植规模化、标准化了，能很好地满足企业的要求，且因政府的这种强组织能力，也给企业提供了有保障的未来生产预期，降低了企业未来的风险，所以企业能放心地与农户合作。

（二）新产业发展带来的增收

1. 青储饲料种植

依托云岭牛产业项目，富母乃寨被分配了 200 亩左右的青储饲料种植指标，因云岭牛养殖还处于规模扩展期，对青储饲料的需求有限，青储饲料种植就先以建档立卡户优先，富母乃寨全寨都是建档立卡户，所以户户都有种植，一般每户种植 3—5 亩。青储饲料种植不需要多少管理，投入成本少，每亩差不多 5 斤种子、40 斤化肥，投入成本不超过 100 元，但每亩青饲产量在 3 吨左右，每吨价格为 350 元，所以每亩纯收益可达 1050 元，每户种 3—5 亩，只此一项，全寨户均就可增收 3150 元。

同样，在青储饲料的种植过程中，也充分体现了党和政府对产业的规划作用和对农民的组织作用。青储饲料的种植开始是动员难，如果没有政府的动员，农户自己很少会种植，那么就会影响云岭牛养殖产业的发展。而到了第二年政府的作用就是限制种植、按计划种植，因为第一年种植的高收益，促使很多农户都想种植，但以目前云岭牛的养殖规模，无法消化很多青储饲料，这时候，政府的规划种植又变得很重要。

同时，在整个种植过程中，也正是有政府的组织和技术人员的指导，才使青储饲料的种植能保证质量，且按时间、按规划完成收割和运输。整个种植过程都有驻村扶贫干部和技术人员的督促和指导，在收割环节，则是依据企业发放的收割单（收割时间和量），由驻村扶贫工作队和村组干部统一组织收割、运输和借款。这在降低企业的经营成本和经营风险的同时，也降低了农户的经营风险。

2. 养蜂收入

中华蜂扶贫项目中，政府补助富母乃寨贫困户234群中华蜂，贫困户通过村集体合作社将蜂群给丁氏蜂业进行托养，托养三年，三年内丁氏蜂业按第一年400元、第二年和第三年200元给贫困户分红，三年后贫困户可领回自养。所以第一年的养蜂分红收益是93600元，这些钱并不是直接打给贫困户，而是贫困户通过参与村庄的公益性岗位，以工资的形式来获得，同时，这些贫困户还必须参与养蜂培训并结业，以期三年后能实现自养。其实并未等三年后，现在政府已开始尝试给已结业的贫困户蜂群让其自养。除此之外，富母乃寨还有10人在蜂厂以学徒的方式打工，每月可获得2600元的工资收入。到目前，养蜂产业为富母乃寨平均每户增收8450元。

养蜂是作为富母乃寨脱贫致富的重要项目之一，为了实现这个目标，政府重点抓技术培训，希望通过技术培训能培养几个养蜂致富带头人。同时，养蜂项目也是富母乃寨重要的股金分红项目，依托此项目，富母乃寨成功地运行了脱贫工作委员会，实现了以参与村庄公益岗的方式以劳动换所得，极大地激发了富母乃寨群众的内生动力。

（三）特色产业的开发

经过农技局的专家对富母乃寨的光热和水源条件的考察，发现富母乃寨有的地块很适合种无筋豆，扶贫干部便积极推进富母乃寨的无筋豆种植。刚开始推进时，驻村干部开动员会就开了三次，反复做工作，最后种了37亩（适合种植无筋豆的地块总面积约85亩），涉及36户农户。为了降低农户的种植风险以及调动种植积极性，无筋豆种植由收购企业免费提供化肥、农药、种子、地膜等一应成本（这些成本最后包含在收购定价中），提供技术指导和服务，并保证以每斤 2 元的价格全收购。与之合作的企业之前在旁边县市种无筋豆，后发现西盟的部分地区种植无筋豆产量和品质更高，便将种植基地扩展到了西盟，所以技术、销售渠道等都是成熟的、稳定的。

在整个种植过程中，企业、农科局以及包村的农科站工作人员全程紧密跟踪，做技术指导，最后成功丰收，每亩农户的纯收益在4000 元左右。第二年，即 2018 年，还没等干部去动员，农户已主动上门来问，最后适合的 48 亩地都种上了无筋豆。无筋豆的生长期是100 天，刚好是冬天空地时期，不影响主粮作物的种植。通过无筋豆种植，富母乃寨平均每户增收 3000 元。

三、富母乃寨二妹的脱贫致富

二妹是一名"95 后"，家里三代都靠种地维生，初中毕业后，二妹也曾怀着梦想，到江苏、澜沧等地打工，卖包、端菜、搬砖等什么活都干过。但因为学历低、没技术、普通话说得也不好，不仅拿的工资低，而且也经常被人瞧不起，甚至还被骗过。

2015 年对二妹来说是更难过的一年，因为这一年二妹的父亲得了肝腹水，给本已经贫困的家庭造成了严重打击，这种打击不仅是经济上的，更是精神上的，因为父亲是整个家庭的经济支柱也是这个贫困家庭的精神支柱。在父亲生病后，其母亲的精神也出现了问题。没办法，二妹只好停止打工，带着几年积攒下的 3200 块钱回到家，照顾父母。经过治疗和照料后，二妹母亲的病基本好了，但父亲的病还是不见好转，二妹只能在地里拼命干活，可仅靠土地的收入，即使二妹使尽了所有力气，对家庭现状的改变也是微乎其微。二妹也曾试图寻找其他出路，曾想过去镇上开个小卖部，可连租铺面和进货的钱都没办法凑够。

命运的转机来自扶贫的一对一帮扶政策，县里的郑总队长带着村党总支和工作队到组里开展"党员一带一"活动，在了解到二妹家困难后，安排扎莫副组长对二妹进行结对帮扶。听说蜂场招工，扎莫就带二妹到蜂厂打工。刚开始，二妹是临时工，只负责给蜂场抬箱、砍草，但二妹是个聪明有心的姑娘，经常在收工后，花很长时间观察蜂箱里的蜜蜂，看它们和村里树洞里养的蜜蜂有什么不一样，也仔细观察蜂厂里的技术员怎么养这些蜂，慢慢地，二妹也开始钻研养蜂技术，开始跟技术人员学习养蜂。虽然开始只是学习搬箱、开盖、铺油纸等简单的事情，但很快二妹就学会了培育蜂王、分群以及其他技术要领。现在的二妹已然成了一个养蜂专家。

有了技术后的二妹每年能有 3 万多元的收入，二妹用她的工资收入给父母买了智能手机，以方便联系照顾他们，还带了一群寨子里的小姐妹一起到蜂场打工。2018 年富母乃寨成立了脱贫工作委员会，二妹因勤奋的工作态度、积极的生活态度和饱满的工作热情被推选为脱贫工作委员会成员，现在，二妹每天都很忙，不仅要做好自己的养蜂工作，还要做好脱贫工作委员会的工作，同时，二妹还被选为脱贫致富带头人的预备人员，准备参加养蜂强化班的培训。不仅如此，二妹还在积极学习网站管理技术，打算开一个自己的网店，将西盟的特产推广出去。现在的二妹很充实、也很自信，每天都干劲十足，按她的话说，就是每天都过得有希望。

第七章

持续发力迎乡村振兴

西盟县委书记带领全县干部进行了打赢脱贫攻坚战的宣誓，在党员干部和人民群众的艰苦努力下，终于打赢了脱贫攻坚战，实现了光荣脱贫。但这不是西盟党员干部工作的结束，而是另一篇章的开始，即实现乡村振兴，不仅要让西盟的人民脱贫还要让西盟的人民富起来。

其实在制定西盟脱贫攻坚战的战略时，西盟县政府就高瞻远瞩，将脱贫的系列方案立足于乡村振兴的长远目标，进行的是长远规划，从而在实现脱贫后，只需按原路径持续发力即可顺利接上乡村振兴之路。比如，在制定产业发展规划时，就不仅仅是培育一些脱贫产业，还包括对传统主导产业的提质，将大量的精力和资金放在传统产业的技术培训和产业发展上，其目的就不仅仅是帮助贫困户脱贫，而包含着促进整个西盟产业的发展和兴旺。同样，在做技术培训的规划、实施技术培训时，想的也不仅仅是贫困户的技术升级和脱贫，而是整个产业的升级，所以技术培训的对象也扩展至了非贫困户，这是为振兴产业打人才基础。为此，西盟县不仅做了乡村振兴的总体规划，且为实现产业振兴做了生态、人才与组织方面的准备。

第一节　思路与规划：高瞻远瞩全面部署

党的十九大提出的乡村振兴包含"产业兴旺、生态宜居、乡风文明、治理有效、生活富裕"五个方面的整体要求。西盟根据自身的资源环境条件、产业结构、社会特征,提出了着力打好"绿色食品牌、美丽宜居牌、健康生活牌",走中国特色社会主义乡村振兴道路,让农业成为有奔头的产业,让农民成为有吸引力的职业,让农村成为安居乐业的美丽家园。将良好的生态环境基础作为优势和出发点,守住青山绿水,并让其变成金山银山,从而实现产业振兴和人民宜居。为了顺利展开乡村振兴工作,西盟县政府制定了乡村振兴战略的实施方案,对西盟县的乡村振兴作了总体规划和部署。

其总体规划是瞄准2020年、2035年、2050年的"三步走"目标,通过规划引领,优化村庄布局,集合项目资源,分类有序推进乡村振兴。结合城市总体规划、土地利用总体规划和生态环境建设规划,以村为单位,坚持一村一特、以业为基、以山为魂、以绿为景、错落有致、环境优美、协调一致、功能齐备的原则,自下而上,对全域乡村的空间形态、产业布局、生态保护、基础设施、公共服务、建设项目等进行全面提升完善。在总体规划下,又做了产业发展、组织发展等具体规划和部署。

一、基础设施建设规划

西盟的基础设施建设的落后极大地制约了西盟各产业的发展。首先是影响了农业生产的发展,因道路和水利条件的限制,很多地方的农业生产都受到了限制。比如,甘蔗产业的发展,需要良好的道路条件以便运输,否则就是种了甘蔗也运不出来。如果能有较好的灌溉条件,西盟的农业产业结构调整就能有巨大空间,一些特色产业就能扩大范围,比如收益很高的无筋豆种植,如果能解决灌溉问题,西盟将不只限于现在的少数地区。其次也影响了西盟农产品的销售,西盟有很多富有特色的农副产品,比如野生灵芝等各种药材以及一些特色农产品尤其是生鲜农产品,因受交通条件制约很难走出西盟。最后是对旅游产业发展的制约，适宜的气候、优美的风景、丰富的民族文化等，西盟很适合发展旅游业，但因交通不便极大地制约了其发展。所以，西盟的乡村振兴，需要基础设施建设先行。西盟县政府打算紧紧抓住城市公共基础设施向乡村延伸机遇，加快推进农村基础设施建设步伐，着力补齐农村发展短板。

一是针对农业生产进行基础设施建设，对最适宜的农作物区域和能形成规模化高效集群的产业区，全面加强田、土、水、路、林、电等的建设和改造。

二是生活设施建设。突出"四好"农村公路建设，到 2020 年，村组硬化路 100%，乡镇争取启动二级公路建设 1—2 个项目，瑞孟沿边高速公路县域段基本建成。加快永不落水库扫尾工程建设，按施工计划稳步推进东朗河（小一型）、哥老哨（小一型）水库、永业（中型）水库项目建设及病险水库、引调水、跨界河流治理、班母清洁型小流域综合治理等一批重点项目前期及立项审批工作，逐步完善"五小水利"建设，加强水资源合理调配使用。实施农村饮水安全巩固提升工程，着力提高自来水普及率、供水保证率、水质达标率、城镇自来水管网覆盖行政村比例。加强山区旅游景点的电信、移动、联通等基础设施建设。加快新一代移动通信网络、下一代互联网、下一代广播电视网的建设和融合。继续实施农村危房改造，县乡镇民族特色风貌改造，景观亮化设施建设改造，清除道路两侧生活垃圾、电力及通信线网清理等多项工程。加大保障性质的政策性住房供应力度，切实解决低收入、住房困难家庭的居住难题。

三是乡村公共服务设施建设。扎实推进农村"厕所革命"，确保 50 户（含 50 户）以下的村庄至少有 1 个卫生公厕，51 户以上的村庄至少有 2 个卫生公厕。配套配全农村敬老院、幼儿园、村民活动室、村史室、党员电教室、农家书屋、卫生室、自选商场、养殖小区、畜禽防疫室、垃圾和污水处理设施等公共服务设施。到 2020 年，建成建制村综合文化服务中心 36 个以上。

二、产业发展规划

坚持质量兴农、绿色兴农和宜粮则粮、宜果则果、宜蔬则蔬、宜游则游的原则，以农业供给侧结构性改革为主线，用工业化理念谋划农业，构建起一产为稳增根基、二产为强增核心、三产为扩增抓手，依托"互联网+"促进农村一二三产业融合发展，大力培育农村新型经营体。实现产业增产、农民增收、企业增效、财税增加、绿色生态。

（一）构建现代农业产业体系

围绕市场需求，按照稳粮、优经、扩饲的要求，加快粮经饲全面协调发展，完成粮食生产功能区和重要农产品生产保护区划定工作，积极推进农牧、种养加旅游协调发展。提高产业布局科学性，把经济作物种植在最适宜区，聚焦发展橡胶、茶叶、甘蔗、畜牧、民族文化旅游五大主导产业，培育壮大云岭牛、中华蜂产业，并延长产业链，增加产品附加值；到2020年，力争全县建有机茶园认证面积达10000亩，新建和改扩建标准化茶叶初制所4个；加强冬季农业开发，培育壮大米荞、咖啡等特色农业，着力构建粮经饲协调、农林牧渔结合、种养加一体的现代农业结构，引领农业中高端发展。巩固提升核桃、坚果、咖啡等特色农产品种植，到2020年，发展种植核桃2000亩，咖啡8000亩，坚果6000亩。在符合西盟县土地利用总体规划的前提下，开发观光旅游、休闲旅游农业。

（二）构建现代农业组织体系

发挥"村民小组脱贫工作委员会"的组织作用，围绕全县产业扶贫举措，经过村民大会同意，把单个农户的土地等生产资料联合起来形成合力，把产业扶贫资金整合起来形成资产，抓实"股份联结、劳务联结、订单联结、租赁联结、保险联结、激励联结"等方式形成利益联结，实现资产（资源）变股权、资金变股金、农民变股民、收益有分红，提高群众生产的组织化程度，为实现农业产业化提供组织保障。

（三）构建现代农业生产体系

用现代物质装备农业，用现代科学技术提升农业，用工业化理念谋划农业，不断改善农业生产的物质手段和技术手段。一是确保全县耕地保有量稳定在 20 万亩，永久基本农田划定保护面积 19 万亩。二是至 2020 年，全县高标准农田面积不少于 500 公顷。三是创新农业科技研发推广体制机制，提高单位面积出产率。到 2020 年，科技贡献率达 47% 以上。四是改善农业装备条件，到 2020 年，综合农业机械化水平达 43% 以上，高效灌溉面积达 7.1 万亩以上，灌溉率 50%。五是加强基层农技推广体系建设，完善县、乡、村三级服务体系建设。

（四）构建现代农业经营体系

坚持走规模化经营的道路，加快推进"新型经营主体+基地+农户"的生产经营模式，扶持农户发展生态农业、设施农业、休闲农业、订单农业、定制农业，充分应用好现代物流电商，扩大销售渠道。积极培育种养大户、家庭农场、农民专业合作社、龙头企业等新型经营主体。大力打造名优产品，围绕茶叶、米荞、肉牛等产业，集中力量培育，做好"特色"文章，打造具有西盟特色的农业"金字招牌"，力争突破西盟品牌为零的局面，注册特色农业商标每年不少于 1 个，大力塑造"绿色牌"，推动农业生产方式"绿色革命"，力争新认证"三品一标" 1 个以上，有机和绿色认证农产品生产面积有一定的增长。推进农产品冷链物流体系建设。建设好肉牛、蜜蜂良种扩繁基地。培育各类专业化市场化服务组织，推进农业生产全程社会化服务，帮助小农生产节本增效，提高抗风险能力。积极发展"互联网+现代农业"，提升信息进村入户水平，推行"公司+""超市+""电商+"等经营模式，支持农村发展电商，推进农产品线上销售，实现农产品"下山、进城、上网"。

（五）推进乡村旅游业健康发展

结合山区资源优势和世界佤族文化保护区及民族文化，突出"一村一幅画、一乡一特色、一县一公园"，打造好以佤族文化为代表的旅游村，建立佤宴飘香人家、傣香人家等具有特色的民族文化及茶文化旅游景点。

三、美丽乡村规划

牢固树立"绿水青山就是金山银山"理念，建立健全生态系统保护制度体系，推动乡村自然资本加快增值，实现百姓富和生态美的统一，建设一大批小而美、小而干净、小而宜居的美丽村庄，推进乡村绿色发展。

（一）开展全域绿化

实施新一轮退耕还林工程，到2020年实施11600亩以上。以东郎河、南归河流域、交通沿线、旅游景区生态建设为重点，全面开展大地景观再造行动。完善公益林生态保护机制，健全以自然保护区、龙潭公园、森林公园为重点的生态保护体系，构建生态廊道和生物多样性保护网络。健全治土、治水、治污、增绿的长效机制。严格落实以河长制为主的"三级河长制"。

（二）美丽宜居乡村建设

2018年全面完成农村危房改造工作。突出地域特征和民族特色，全面提升村庄整体风貌，按照成熟一个村的方案打造一个村的原则，打造一批"鲜花芳香村庄"。对列入国家传统村落名录的村庄，坚持"修复原貌，体现特色"的原则，依托国家扶持项目提升村庄风貌，把村庄打造成旅游特色村，实现传承与发展并重；对已完成整村危房改造的村庄，通过一事一议，提升完善村庄风貌，并在村与村之间布局公益设施或旅游景点，形成带状和片状发展格局；对新实施的易地搬迁村，一步到位建成美丽宜居村庄；对县城、乡镇政府所在地的村、"千户村"和小集镇，整合相关项目重点实施管网入地、排污工程，配全村庄功能，同步实施绿化、美化、亮化工程。加快推进洁净村庄、洁净庭院创建工作。

（三）农村人居环境整治

深入实施农村人居环境整治三年行动，统筹整合各类资源，重点整治农村"脏乱差"等突出问题。推行环境卫生"四级联动"，全面构建室内户外户清扫（每户有一个垃圾桶）、村收集（每村组有一个垃圾收储设施）、乡清运（每个乡镇有一辆垃圾收运车辆和转运站）、县处理的环境卫生整治工作机制。认真开展城乡河道、沟渠、库塘、道路、林带、田园、旅游线点整治，营造整洁优美的生产生活环境。加强农村环境监管能力建设，落实县乡两级农村环境保护主体责任，有效防范和坚决遏制各类污染事故发生。健全农村公益设施管护机制。坚持"谁受益、谁管护"的原则，以自然村为单位，建立责任明确、制度健全、措施有力的农村基础设施管护机制，积极探索市场化管护、专业化管护、社会化管护和安排公益性村庄保洁员、公共厕所保洁员、道路护理员等岗位模式，确保每个自然村有护管措施，实现村组干部、管护人员、全体群众三级联动。

四、文明新风规划

乡村振兴，既要塑形，也要铸魂。坚持物质文明和精神文明一起抓，培育文明乡风、良好家风、淳朴民风，改善农民精神风貌，不断提高乡村社会文明程度，焕发乡村文明新气象。

（一）加强农村思想道德建设

以社会主义核心价值观为引领，结合"党的光辉照边疆，佤山人民心向党"实践活动，深入开展习近平新时代中国特色社会主义思想宣传教育，推进社会公德、职业道德、家庭美德、个人品德建设。以建制村为单元，建好用好村史室、讲习所，广泛宣传党的路线、方针、政策，引导群众听党话、感党恩、跟党走。深化"文明家庭""最美家庭""十星级文明户"及"好邻居""好婆婆""好媳妇"等文明创建活动，提升农村文明素质和文明程度。

（二）传承发展提升农村优秀传统文化

整理、保护和传承好县内非物质文化遗产和农村优秀传统技艺、传统美术、民族歌舞、民族节庆、民族体育、民间文化。每年创作出一批体现时代风尚和地域特色的优秀剧目，推出一批讲好西盟故事、表现人民大众、反映时代风貌的优秀影视作品。加强文物古迹、传统村落、民族村寨、传统建筑、农业遗产保护等工作。

（三）开展移风易俗行动

加强无神论宣传教育，遏制封建迷信，丰富农民群众精神文化生活。发挥"村民小组脱贫工作委员会"、村规民约的积极作用，按照省纪委、监察委明确规定的农村操办婚丧喜庆事宜，宴请总人数控制在 200 人、20 桌以内，宴请每桌菜品不超过 12 个，每桌费用控制在

200 元以内，赠送礼金或礼品价值不超过 100 元等内容融入村规民约，引导群众养成健康文明的生活方式，树立文明新风。深化农村殡葬改革，大力倡导厚养薄葬；开展迁坟行动，建立农村公墓，全面清理寨子内影响村容村貌的老坟；落实火化制度，推行树葬或草坪葬。党员干部做表率，坚持把《西盟公约》融入行业规范、职业守则、村规民约、村民公约等各类行为规范，特别是要把法治观念、诚实守信、自力更生、革除陋习等观念植入人心。

（四）加强乡村综合治理

完善干部联村维稳制度，加快推进农村社区网格化管理，2018 年实现农村社区网格化管理全覆盖。完善村民小组脱贫工作委员会工作机制。"村民小组脱贫工作委员会"履行好管理监督作用，对积极遵守《村规民约》，在乡村振兴中作出表率和贡献的村民，推荐到村、乡镇给予政策、项目、资金等方面倾斜，在村民代表大会上通报表扬和张榜公示，并给予一定物质奖励；对有的贫困户依赖思想严重，不参加公共事务、不按要求发展产业，甚至阻挠脱贫等行为，视情节严重和造成影响，在村民代表大会上通报批评和张榜公示，并给予一定的经济处罚。深入开展扫黑除恶专项行动和禁毒防艾行动，严厉打击农村黑恶势力、宗族恶势力，严厉打击黄、赌、毒、盗、拐、骗、邪教等违法犯罪，加强"三非"人员管理。抓好平安乡村、无邪教乡村、民族团结进步示范乡村创建活动。

（五）建设法治乡村

坚持自治、法治、德治"三治结合"的原则，推动法治乡村建设。加大农村普法力度。组织"普法小分队"进村开展"以案释法"普法宣传，深化推进法律"六进"。引导人民群众增强尊法学法守法用法意识，全面形成办事依法、遇事找法、解决问题用法、化解矛盾靠法的法治良序。2018 年全面完成所有自然村村规民约和建制村村民自治章程的建立完善工作。健全公告公示制度，推行村级事务阳光工程。加强农村公共法律服务体系建设，形成覆盖城乡、功能完备、便捷高效的公共法律服务网络体系。加快推行村级法律顾问，到2020年实现全县建制村法律顾问全覆盖。

五、基层组织与民生保障规划

（一）基层组织建设规划

突出强化政治功能，以提升组织力为重点，把村级党组织建设成为坚强的战斗堡垒，推动农村党的基层组织有效嵌入各类组织，农村党的工作有效覆盖各类群体。

第一，集聚组织力量。按照全覆盖组建的要求，在7个乡镇党委全面建立青年党支部，将农村青年党员、创业致富青年带头人等纳入青年党支部进行培养，确保每个村（社区）至少有2名高中（退伍军人初中）以上、35岁以下后备干部、优秀青年农民党员，为村级组织培养输送人才，实现村级党组织振兴。

第二，完善工作机制。健全基层党组织和党领导下的动员群众机制。健全农村重大事项、重要问题、重要工作由党组织讨论决定的机制。积极稳妥推进基层民主，建立健全党组织领导下的村（居）民自治机制、民主协商机制、群团带动机制、社会参与机制，以党的基层组织建设带动其他各类基层组织建设，让基层党组织成为群众的"主心骨"。深入实施集体经济强村工程，推广强基惠农"股份合作"经济模式，不断发展壮大村级集体经济，着力解决村集体无钱办事的难题。牢固树立"人往基层走、劲往基层使、钱往基层投"的导向，全面落实村级组织运转经费保障政策，全力推行村（社区）干部报酬正常晋升机制，逐步提高村干部基本报酬标准，激发基层干事活力。

第三，强化廉政建设。围绕"一年典型引领作示范、两年全面规范强基础、三年巩固深化见成效"的要求，持续整顿软弱涣散村党组织，到 2020 年 100% 实现创建达标。推行村级小微权力清单制度，加大基层小微权力腐败惩处力度，严厉整治侵害农民利益的不正之风和腐败问题。

（二）民生保障规划

围绕增收目标，在提高保障质量的同时，高度关注弱势群体，全面激发群众内生动力，实现共同富裕。

第一，优先发展农村教育事业。2018 年全面消除薄弱学校，到 2020 年，创建 1 所省级示范性幼儿园。加快发展农村学前教育，推进农村普及高中阶段教育，加强县职业高中职业教育，探索与养殖企业（云南丁氏蜂业工贸有限公司）开设基地养殖培训课程，提高就业率。以县为单位，推动优质学校辐射农村薄弱学校常态化。统筹配置城乡师资，并向乡村倾斜，加强乡村教师队伍建设。将进城务工人员随迁子女义务教育纳入城镇教育发展规划和财政保障范围，依法保障随迁子女平等接受义务教育。

第二，加快推进健康乡村建设。强化农村公共卫生服务，加强慢性病综合防治，大力推进农村地区精神卫生、职业病和重大传染病防治。加快推进以县级医院为龙头、乡镇卫生院为枢纽、村卫生室为基础的县乡村医疗卫生服务一体化医疗共同体建设，促进优质医疗资源和医疗服务下沉，2018 年实现全覆盖。实施县级公立医院提质达标晋级工程，全面提升县级医院服务能力，到 2020 年使其达到国家《县医院服务能力基本标准》。实施标准化卫生院基本设备补短板项目，开展卫生院等级评审，创建成为"群众满意的乡镇卫生院"。提升基层医疗卫生机构中医药服务能力，加快推进县级中医院建设工程，100% 的乡镇卫生院设立中医馆。加快推进远程医疗"乡乡通"工程，到 2020 年，远程医疗服务覆盖所有乡镇卫生院。深入开展乡村爱国卫生运动，创建卫生乡镇、卫生村。

第三，加强农村社会保障体系建设。根据国家、省、市政策要求，按规定及时调整城乡居民基本养老保险待遇。推进城乡低保统筹发展，建立城乡低保动态调整机制。加强农村养老服务体系和残疾人康复、供养托养设施建设，积极探索农村社区养老服务试点工作。落实社保扶贫政策，确保符合条件的建档立卡贫困户家庭成员100%参加基本养老保险。做好农村社会保障兜底工作。推进全民参保计划，健全完善农村留守儿童和妇女、老年人以及困境儿童关爱服务体系。城乡居民基本医疗保险和大病保险参保率达95%以上，城乡基本医疗保险参保率达95%以上。

第四，促进农村劳动力转移就业和农民增收。到2020年，全县完成农村劳动力培训4万人次以上，其中技能培训5000人次以上，累计实现农村劳动力转移就业3万人次以上。利用市场化、资本化途径，激活农村房屋、土地等资源要素的内在价值，使其产生租金、红利等收益，提高农民财产性收入。提倡村集体和农户通过入股或合作等方式，组建农房出租协会、乡村旅游协会，与工商资本合作，盘活闲置资产，大力发展村级集体经济，增加农民收入。

第二节　核心与关键：持续发力振兴产业

产业兴旺是乡村振兴的核心，只有实现了产业兴旺，乡村振兴才有基础和后续力。而西盟的农业县特征以及优越的自然条件使其更适合以农业产业发展为主要抓手，在振兴农业产业基础的同时，围绕农业产业来发展二、三产业，推动产业扶贫的发展。现在西盟已具有这个基础和条件，而西盟县政府也出台了系列三年计划，以持续发力迎乡村振兴。

一、生态固根本

保护生态环境无论是对西盟的生态宜居建设还是产业振兴都有着极其重要的意义。首先，西盟本身气候宜人、风景优美、环境优良、自然资源丰富，在扶贫攻坚中，基础设施建设和居民的住房条件也都得到了极大改善，可以说，西盟现在基本已经实现了生态宜居，现在要做的就是保护这天然具有的宜居条件。其次，良好的生态环境是西盟诸多产业的基础，生态环境被破坏了，也就破坏了这些产业的发展基础和发展潜力。

西盟的五大支柱产业中就有三个依赖西盟的生态基础，一是有机茶叶，茶叶是西盟的传统产业，西盟县政府想依靠有机茶叶的特色和品牌将其作为西盟未来的主要产业之一，发展有机茶叶就必须要有良好的生态基础。

二是中华蜂养殖，西盟的蜂蜜品质优异，并能获得农业博览会优质农产品奖，主要依靠的就是西盟丰富多样、无污染的蜜源以及中华蜂的蜂种。如果生态环境被破坏，西盟的中华蜂养殖将无以为继，所以西盟县政府将中蜂养殖作为主导产业之一的同时，也出台了相应的政策以保护蜜源以及中华蜂。

三是旅游产业，除了民族文化之外，西盟的自然风光和优良环境也是其重要旅游资源。除了支柱产业外，西盟的一些特色产业更是依赖良好的生态环境，如西盟独有的米荞就对环境极其敏感，一旦有农药污染等就无法生长，以及灵芝、野生菌、药材等也都是对环境敏感的品种，它们对环境的挑剔恰恰也成了西盟的优势，从而成就了西盟的产业优势。

对西盟来说，青山绿水真正就是金山银山，生态环境保护可以说是西盟产业振兴的根基。正是基于这种认识，西盟县政府在乡村振兴规划中，在产业振兴战略中都非常重视生态环境保护，并依据生态扶贫政策落实退耕还林还草政策，落实天然林、生态公益林等补偿政策，积极发展特色林产业。

二、人才固实力

技术培训不仅在西盟的产业扶贫中起了核心作用，也将是进一步产业振兴的关键环节。一是只有经过技术培训，让农民掌握了技术才能实现农民的持续增收。二是只有农民掌握了技术，才能有产业高质量的持续发展。三是只有农民掌握了技术才能更多参与到产业的发展中，分享产业进一步发展的红利，而不是越来越被边缘化。在产业扶贫中，因时间、人力和财力的限制，各项技术培训或只是针对贫困户，或优先贫困户，并未能普及所有农户，并且多是初步的技术培训。如果想要产业的进一步发展以及农民的致富，则需要从覆盖面和深度上进一步加强农民的技术培训，一是将技术培训覆盖所有农民，二是进一步的科技提升，即技术的深化。

除农民的素质提升外，干部素质和能力的进一步提升也很重要，以使干部的思想觉悟和能力跟上产业发展的步伐和乡村振兴的要求。同时，还需要强化教育以及技术人才的引进等，这是又一个系统工程。为此，西盟县政府出台了《西盟佤族自治县脱贫攻坚巩固提升三年行动人才精准扶贫实施方案（2018—2020年)》，以充分发挥各类人才在促进贫困地区经济社会发展中的积极作用，加快贫困地区脱贫致富步伐。

（一）扶持一批致富带头人

一是党员创业和致富带头人扶持。依托"基层党员带领群众创业致富贷款""强基惠农股份合作经济""扶贫小额信贷"、贷免扶补等政策，加大党员创业和致富带头人支持扶助力度，加强党员、致富能手、村组干部"三培养"，着力把村级党组织建设成为带领群众脱

贫致富的坚强战斗堡垒。（责任单位：县委组织部牵头，县扶贫办、县农村信用联社配合）

二是种植养殖大户和专业合作社帮扶。县农业和科学技术局、县人社局、县工信局、县供销社和各乡镇围绕特色产业、优势产业，支持种植养殖大户，采取"党支部+合作组织+农户"形式，创建规范化农民专业合作社。引导、帮助建设电商平台，发展"互联网+"商业模式，拓宽销售渠道，扩大特色农产品销路销量。（责任单位：县农业和科学技术局牵头，县人社局、县工信局、县供销社、各乡镇配合）

三是大学生村官创业帮扶。从 2018 年起，选聘的大学生村官，重点分配到贫困村任职，担任村党组织书记助理、村主任助理。将非贫困村的在岗大学生村官调整到贫困村工作，加大贫困村大学生村官的选派力度。把大学生村官创业作为培养大学生村官、推动农村发展的载体性工程，不断完善工作举措，增强他们扎根农村、服务基层的信心。（责任单位：县委组织部，县人力资源和社会保障局配合）

四是中小微企业创业人员帮扶。加大对中小微企业创业人员的培训，每年不少于 2 人。加强农村职业经理人、农民经纪人队伍建设，推动"大众创业、万众创新"，提升我县企业经营管理人员能力素质。（责任单位：县工信局）

（二）培养一批农村基层人才

一是贫困村党组织书记集中轮训。每年对贫困村党组织书记集中轮训一遍，对村党组织书记开展现代科学知识、信息技术知识、各类实用技术、富民主导产业等新知识新技能的培训，增强轮训工作的针对性和实效性。（责任单位：县委组织部）

二是扶贫村产业人才培养开发。依托云南农业大学、云南农村干部行政学院等培训机构，按产业类别对贫困村的合作社、协会产业骨干、"强基惠农股份合作经济"产业骨干开展精准扶贫能力专题培训，采取专题辅导、经验介绍、实地观摩、案例剖析、讨论交流、菜单选学等方式，每年培训10名左右，使每个贫困村都有一批能够示范指导和带动特色产业发展的"技术型"农民。（责任单位：县农业和科学技术局）

三是农业科技骨干培训。依托高职院校、农业学校、职业高中，建立紧贴产业、具有特色、管理规范的人力资源开发示范基地，通过举办培训班、"订单式"培养等方式，培训农业科技骨干。（责任单位：县农业和科学技术局牵头，县人力资源和社会保障局、县教育局配合）

四是农村实用人才培训。新型职业农民培育、新型农民科技培训、"绿色证书"培训、"百万中专生计划"、农村劳动力转移培训、基层农技人员培训等项目，举办专门的培训班，努力实现实用人才"应培尽培"。（责任单位：县人力资源和社会保障局、县农业和科学技术局共同负责）

（三）输送一批优秀人才服务基层

一是选派驻村扶贫工作队。依托"挂包帮""转走访"工作，每年选派一批优秀副科级领导干部到乡镇任驻村扶贫工作队副总队长。选派一批35岁以下、基层工作经历不满两年，或经历单一的副科级优秀干部和科级后备干部，到扶贫任务最重的贫困村挂职，任村党组织第一书记。（责任单位：县委组织部）

二是选派科级干部到贫困乡镇挂职。从县直部门下派一批乡（科）级优秀干部到乡镇挂职，督促驻村扶贫工作队落实好扶贫攻坚任务，协调县乡镇相关单位开展好联村联户行动。（责任单位：县委组织部）

三是选派专业技术人才服务基层。选派一批县里具有中级以上（含中级）职称的专业技术人员或具有执业医师资格的卫生技术人员到乡镇企事业单位专业技术岗位上从事服务工作。依托国家"三区"

人才专项支持计划，继续落实选派科技特派员，每年县内选派的科技特派员不少于1人，重点开展科技帮扶，推广先进技术，培养实用人才。（责任单位：县人力资源和社会保障局牵头，县农业和科学技术局、县教育局、县卫计局配合）

四是推动教育人才下基层学校。实施优质学校帮扶薄弱学校制度。每年选派一批优秀校长、优秀教师和县级教学名师到边远贫困地区农村学校任职任教，引导优秀校长、优秀教师和骨干教师向农村学校、薄弱学校有序流动。同时，县里的学校要有计划地接纳农村教师进行跟班学习，时间可为半年或一年。通过县、校级骨干教师与农村教师实行"一帮一"形式，进一步提高农村教师的教学水平和教育教学能力。（责任单位：县教育局）

（四）引培一批急需紧缺人才

一是基层专业人才对口培养。适当放宽资格条件，每年选派农业、教育、卫生、林业的专业技术人才到省级、市级对口单位进修。选派人数不少于年度选派数的70%。（责任单位：县委组织部）

二是搭建基层专家工作站。围绕贫困地区支柱产业、特色产业以及有发展潜力的产业，每年遴选一批企业，帮助申报建立基层专家工作站，柔性引进一批省级专家，助推企业发展。力争5年内有2家以上的基层专家工作站。（责任单位：县人力资源和社会保障局牵头，县农业和科学技术局配合）

三是开展专家服务团智力帮扶。围绕我县支柱产业和特色产业发展，每年遴选一批项目，开展省委、市委联系专家组团服务基层活动。按类别组团，深入基层开展技术支持和业务指导，通过带人才、带项目、带技术、带科研成果，扶持重点产业，扎实推进全县精准扶贫。（责任单位：县委组织部牵头，县人力资源和社会保障局配合）

四是科技成果转化激励。建立科技成果转化服务平台，推动科技成果在贫困地区落地转化。依托贫困地区、民族地区和革命老区人才计划科技人员专项计划，引导贫困地区科技人才创新创业。支持鼓励基层农业科技等专业技术人才在岗领办、创办多种经济实体，或以专利技术入股、提供智力服务等形式，参与经营所得的收益分配。

三、组织固动力

村组在西盟的产业发展中发挥了重要的组织作用，其将农民组织起来，从而增强了农户的生产能力和效率，也降低了企业与农户对接的成本和风险，从而促进了整个产业的发展。为进一步巩固扶贫成果，促进产业的进一步发展，以实现农民致富和乡村振兴的目标，西盟县政府认识到，一直靠政府来主导是不可行的，必须要激发农民的内生动力，调动农民的积极性，让农民自己想去致富，积极投入到产业发展中来。为此，从 2018 年开始，西盟县政府三管齐下，通过村集体经济增强集体组织能力、通过脱贫工作委员会激发农民内生动力、通过技术培训培养致富带头人来为产业发展提供持续动力，为下一步乡村振兴打下基础。

可以说，脱委会不仅仅是一个动员农民和贫困户的组织，更是一个基层管理组织、基层生产组织。不仅在农民的内生动力的激发上发挥重要作用，更是在农村社会治理以及产业发展方面发挥着重要作用。脱贫工作委员会制度虽然从 2018 年才建立，但已经起到了明显的效果。与脱委会相得益彰、相互补充、相互促进的另一组织就是村集体经济组织。对于西盟的村组来说，发展村集体经济不仅是增强村庄治理能力的重要手段，更是脱贫工作委员会和扶贫产业发展的重要支撑。

第一，激发农民内生动力的重要举措就是建立与劳动相联结的分配机制，即根据按需设岗、按岗定酬、绩效挂钩、按劳分配原则，将县肉牛养殖、中蜂养殖、生猪托管寄养等财政支农资金支持资产收益扶贫项目形成的集体经济收益分配，与贫困户从事公益性岗位相挂钩，引导贫困户通过从事公益性劳动获得资产收益分红，不断激发贫困群众脱贫的内生动力。在这个过程中，建立的村集体合作社在企业与扶贫资金或资产的对接、资产收益与贫困户的对接中发挥着不可或缺的作用。每户的资金或资产需通过村集体（合作社）整合入股企业，资产分红需通过村集体运作才能得当得益地分配下去。同时，村集体通过这个过程形成了对村庄治理的能力，也找到了治理村庄的抓手。

第二，脱贫工作委员会的运作需要资金，对脱贫工作委员会成员的激励工资发放、爱心超市的运作以及其他对积极分子的鼓励都需要一定的资金，靠政府拨款和社会援助不是长久之计。如果村集体有自己的收入，在激发农民内生动力的工作中就能有更多的发挥空间、更多的创新余地。所以说，脱贫工作委员会的运作离不开村集体经济发展，集体经济的发展是增强村庄组织能力的基础。

第三，村集体经济的发展、脱贫工作委员会以及村庄的组织能力是一体的，是相互强化的关系。在这个过程中，也增强了村组组织对农户生产的动员、协调和组织的能力，从而有助于推进产业的进一步发展。比如，对村庄中致富带头的培养，不仅包括对致富带头人的思想动员，还包括对致富带头人的技术培训，以及对致富带头人的扶持帮助，是一个系统而持久的工程。但如果有村集体经济的支持以及脱贫工作委员会的组织，就不会成为难题，而能成为一项常规性工作。

第四，村集体经济的发展本身就是产业发展的一部分，村庄集体经济的发展壮大可构成脱贫以及乡村振兴的重要力量。

总而言之，在脱贫攻坚取得胜利的最后阶段，西盟县政府进一步进行了组织创新，为下一步的乡村振兴战略打下了良好的组织基础。

第八章

西盟脱贫经验总结

西盟佤族自治县从扶贫角度来说，其贫困的最大特点是"直过民族"前提下的素质型贫困，"直过民族"的社会基础构成了其贫困的直接原因，但"直过民族"的社会特征以及中国共产党在当地的深厚群众基础也形成了其扶贫的独特优势。西盟各民族团结互助、和谐共进，各族群众"跟党走"的统一思想认识使扶贫工作能更为顺利进行群众动员；中国共产党长期扎根当地群众工作，为西盟扶贫铺垫了道路；均质的经济条件、低度的社会分化、相似的社会经历等特点，让西盟的扶贫更容易进行整体规划、统一推进，实现全县扶贫一盘棋；近乎原始的生态资源环境和丰富的民族文化，为扶贫产业的发展提供了基础；质朴的民风、传统的村落共同体生产生活方式、较强的凝聚力构成了扶贫丰富的社会资本。西盟县党委和政府在深度了解西盟的制约条件和优势条件的基础上，充分发挥了党组织、党员以及群众的力量，挖掘当地优势资源，发挥团结一致、艰苦奋斗的精神，走出了西盟扶贫自己的道路，并取得了巨大成效。我们将西盟的扶贫经验总结为：党建引领，规划先行，组织为基，群众参与。

第一节　四位一体：西盟脱贫经验

西盟县的扶贫将能动员的资源都动员起来，能动员的人都动员起来，资源和人是西盟脱贫的核心要素。西盟有资源但却未能有效利用，西盟有人但却需要进行能力培养，让其具有开发利用资源的能力。西盟的脱贫就是将这两者进行有效结合，并进行优化配置、有效利用，这就需要有领头人主心骨，需要全县一盘棋来统一部署实现资源的最优利用，更需要以组织为依托来进行政策的实施、群众的动员，并将群众的参与和能动性的发挥放在重要位置。

一、党建引领

在扶贫脱贫工作中，习近平总书记曾强调指出："消除贫困、改善民生、实现共同富裕，是社会主义的本质要求。"[①] "做好扶贫开发工作，基层是基础。要把扶贫开发同基层组织建设有机结合起来，抓好以村党组织为核心的村级组织配套建设，鼓励和选派思想好、作风正、能力强、愿意为群众服务的优秀年轻干部、退伍军人、高校毕业生到贫困村工作，真正把基层党组织建设成带领群众脱贫致富的坚强战斗堡垒。"[②] 习近平总书记特别强调党组织特别是基层党组织在脱贫攻坚中的重要作用。开展基层党建不仅能够把握政治方向，有效地将中央政策落到实处，落实到千千万万的贫困户身上，而且还能引领广大人民群众实现思维上的变革，引领广大贫困户致富，更好地服务基层群众，密切联系广大人民群众。因此党建工作是脱贫攻坚中不可或缺的重要一环。西盟县委县政府在脱贫攻坚中，强化党建引领，打造西盟特色的扶贫攻坚新模式。

（一）旗帜引领、强化脱贫攻坚使命担当

制订下发了《关于切实加强党的基层组织建设全力推进脱贫攻坚工作的实施方案》，提出"发挥基层党组织领导核心作用、选优配

[①] 《把群众安危冷暖时刻放在心上把党和政府温暖送到千家万户》，《人民日报》2012年12月31日。

[②] 《谋划好"十三五"时期扶贫开发工作确保农村贫困人口到2020年如期脱贫》，《人民日报》2015年6月20日。

强脱贫攻坚骨干力量、发挥党员脱贫攻坚先锋模范作用、创新抓党建促脱贫攻坚联动机制、强化抓党建促脱贫攻坚保障"5 个方面、20 项具体措施，充分发挥党的政治优势、组织优势和密切联系群众的优势，全面引领和保障精准扶贫、精准脱贫各项工作，确保党建与脱贫攻坚同部署同落实。

强化使命担当。把抓党建促脱贫攻坚工作作为一项重要政治使命，列入各级党组织书记抓基层党建工作责任清单，严格执行"一把手"负责制，以脱贫攻坚成效检验基层党建成效。同时，加强责任考核，把抓党建促脱贫攻坚工作作为各级党组织书记述职评议及领导干部综合考核的重要内容，考核结果与干部任用挂钩，不断强化各级脱贫攻坚使命担当。

压实工作责任。自上而下建立常委包乡（镇）、处级干部包村、部门包组、干部和驻村扶贫工作队员包户的责任机制，由 5 名县委常委和县人大常委会、县政府挂钩联系 7 个乡（镇），36 名县级领导挂包 34 个贫困村，乡镇领导干部和县级 85 个单位（部门）领导联系 371 个村民小组，省市县共计 3689 名干部职工与所有贫困户结成对子，形成了领导干部"一杆秤挂一个砣"、领导干部与贫困户"一对一、一对多、多对一"结对帮扶关系的攻坚格局。通过不断强化使命担当，转变考核评价机制，突出精准帮扶，使基层党组织和党员真正感受到巨大温暖和鼓舞，树立了"既有责任又有感情"的担当精神，增强了决战决胜脱贫攻坚的思想自觉、政治自觉和行动自觉。[①]

（二）选好党员干部、凝聚脱贫攻坚中坚力量

1. 选贤任能树立选人用人导向

西盟县树立脱贫攻坚一线选人用人导向，积极推行领导干部人

---

① 西盟县人民政府：《"党建+扶贫"模式助推脱贫攻坚——西盟佤族自治县党建引领促脱贫模式经验》，内部资料，第 1 页。

才"能上能下"的用人机制，"上"是重点在脱贫攻坚一线选拔使用干部，大力提拔重用能力突出、表现突出、有思路有办法的脱贫攻坚一线干部。及时提拔选派 3 名县直部门优秀干部担任乡（镇）政府正职，选拔调整 11 名干部担任乡（镇）副职，配齐配强乡（镇）班子，增强乡（镇）领导班子对脱贫攻坚工作的核心领导力。"下"是重点对脱贫攻坚中工作履职不力的干部给予降职和不予任用，对不胜任现职的干部降职调整，"动真枪""真动枪"，压实干部工作职责。对考核不合格的干部进行免职、岗位调整、降职。免去 1 名试用期干部试用职务，对 3 名乡（镇）政府正职降职调整到其他岗位，对 2 名乡（镇）副职降职调整到其他乡（镇）科员岗位。有力地畅通了干部"能上能下"渠道。加强干部的交流与锻炼。紧扣脱贫攻坚等中心工作，采取"择优下派"、双向交流、基层锻炼、挂职锻炼等方式，为年轻干部成长成才搭建锻炼平台，让干部安心致力于西盟经济社会发展。充实乡（镇）工作力量，为脱贫攻坚工作提供人才保证。同时，把干部选拔任用与脱贫攻坚、社会治安、产业发展等工作有机结合，充实乡镇工作力量。选派相关干部到上海黄浦区、到普洱市级部门挂职。通过挂职锻炼，提高干部自身综合素质，增强主观能动性，开阔视野，为干部培养工作做好基础。

2. 扶贫工作队伍的精锐选派与培养

习近平总书记强调，"选派扶贫工作队是加强基层扶贫工作的有效组织措施，要做到每个贫困村都有驻村工作队，每个贫困户都有帮扶责任人。工作队和驻村干部要一心扑在扶贫开发工作上，有效发挥作用"①。西盟县按照"中央统筹、省负总责、市县抓落实"的工作机制，构建扶贫铁军，以党建促脱贫。

———————————

① 《习近平在部分省区市党委主要负责同志座谈会上强调 谋划好"十三五"时期扶贫开发工作 确保农村贫困人口到 2020 年如期脱贫》，《人民日报》2015 年 6 月 20 日。

　　有力整合扶贫工作队与驻村第一书记，落实五级书记抓扶贫工作责任。选派实职副科级以上优秀干部到贫困村担任第一书记、驻村扶贫工作队队长、驻村工作队员驻村帮扶，全覆盖联系所有建档立卡贫困户和非建档立卡户。做到"尽锐出战"，无死角覆盖，强化责任担当和精准帮扶。增强了大家决战脱贫攻坚的思想自觉、政治自觉和行动自觉。

　　利益联结，坐实责任。扶贫队伍组建了，如何使扶贫队伍由"大"变"强"，西盟县根据上级的要求，根据自身实际情况，出台党建扶贫新举措，明确驻村第一书记身份，具体化驻村工作队员与派出单位的责任，不脱贫不脱钩、脱了贫也不脱钩的考核机制，使跨行业、跨地区、跨城乡的扶贫队伍的合力大增，责任大增。[①]

　　加大培训力度，破解干部队伍人才瓶颈制约。2014年以来，开展党政人才、劳动力转移就业、农村人才实用技术培训，推动智力扶贫与产业扶贫、项目扶贫等有机融合、协同推进。通过考试招录、公开招聘、订单定向招聘、"三支一扶"、紧缺人才引进等方式引进人才，有效促进人才智力资源向贫困地区聚集，着力打造了一支"懂扶贫、会扶贫、素质高、作风硬"的扶贫干部队伍。通过这一系列措施，加强人才培养，实现了党政人才在一线汇集，充分发挥了党政人才在精准扶贫中的先锋模范和骨干带头作用；实现了产业技术人才在一线流动，从省、市、县农业科技、林业等部门精心遴选专家人才，采取"专题培训+现场指导"等方式开展种植养殖业实用技术培训，引导群众依靠科技发展壮大；实现了乡土人才在一线培养，由县、乡两级提供培训和帮扶，通过以会代训、田间课堂、跟踪培养等模式，发展壮大乡土人才队伍。引导和鼓励乡土人才结合实际发展特色产业，示范和带动身边群众发展特色优势产业。

---

① 孙兆霞：《以党建促脱贫：一项政治社会学视角的中国减贫经验研究》，《中国农业大学学报（社会科学版）》2017年第5期。

（三）创新学习机制、不断提升党员素质和领导能力

总体上讲，我国农村基层党组织的沟通比较少，相互之间学习交流少，效率低，对上级的政策精神掌握的不一致，没有效率。基层党组织在融合与创新的有效性上表现不足，因此要充分发挥基层党组织的领导作用，强化学习，提升素质。西盟县委县政府着力学习机制上的创新，以提升党员干部的思想素质、文化素质与生活品质。

1. 创建县级领导干部的学习与考核制度

建立"每天半小时"学习制度，县处级领导干部和各部门"一把手"带头学习，重点学习习近平新时代中国特色社会主义思想和习近平总书记关于扶贫工作的重要论述。建立经常性教育培训学习制度，定期举办专题教育培训班，不断提升领导干部工作能力水平。建立政策知识考试学习制度，对领导干部进行编号管理，通过视频调度会、随机抽查、定期测试等方式，全面检测领导干部学习掌握脱贫攻坚政策知识情况。

2. 构建基层党员干部多元化的学习形式

根据各乡镇村组不同的实际情况，针对不同对象和要求，开展多样化的学习形式。在学习形式上，有宣讲、党校培训、专题培训班、干部外出调训、夜校访谈、冬春训培训等形式，提升学习效果。如积极参与普洱市委组织部"百名讲师团"，先后有12名西盟县成员参与；开展"万名党员进党校"集中培训；开展"千堂党课进基层"宣讲活动等。

3. 创新村组干部夜校学习机制

实施"干部夜校"集中学习，结合脱贫攻坚知识、行业特点进行全员培训学习。开展"乡村夜校"宣传教学工作，统筹县、乡（镇）、挂包单位领导、专业技术人员等担任讲师，指导村组开展教学，惠及农村党员、村组干部、贫困户、致富带头人等。

4. 建立有序的多层次培训体系

开展党组织书记培训，贫困村党组织书记培训，边疆民族地区、革命老区、贫困地区农村党组织书记培训，农村党员冬春训培训，村民小组干部全员集中轮训等。把学习贯彻习近平新时代中国特色社会主义思想和党的十九大精神作为干部教育培训的重心。聚焦"再唱新歌颂党恩"这一主线，依托拉勐纪念园、革命烈士陵园、农村"小文艺队"、小广场、小喇叭等载体，开展以"心向党、感党恩、跟党走"为主题的感恩教育主题活动。组织开展农村党员冬春训培训和"云岭先锋"夜校访谈节目集中学习。

5. 形成上下联动互助互学局面

县处级党员领导干部带头在"党组织关系所在党支部""挂钩联系点"讲党课；各级党员领导干部深入基层，面向机关党员、农村党员及驻村工作队党员开授"脱贫攻坚"情景党课、学习十九大专题党课等、从严从实落实"三会一课""支部主题党日"制度，切实推动组织生活严肃、规范、经常开展。整合培训资源，建立党员教育实训基地，整合培训师资，组织开展澳洲坚果栽培、橡胶栽培等农村实用技术培训，并制作音视频课件开展培训，将有限的培训资源利用最大化。

通过学习机制创新，西盟基层党建制度成为实现脱贫的关键，有效地提高了广大党员干部的思想素质、文化素质，加强了联系，统一了认识，使西盟广大群众得到最大的实惠，树立以人为本、以群众为本的观念，服务于群众，加速西盟的精准脱贫工作，实现乡村振兴，走向富裕。

二、规划先行

西盟县结合实际，提出了健全"九大体系"、打好"九大攻坚战"、实现"十大提升"、抓实"十项举措"的总体脱贫部署和"制度建设是保障、安居扶贫是基础、交通扶贫是前提、产业扶贫是核心、素质扶贫是根本、治理扶贫是关键、医疗教育是重点"的具体思路，努力建设中国特色社会主义脱贫示范区。①

第一，建立脱贫攻坚责任体系。成立县级总指挥部、乡（镇）指挥部、村级指挥部及村民小组指挥部。村级指挥长由县处级领导担任，村民小组指挥长由单位（部门）主要负责人担任，做到了"尽锐出战、精准派人"，形成了横向到边、纵向到底和上下联动、条块结合的作战指挥体系。

第二，建立脱贫攻坚政策体系。出台《关于举全县之力打赢脱贫攻坚战的实施意见》等文件，形成了"1+N"的脱贫攻坚政策体系，涉及产业扶贫、就业扶贫、安居扶贫、教育扶贫、健康扶贫等，打好脱贫攻坚政策"组合拳"，很多"老大难"问题都有了针对性措施。

第三，建立脱贫攻坚工作体系。以"户户清"和"项目库"为抓手，做到贫困对象家底、致贫原因、帮扶措施、投入产出、帮扶责任、脱贫时序"六清"，实现建档立卡贫困户产业发展、串户路建设和人居环境整治、技能培训等公共服务全覆盖，解决了"扶不到点上"的问题。

第四，建立脱贫攻坚投入体系。2016年至2019年底，先后累计投入各类扶贫资金49.76亿元。累计发放支农、扶贫再贷款4.4025亿元，发放金融精准扶贫贷款3.5033亿元；发放扶贫小额贷款0.99亿元；整合财政涉农资金8.21亿元。

第五，建立脱贫攻坚帮扶体系。选派34名实职副科级以上优秀干部到贫困村担任第一书记、驻村扶贫工作队队长，125名驻村工作队员驻村帮扶，102个省市县单位（部门）和7个乡（镇）3689名

① 中共西盟县委、西盟县人民政府：《努力建设中国特色社会主义脱贫示范区率先在"直过民族"地区实现脱贫摘帽——西盟县脱贫攻坚工作情况材料》，内部资料，第3页。

干部结对帮扶所有建档立卡贫困户和联系所有非建档立卡户。村民小组"脱贫工作委员会"全过程参与脱贫攻坚工作。

第六，建立脱贫攻坚动员体系。上海市杨浦区和黄浦区先后对口帮扶西盟县，截至 2019 年底，先后累计投入各类帮扶资金达 18343.6783 万元。定点帮扶成效明显，中旅集团、省农业农村厅等定点帮扶单位先后累计投入各类帮扶资金达 14737.6671 万元。

第七，建立脱贫攻坚督查体系。把全面从严治党要求贯穿脱贫攻坚全过程各环节，组建脱贫攻坚督查组，督查范围覆盖全县所有贫困村、贫困户，督促解决各类问题 5000 余个。建立问题台账，点对点反馈给有关乡（镇）或县级部门主要负责同志，实行限期整改、销号管理，督查成为抓落实的一把"利剑"。

第八，建立脱贫攻坚宣传体系。在"脱贫工作委员会"中设置 362 名宣传委员；组建 70 支政策宣传队和江三木洛、白鹇鸟等宣讲团，先后赴贫困村组开展"脱贫攻坚政策宣传"文艺演出和宣讲 5000 余场次；举办"乡村夜校"讲座宣传政策 600 余场，创新开展"村干部上讲台讲政策"活动，村党组织书记、主任上电视"双语"解读脱贫攻坚政策。

第九，建立脱贫攻坚学习体系。建立经常性教育培训学习制度，定期举办专题培训班，不断提升领导干部工作能力水平。建立政策知识考试学习制度，对领导干部进行编号管理，通过视频调度会、随机抽查、定期测试等方式，全面检测领导干部学习掌握脱贫攻坚政策知识情况。

除大的规划外，西盟县所有扶贫举措，小到一个产业的推进，都是经过调研、论证、讨论后进行规划部署，在全局一盘棋中推进。比如对每一个产业的发展、每一个产业项目的实施，都有一个明确的规划，不仅包括相关各方责任，还包括具体的推进时间点等。比如每年一个主任务的确定，不仅让整体扶贫工作有步骤地推进，也能让每年的扶贫工作围绕一个核心任务来推进，从而让整体扶贫工作以及扶贫干部有方向、有重点地推进工作，做到"心中有数，脚下不闲"。2020 年就被定为"技术培训年"，为了稳固脱贫成果，迎接下一步的乡村振兴，群众整体素质尤其是技术水平的提升成为关键，所以2020 年在其他工作稳步推进的同时，将农民的技术培训作为主工作推进。再比如，在扶贫工作推进到了一定程度，在 2018 年时，县里就已经开始规划接下来三年的行动规划，出台了一系列的脱贫攻坚巩固三年行动计划，针对每个方面都进行了具体规划。

三、组织为基

无论是在安居工程的实施中还是在扶贫产业的发展中，以及农民的技术培训、农民内生动力的激发中，组织建设都起到了核心作用。这里的组织建设不仅包括党组织建设，还包括村级组织建设、农民自组织建设以及村集体经济组织等的建设。

（一）提升基层党组织能力

严格村干部任职资格审查工作，紧扣"整县提升、整乡推荐、百村示范、千组晋位"目标，以问题为导向，以党支部标准化、规范化建设为重点，以创建基层党建示范点为突破，通过制订整改方案、选派第一书记、调整班子、销号管理等方式，整顿软弱涣散基层党组织。据统计西盟县每年整顿的软弱涣散基层党组织不少于党组织总数的 10%。结合"村霸"及庸懒滑贪"四类村官"整治工作，定期对贫困村党组织负责人进行分析研判。调整撤换村党组织书记多名，将不适应脱贫攻坚形式和不适宜继续任职的村干部调整出领导班子，有效提升基层党组织组织力。同时，积极开展村组干部轮训工作，完成村组干部全员集中轮训。

建强一线村组队伍。结合村"两委"换届，将退伍军人、大中专毕业生、创业致富带头人等人才选进 36 个村"两委"班子，村干部队伍结构不断优化。将大中专毕业生、"村民小组脱贫工作委员会"委员等 179 名优秀党员人才纳入 7 个乡镇"青年人才党支部"进行培养，实现每个村均有 2 名以上后备干部，为村党组织书记带头人队伍提供后备人才保障。同时，在保持现有村民小组设置格局的前提下，积极探索在村民小组中成立"村民小组脱贫工作委员会"，村"两委"和"村民小组"党支部组织召开村民大会，推荐选举产生生产、生活、宣传、治安等委员，委员采取建档立卡贫困户与卡外户交叉组合的方式，每人联系 10—20 户农户，为解决村"两委"、村民小组人手少、事务多、工作开展困难等问题找到了途径。通过配强配齐基层工作队伍，真正让群众满意、为党旗增辉，使基层党组织真正实现了"能说话、说了算、会干事、能干事"。

（二）提升村级组织能力

第一，帮助村集体积累"家底"。各级挂包帮单位指导村集体以盘活农村"三资"（资金、资产、资源）为途径，以农村"三权"（所有权、承包权、经营权）中的经营权为抓手，推行"异地联建"强村带动弱村，推进村级集体经济发展壮大。指导村集体设置公益性岗位，吸纳贫困户通过完成公益性岗位任务获得资产收益分红，激发群众内生动力，实现劳动脱贫，杜绝"政策养懒汉"。坚持"富民"与"强村"相结合、"造血"与"输血"相结合，以集体经济薄弱村为重点，逐村制订项目发展计划，明确发展路子，通过成立专业合作社、整合闲置资产等方式，强力推进村级集体经济发展壮大。同时，推行"异地联建"股份合作经济，依托集体经济发展较为迅速的强村，把集体经济"空壳"村的项目资金以入股的方式参与到集体经济强村的产业建设中，通过保底分红，增加集体收入，有效实现了"强村带弱村"。2019 年，全县 36 个村共开展村集体经济项目 129 个，集体经济年实际收入均已达到 3 万元以上，其中年收入达 5 万元以上的村 24 个，占总数的 66.66%。

第二，帮助村集体建好硬件设施。按照"应建尽建，有效覆盖"的原则，准确确定建设数量，合理规划建设项目，充分考虑功能覆盖。2014年以来，投入资金5667万元，新建、修缮活动场所共221个，其中：新建村级活动场所27个，村民小组活动场所123个；修缮村级活动场所6个，村民小组活动场所65个。目前，全县共建有村级活动场所36个、村民小组活动场所321个，其中：有党员10人以上的村民小组15个、人口200人以上的有97个，两项均包含的有61个。实现所有行政村有公共服务和活动场所，党员10人以上或200人以上的村民小组100%有可供使用的活动场所。坚持"谁使用谁管理、谁受益谁负责"的原则，紧扣阵地作用充分发挥、场所管理规范到位目标，以活动场所为平台，抓好党员活动、村民议事、便民服务、教育培训、文化娱乐等功能，重点解决"重建设、轻管理，有阵地、无活动"的问题。对36个村级活动室321个村民小组活动场所进行排查并进行整治。

（三）帮助组建村民自组织

指导组建"村民小组脱贫工作委员会"，使得村"两委"延伸了"组织"。通过脱委会，发挥参与民主自治、经济建设、脱贫攻坚方面的带头作用，带动群众参与基层事务的积极性、主动性。通过村民小组脱贫工作委员会的创建，联系每一位群众，实现群众"联起来"的目标；由"村民小组脱贫工作委员会"具体实施《村规民约》，以奖惩进行激励约束，实现让群众"动起来"；通过对"村民小组脱贫工作委员会"赋权，对公益岗位履职情况进行评定，实现让群众"干起来"；以"村民小组脱贫工作委员会"中的党员委员或先进分子为纽带，开展"一帮一带"活动，实现把群众"带起来"；通过"村民小组脱贫工作委员会"组织村民参加实用技术培训和劳动力转移就业培训，实现群众增收，让群众"强起来""富起来"。

"求木之长必固其根本，欲流之远必浚其泉源"。贫困群众既是脱贫攻坚的对象，又是脱贫攻坚的力量，更是脱贫致富的主体。西盟县按照"扶贫先扶志、扶贫必扶智"的工作思路，以延伸党组织抓手，把农村党建和"三农"工作牢抓在手、以"三治结合"抓好乡村社会治理工作，以加强村组干部队伍力量、培养村组干部后备人才为突破口，以"村民小组脱贫工作委员会"为载体，创新新形势下抓党建和群众工作方法方式，通过"六强化六起来"工作做法，让所有农户都与脱贫攻坚工作紧密联系起来，让贫困户通过自己勤劳奋斗实现脱贫，切实把党的基层组织优势变成扶贫优势、扶贫对象转化为扶贫力量，走出一条脱贫攻坚与基层党建、乡村治理有效融合和贫困群众精神与物质"双脱贫""双摘帽"的新路子。

四、群众参与

西盟的扶贫中，群众的高参与是其特点，也是其能实现脱贫的重要因素。而群众的参与则是通过组织来实现，比如对扶贫产业的参与主要通过村集体经济组织、村委以及脱贫工作委员会来实现，对技术培训的参与主要通过村组两级组织以及脱贫工作委员会来实现，而对村庄建设、精神面貌的改造等的参与则主要是通过脱贫工作委员会来实现。除了参与的普遍性外，群众内生动力强是西盟扶贫中群众参与的另一重要特征，其主要是通过村民的自组织建设来实现的，即"村民小组脱贫工作委员会"。西盟农民的自组织建设构成了西盟扶贫工作中的一大亮点，不仅促进了西盟扶贫成果的巩固，也为西盟接下来的乡村振兴提供了持续性动力。

哈肯认为："如果一个系统在获得空间的、时间的或功能的结构过程中没有外界的特定干涉，我们便说该体系是自组织的。这里'特定'一词是指，那种结构或功能并非外界强加给体系的，而且外界实际是以非特定方式作用于系统的。"① 从这个界定中，我们可以了解自组织是由组织成员自身组织的以实现从无序到有序，从较低层次的有序向较高层次的有序演化。与"自组织"相对应的"他组织"，其组织获得的空间、时间或功能结构受到了外界的干涉，被动地实现从无序到有序，组织成员是在外力的作用下实现的组织化。比较"自组织"与"他组织"的概念，我们可以发现，自组织表现出其强烈的主动性，被认为是复杂系统或事物的一种进化机制或能力。正如保罗·西利亚斯认为的那样，"自组织是复杂系统的一种能力，它使得系统可以自发地、适应性地发展或改变其内部结构，以更好地应付或处理它们的环境。"② 相较于"他组织"，"自组织"由于其主动性，使其具有更强的环境适宜能力和环境驾驭能力，能够根据环境的变化而作出自我调整。"自组织"也被众多学者所推崇。

脱贫工作委员会通过强化组织引领，把群众联起来；通过强化激励约束，让群众动起来；通过强化岗位设置，让群众干起来；通过强化党员帮带，把群众带起来；通过强化素质提升，让群众强起来；通过强化产业带动，让群众富起来。充分调动了群众的积极性，激发了群众的内生动力，不仅实现了群众的"自我管理、自我教育、自我服务"，还激发了群众对产业发展、技术培训、脱贫致富的热情和信心。

第二节 总结与反思：西盟脱贫成效与理论思考

党的十八大以来，以习近平同志为核心的党中央把扶贫开发工作

---

① ［德］H. 哈肯：《协同学》，戴鸣钟译，上海科学普及出版社 1988 年版，第 29 页。
② ［南非］保罗·西利亚斯：《复杂性与后现代主义——理解复杂系统》，曾国屏译，上海世纪出版集团 2006 年版，第 125 页。

纳入"四个全面"战略布局，摆到治国理政的重要位置，开展精准扶贫、精准脱贫。党的十九大作出了让贫困人口和贫困地区同全国一道进入全面小康社会的庄严承诺，我国脱贫攻坚取得了举世瞩目的成就。我国成为世界上减贫人口最多的国家，也是世界上率先完成联合国千年发展目标的国家，充分彰显了中国共产党领导的政治优势和中国特色社会主义的制度优势。

一、西盟扶贫成效总结

西盟县作为国家级的贫困县，为坚决兑现"绝不让一个少数民族、一个地区掉队"的庄严承诺，坚持以习近平新时代中国特色社会主义思想为指导，全面贯彻落实习近平总书记关于扶贫工作的重要论述与指示。在西盟县委、县政府的精心领导下，通过全县人民的共同努力，率先在"直过民族"地区实现脱贫摘帽，实现农业发展水平提高、农村发展水平提升、农民生活水平显著改善、乡风文明建设获得发展等，西盟扶贫成效显著。

一是贫困人口退出贫困成效显著。按照云南省普洱市的相关工作部署，西盟县严格按照贫困人口动态调整管理，2014 年至 2019 年累计脱贫 9067 户 31160 人，未脱贫人口 163 户 342 人。其中 2014 年脱贫 830 户 3040 人；2015 年脱贫 1160 户 4278 人；2016 年脱贫 841 户 3069 人；2017 年脱贫 1578 户 5473 人；2018 年脱贫 4366 户 14540 人；2019 年脱贫 292 户 760 人。综合贫困发生率降至 0.47%。在贫困村的退出过程中，2016 年脱贫出列 9 个贫困村；2017 年脱贫出列 1 个贫困村；2018 年脱贫出列 24 个贫困村。贫困人口、贫困村退出成效显著。

二是农业发展水平提高。西盟坚持"生态立县、绿色发展"，种植业结构实现了由以粮食作物为主到与经济作物、饲料作物全面发展的转变过程，全县经济作物播种面积占总播种面积比重从 2014 年的

21.5%提升到2019年的36.46%。农林牧渔业的增加值从2014年的2.76亿元增加到2019年的4.38亿元，占GDP比重分别是2014年的21.2%、2019年的18.8%。同时大力发展以咖啡、西盟米荞、冬季农业等特色产业，西盟种植产业扶贫效益初现，发展空间巨大。

三是农村发展水平提升。农村居民居住环境、基础设施、文化教育等大幅度改善。通过安居工程建设，全县C、D级危房基本消除，已退出贫困户100%搬进安全稳固住房。农村道路、交通、电力、通信等基础设施建设得到极大发展，全县公路总里程达2443公里，行政村到乡镇、县城100%实现硬化道路。在2014—2018年共实施"组组通硬化"公路316条899公里、桥梁14座。西盟用4年时间完成了之前未曾实现的交通跨越式发展。建立完善农村义务教育经费保障机制，构建了从幼儿园到高校全方位的教育资助关爱体系，率先在全市实施"两免一补"政策，控辍保学效果明显。

四是农民生活水平显著改善。实施精准扶贫措施以来，西盟县农民收入总体上呈现持续较快增长态势，农村居民生活水平整体上实现了由温饱向小康型的跨越。2019年建档立卡户人均纯收入达到10546元；2019年全县农村居民人均食品消费支出4196.9元；农村居民人均居住面积24.8平方米。随着收入的持续稳定增长，诸如汽车、摩托车等高档消费品也逐步进入农村居民家庭，据统计每百户农村居民家庭拥有汽车6辆、摩托车125辆。西盟农村居民生活质量显著提高，脱贫攻坚成果显著。

五是党的基层组织得到充实。西盟县坚持把脱贫攻坚与党的基层组织建设有机衔接，基层党组织建设获得大力发展。从"量"上推进发展，目前全县共有550个基层党组织，比2014年增长20.61%；截至2019年7月统计，全县党员5000人，比2014年增长7.94%。无论是从基层党组织数量，还是基层党员人数上都得到了"量"的发展。从"质"上促进提升，第一是组织干部培训，建立经常性教育培训学习制度，学习贯彻中央、省委、市委、县委脱贫攻坚政策，举办帮扶干部、村干部、第一书记、驻村工作队员、"村民小组脱贫工作委员会"专题培训班 23 期，不断提升干部队伍服务脱贫攻坚能力。第二是创新开展"村干部上讲台讲政策"活动，14 名村党组织书记、主任上电视解读脱贫攻坚惠民政策。组织开展脱贫攻坚工作评先评优活动，108 名同志先后被评为"光荣脱贫户""致富带头人""优秀扶贫工作者"，3 名同志荣获全省脱贫攻坚奖。第三是开展基层党组织创新争优活动，先后被评为省级"百强支部" 1 个、"百佳书记" 1 名，市级"百强支部" 7 个、"百优党员" 7 名、"百佳书记" 7 名。村集体经济得到充实，通过开展村集体经济项目，集体经济空壳村全部消除，所有行政村集体经济收入均达 3 万元以上。其中，村集体经济收入达 5 万元以上的村 24 个，占总数的 66.66%。创建与发展"村民小组脱贫工作委员会"，委员全过程参与发动群众参与脱贫攻坚，被国务院扶贫开发领导小组授予"全国脱贫攻坚奖——组织创新奖"，基层党组织组织力全面提升。

六是情感联结，民族团结根基进一步巩固。作为少数民族边境县，在脱贫攻坚过程中，切实推进全国民族团结进步示范县建设工作。各级党员干部走村串户，始终把群众满意不满意、高兴不高兴、答应不答应作为衡量脱贫攻坚工作的出发点和落脚点。带着深厚的感情去做帮扶工作，与群众心贴心、面对面、同坐一条凳子、同吃一桌饭菜，思想感情上和贫困群众融为一体，带着感情实实在在为贫困群众办实事、解难题，干部群众成了一家人。在此过程中，涌现了很多的先进典型人物，如：群众的贴心人"王老吉"王位、在国门一线奉献青春的脱贫好书记艾刀来、不朽的丰碑李有轻、王雅村的"博士鸡"白冰、永业村的"家长"赵明友、用双脚丈量民情的刘岩来、巾帼不让须眉的艾欣、"憨书记"岩东、打空心砖的"实心人"岩方等一批优秀脱贫攻坚战士，他们潜心为民分忧解难，以自身"辛苦指数"换取群众"幸福指数"，进一步融洽了干群关系，赢得了群众的信任和支持，使干部与人民群众的感情更加深厚、联系更加紧密，跟党走的信心和决心更加坚定。同时西盟提出了"869"民族团结创建工作思路,先后成功创建省级示范乡(镇)2个、市级示范单位34个、县级示范单位22个,探索出"创建+N"各民族共同团结奋斗、共同繁荣发展的"西盟经验",呈现出民族团结和睦、社会和谐稳定的良好态势。

七是生态文明建设持续向好。在扶贫、脱贫过程中,生态文明创建工作进一步深化,生态文明制度体系日趋健全,生态文明理念深入人心,生态发展、绿色发展正在成为西盟经济发展的主旋律。2019年绿色GDP绝对值超过生产总值,绿色GDP 24.66亿元,通过发展绿色生态产业实现增收,推动三产融合和产业升级。全县森林覆盖率达70.13%,空气质量连续为优,完成生物多样性和生态系统服务价值评估工作,成为全国生态系统和生物多样性经济学研究示范基地之一。

八是乡风文明程度显著提高。坚持把社会主义核心价值观融入西盟民族文化中,制定了《西盟公约》,敬畏自然、爱护环境、公平正义、和谐相处,平静宽容、快乐生活的理念深入群众生活方方面面。西盟各个村寨订立《村规民约》,"村民小组脱贫工作委员会"定期检查评比群众家庭卫生,直过民族原先的"不爱洗澡""不爱洗衣""不爱洗被"等生活陋习得到全面扭转,村容寨貌获得彻底改观,农村居民因不健康的生活习惯、卫生习惯、封建迷信引发的重大病情大幅减少。在文明村寨创建工作中,中课镇窝笼村荣获"全国第五届文明村镇"称号。

二、西盟脱贫理论反思

综观西盟脱贫攻坚及发展过程,西盟发展的最大困境在于当地群众的素质低,与西盟快速发展的强烈需求和现实不匹配。西盟虽脱贫出列,但是当地群众受教育程度低,文化水平不高,文盲与半文盲比重大；生产技能偏低，劳动者生产素质不高，贫困群众自我发展动力和发展能力有待增强；贫困群众思想观念落后，原始的均平观念、不科学的消费观念与心理、等靠要的封闭思想还比较流行。群众素质提升、思想教育、观念改变还需持续用力，致富带头人培训培养工作任务繁重，主动追求美好生活的积极性未被充分激发。西盟脱贫出列前，这些问题交织演绎，构建了西盟的素质型贫困；西盟脱贫出列后，仍然无法回避，且这些问题相互交织，延伸出西盟脱贫攻坚成果巩固与乡村振兴、西盟可持续性发展的其他障碍。西盟乡村治理体系和治理能力有待提升。部分干部的能力水平不能满足和适应脱贫攻坚从消除绝对贫困到解决相对贫困长效机制的需要。有的基层党组织书记年龄偏大、活力不足、办法不多，工作缺乏热情、激情，乡村治理能力不足。脱贫攻坚巩固提升与乡村振兴工作有效衔接方面有待加强。脱贫攻坚巩固提升与乡村振兴工作中，在制度衔接、政策衔接、产业衔接、组织衔接、治理衔接、人才衔接、规划衔接等方面统筹谋划与衔接不够，有待进一步探索实践，总结提炼出好做法、好经验。

素质型贫困的核心点在"素质"，因此破解西盟素质型贫困的关键在于提高西盟人民特别是贫困群众的"素质"。提高西盟人民群众素质的根本途径在于以教育为核心的文化扶贫，经济动力在于以产业发展为中心的产业扶贫，组织动力在于党领导下的群众自我组织的发展。文化扶贫具有双重的持久性，其本身的投入与坚持具有持久性，文化扶贫所产生的效果也具有持久性，即文化教育扶贫效果最持久，但见效却比较漫长。文化教育不仅解决了一代人的贫困问题，而且也为贫困家庭子女走出贫困代际传递恶性链提供了基本条件和保证。如果产业扶贫解决了贫困群众短期的物质性贫穷，那么文化扶贫所解决的是贫困群众长期的精神性贫穷。通过文化教育，贫困人口的文化素质、认识水平得到提升，智力得到开发，人的思想观念就会发生相应改变，对新知识新技能的渴求也更迫切，进一步促进其劳动知识与技能的增长，为产业的升级换代、可持续发展提供足够的人力与智力。

经济发展的好坏与快慢主要取决于人的质量，产业的发展同样取决于人的素质的高低。发展文化教育，实施文化教育扶贫，充分发挥文化教育在提高西盟人民群众文化水平、劳动技能、思想观念等素质上的功能作用，形成西盟发展中的人力资本，促进西盟经济结构转换、产业升级和西盟经济社会持续发展。如此则留给愚昧、落后的思想观念的空间就会越来越小，阻碍西盟脱贫攻坚成果巩固与乡村振兴、可持续性发展的困难也会不断地被克服。

这就是西盟，一座座拔地而起的崭新村庄、一张张人情洋溢的笑脸正在自信地告诉我们，这是一片被唤醒的土地。①

---

① 张孙民主编：《佤山足印》，云南科技出版社 2013 年版，第 17 页。

参 考 文 献

1. 黄承伟：《激发内生脱贫动力的理论与实践》，《广西民族大学学报（哲学社会科学版）》2019 年 1 月。

2. 贺雪峰：《论农村基层组织的结构与功能》，《天津行政学院学报》2010 年第 6 期。

3. 李战宏：《基层党建与精准扶贫如何"同频共振"》，《人民论坛》2019 年 4 月下。

4. 孙兆霞：《以党建促脱贫：一项政治社会学视角的中国减贫经验研究》，《中国农业大学学报（社会科学版）》2017 年 10 月。

5. 刘国利：《为什么要以党建引领扶贫》，《人民论坛》2018 年 11 月中。

6. 朱鹏武：《农村基层党组织：精准扶贫的攻坚堡垒》，《人民论坛》2018 年 7 月上、中。

7. 陶正付等：《"第一书记"助农村党建民生双提升——山东省"第一书记"制度建设实践探析》，《中国特色社会主义研究》2016 年 5 月。

8. 闫海青：《基层党组织的团队特点及其领导力开发》，《领导科学》2019 年 1 月。

9. 徐嘉：《推进"基层党建+社会治理"深度融合》，《人民论坛》2019 年 4 月中。

10. 王同昌：《新时代农村基层党组织振兴研究》，《中州学刊》2019 年 4 月。

11. 张国鹏、李乾、王玉斌：《联结机制、利益分配演变与农民专业合作社发展》，《华南理工大学学报（社会科学版）》2019 年 9 月。

12. 宋爱忠：《"自组织"与"他组织"概念的商榷辨析》，《江汉论坛》2015 年 12 月。

13. 童潇：《城市自生性民间组织：特征呈现及其结社形式——以上海青年自组织为中心的组织社会学透视》，《华东理工大学学报（社会科学版）》2012 年第 3 期。

14. 乌杰：《关于自组（织）涌现哲学》，《系统科学学报》2012 年第 3 期。

15. 杨风禄等：《社会系统的"自组织"与"他组织"辨》，《山东大学学报（哲学社会科学版）》2011 年第 2 期。

16. 何跃等：《社会管理创新的自组织路径研究》，《系统科学学报》2015 年第 1 期。

17. 杨贵华：《自组织与社区共同体的自组织机制》，《东南学术》2007 年第 5 期。

18. 胡占光等：《基层党建与基层治理互动的机理、模式与机制——以浙江省 P 县为例》，《中共天津市委党校学报》2019 年第 1 期。

19. 杜国明等：《精准扶贫区域系统及其运行机制》，《东北农业大学学报（社会科学版）》2017 年第 5 期。

20. 倪永贵：《政府与社会组织合作治理机制创新研究——以温州市为例》，《当代经济管理》2017 年第 5 期。

21. 曾维和等：《社会治理体制创新：主体结构及其运行机制》，《理论探索》2015 年第 5 期。

22. 刘雨亭等：《农村社会组织参与供给农村社区公共服务的长效机制构建》，《农业考古》2017 年第 6 期。

23. 张凤英：《社会组织在社区治理法治化中的功能定位》，《天中学刊》2018 年第 5 期。

24. 谢元：《新时代乡村治理视角下的农村基层组织功能提升》，《河海大学学报（哲学社会科学版）》2018 年 6 月。

25. 徐业坤：《国有企业高管政治晋升研究进展》，《中南财经政法大学学报》2019 年第 4 期。

26. 周黎安：《晋升博弈中政府官员的激励与合作——兼论我国地方保护主义和重复建设问题长期存在的原因》，《经济研究》2004 年第 6 期。

27. 罗明忠：《民族教育之花绽放阿瓦山——改革开放 40 年西盟佤族自治县教育发展纪实》，《佤山》2018 年第 4 期。

28. 王廷勇、李天俊、邹联克：《构建教育精准扶贫的长效机制》，《大理大学学报》2019 年第 11 期。

29. 李士昌、杨云：《要脱贫致富需进行"思想革命"》，《佤山》2018 年第 4 期。

30. 施红：《精准扶贫中国方案与西盟实践》，经济日报出版社 2019 年版。

31. 苏然主编：《唱新歌颂党恩——西盟佤族自治县农村安居工程建设文学作品选》，云南出版集团公司、云南科技出版社 2016 年版。

附　　录

西盟佤族自治县脱贫攻坚巩固提升三年行动 甘蔗产业精准扶贫实施方案 （2018—2020 年）

甘蔗产业是西盟县的一项特色优势农产业，甘蔗产业发展与农民增收密切相关，已成为全县财政增长和蔗区农民增收的重要支柱产业之一。为认真贯彻省委、省政府关于大力打造世界一流"绿色食品牌"精神，切实落实《云南省人民政府办公厅关于加快推进产业扶贫的指导意见》（云政办发〔2017〕139 号）、《云南省特色产业扶贫三年行动计划（2018—2020 年)》（云农计〔2018〕48 号）的有关要求，按照发展产业脱贫一批的相关要求，为进一步做好精准扶贫、精准脱贫工作，到 2020 年同全国、全省、全市同步全面建成小康社会，特制订本行动计划。

一、总体要求

（一）指导思想

深入贯彻落实党的十九大精神，以习近平新时代中国特色社会主义思想为指导，认真落实县委、县政府关于打赢脱贫攻坚战的决策部署，坚持精准扶贫、精准脱贫基本方略，坚持乡村振兴与脱贫攻坚相衔接，把产业扶贫作为稳定脱贫的主要依托和根本措施。坚持党委领导、政府主导、农民主体、部门配合、产业到户的工作机制，深入实施精准识别、精准扶贫，通过实施甘蔗产业发展，为精准扶贫帮困提供强有力的保障，促进农民持续稳定增收，贫困群众稳定脱贫、不返贫。

（二）基本原则

坚持政府引领，市场主导，主体带动，群众参与。坚持高标准高质量，生态有机化绿色化发展。坚持规模化、标准化、组织化、规范化生产。坚持"发展优势、突出特色、相对集中、高产高效"滚动发展。

二、任务目标

（一）总体目标

到 2020 年，甘蔗面积稳定在 4.56 万亩左右。通过发展甘蔗产业带动农户 6000 户左右，其中：建档立卡贫困户 2000 余户有效增收。力争平均单产水平 3 吨左右，总产量达到 13 万吨左右。良种覆盖率提高到 95% 以上。实现农业产值 5400 万元左右。

（二）阶段性目标

2018 年，投资 810.453 万元，发展甘蔗种植 13463 亩，其中：换桩 3770 亩，新植 9692.9 亩。新植地块良种覆盖率达 100%。总面积达 3.29 万亩，预计总产量 8.56 万吨，产值达 3595 万元，辐射带动农户 5263 户（其中：建档立卡贫困户 2419 户）。开展技术培训 2000

人次以上。

2019 年，计划投资 795.9 万元，发展甘蔗种植 12062.1 亩，其中：换桩 1384.1 亩，新植 10678 亩。新植地块良种覆盖率达 100%。预计总面积达 4.36 万亩，预计总产量 12.2 万吨，产值达 5124 万元，辐射带动农户 6000 户左右（其中：建档立卡贫困户 3000 户左右）。开展技术培训 2000 人次以上。

2020 年，计划投资 195.74 万元，发展甘蔗种植 3555.65 亩，其中：换桩 1518.75 亩，新植 2036.9 亩。新植地块良种覆盖率达 100%。预计总面积达 4.56 万亩，预计总产量 13 万吨，产值达 5460 万元，辐射带动农户 6000 户左右（其中：建档立卡贫困户 3000 户左右）。开展技术培训 2000 人次以上。

三、主要工作

（一）蔗区道路建设

确保全县蔗园机耕路通田头地块。建设内容：蔗区道路维护，新植蔗区道路开挖等。实施办法：乡（镇）组织村组对蔗区道路进行维护，大问题报糖厂机械修复；糖厂负责新植蔗区道路开挖；交通部门争取将蔗区必要路段硬化，列入村组道路建设，确保雨季正常行驶。

（二）引种试验基地建设

依托省甘蔗研究所，进行高海拔甘蔗品种试验、推广，建立试验基地 0.06 万亩。建设内容：引进选优、筛选适宜本县高海拔的高产、高糖、高抗优良甘蔗品种。配套实施病虫害综合防治、测土配方施肥、机械深耕深松技术等综合技术措施。实施办法：积极争取项目资金扶持，负责组织实施，涉及乡镇协助。

（三）糖料生产基地建设

在稳定原有的蔗区上，以提高亩产为重点，突破适宜种植空白区，鼓励和引导甘蔗下田、下台地种植，建设糖料生产基地4.56万亩左右。建设内容：新种植面积。新增甘蔗2.2万亩以上。主要推广应用种植优良品种、机械开挖种植沟、地膜覆盖、测土配方施肥、病虫害综合防治等综合技术措施。实施办法：乡镇统筹，各村组结合实际实施，引导经营主体采取"+贫困户"模式或农户资产收益模式经营，各级农业技术部门和企业技术部做好技术服务跟踪。政府给予一定的补助，企业给予一定的物资扶持。

（四）技术培训

不断提高农民的生产技能和综合素质，实现有劳动能力的贫困户至少有一人次参加培训，每户至少有一个农业产业科技应用明白人，使贫困户技能培训全覆盖。累计甘蔗技术培训6000余人次，其中：2018年2000余人次、2019年2000余人次、2020年2000余人次。培训内容：高产栽培技术、地膜覆盖技术、测土配方施肥技术、高效低毒农药和生物防治相结合的病虫害综合防治技术、甘蔗小型机械化深耕深松技术培训等。实施办法：各村组提出培训需求申请，乡镇为实施主体，负责组织实施，对项目进行管理。给予参训农户一定的务工补贴和生活补贴等。

（五）品牌打造工程

确立品牌引领发展理念，加快农产品"三品一标"创建工作，全力打造西盟高原特色农业品牌。建设内容：重点培育打造"龙血树"牌蔗糖产品品牌，鼓励支持开发传统工艺生产有机红糖，实现甘蔗产业全链条升值。实施办法：经营主体具体实施，政府给予引导和扶持。

（六）建立农业风险防范机制

积极发展农业保险，按照政府引导、政策支持、市场运作、农民自愿的原则，建立完善农业保险体系。采取"订单+保险+期货"的模式组织和实施好订单期货价格的保险，缓解农民损失，保障农民收益。2018 年实施甘蔗期货保险 32908 亩，折合白糖 8687.8 吨，投保金额 227.33 万元。2019 年实施甘蔗期货保险 43586 亩，预计投保金额 301.1 万元。2020 年实施甘蔗期货保险 45623 亩，预计投保金额 315.16 万元。预计累计投保金额为 843.59 万元。

四、保障措施

（一）加强组织保障

甘蔗产业由县脱贫攻坚指挥部发展产业工作组负责领导。主要职能：规划甘蔗产业发展，研究制定甘蔗产业发展的政策措施，共同规划蔗区布局，协调砍、运、榨、种、管全面工作，搞好服务和监督管理，依法行政，维护甘蔗生产经营秩序，经常性研究解决甘蔗生产中的突出问题。

本发展甘蔗产业实施方案中涉及的具体行业工作和项目建设，由对口单位（部门）具体负责。

（二）抓好技术落实

各级技术部门全面推广甘蔗综合农艺技术措施。大力推广温水脱毒（组培脱毒）健康种苗，重点应用以"节水抗旱技术"和"冬春植"（种植节令尽可能控制在 11 月初至次年 4 月底前，其中：11 月初至次年 1 月底为最佳时期）为主的高产技术、可降解地膜全膜覆盖技术、以测土配方为主复合施肥技术、高效低毒农药和生物防治相结合的病虫害综合防治技术、甘蔗小型机械化技术（开沟技术及要求。用机械沿等高线开挖种植沟。种植前将腐殖土回填到种植沟中，形成种植沟深30厘米，沟底宽30厘米，沟心距90—110厘米）等，强化技术集成和配套。加强技术培训和指导，实现科技人员直接到户、技术要领直接到人、良种良法直接到田。进一步完善科技成果转化推广机制，扩大辐射带动范围。

（三）创新政策扶持

1. 政府扶持方式。一是项目扶持，在新种植和换桩面积中应用优良品种和机械开挖种植沟的，当季亩产达到3吨及以上的政府每亩给予700元的补助。在老蔗区实施综合技术措施，当季亩产达到3吨及以上的，换桩350元每亩（只计算台面种植面积，不得计算埂子面积）。技术要求：必须是机挖种植，必须是优良品种，必须是全膜覆盖新技术。补助方式：先种后补助，卡内、卡外均给予补助，卡内户将于2019年第一批财政整合涉农资金时下达补助资金，卡外户补助在县级其他资金财力有能力调度时择机下达。二是家庭农场经营面积在200亩（含）以上，种植大户（专业大户）经营面积50亩（含）以上的，给予争取10万元以内的政府贴息补贴贷款。

2. 糖厂扶持生产方式。下田和下台地种植甘蔗的每亩补助公司生产的专用肥料6袋，山坡地种植的每亩补助4袋。按入榨量提取4.5元/吨的奖励基金，用于奖励县（0.4元）、乡（1元）、村（1.1元）、组（2元）抓甘蔗生产的相关人员。

3. 金融部门给予贷款支持方式。符合信贷条件的甘蔗种植贫困户，给予每户5万元以内的贷款申请额度。

（四）强化投资融资

积极引导各部门、各乡镇项目和资金在本实施方案范围内加大实施力度。引导企业加大对"第一车间"的支持力度。引导农户利用土地承包经营权、草原（地）、林地使用权申请抵押贷款。引导各类金融机构增加对甘蔗生产、加工、流通的贷款规模和授信额度。积极落实并加大对制糖企业及新型经营主体的扶持力度。确实加大对甘蔗产业资金投入力度，最大限度发挥资金合力。

（五）建立农业风险防范机制

积极发展农业保险，按照政府引导、政策支持、市场运作、农民自愿的原则，建立完善农业保险体系。采取"订单+保险+期货"的模式组织和实施好订单期货价格的保险，缓解农民损失，保障农民收益。

附录 2

西盟佤族自治县产业扶贫政策目录

1	关于成立西盟县农村电子商务工作领导小组的通知	（西办通〔2015〕64 号）
2	关于印发《西盟县"六个精准"扶贫实施方案》的通知	（西脱贫发〔2016〕2 号）
3	关于印发《西盟县精准扶贫产业扶持政策》的通知	（西脱贫发〔2016〕3 号）
4	关于印发《西盟县精准扶贫精准脱贫特色产业实施方案（2016—2020 年）》的通知	（西扶发〔2016〕13 号）
5	关于成立西盟县光伏扶贫工作领导小组的通知	（西政发〔2016〕44 号）
6	关于印发《西盟县加快推进电子商务发展的实施方案》的通知	（西政办发〔2016〕168 号）
7	关于成立西盟县涉农资金整合工作推进协调组的通知	（西办通〔2017〕6 号）

续表

8	关于调整充实发展产业工作组的通知	（西脱贫指挥部〔2017〕10号）
9	关于《西盟县2017年度财政涉农资金统筹整合使用年终调整方案》备案的报告	（西扶发〔2017〕18号）
10	关于调整充实西盟县扶贫开发领导小组的通知	（西办通〔2017〕23号）
11	关于领取《产业扶贫典型案例汇编》的通知	（西脱贫办便签〔2017〕36号）
12	关于开展西盟县2017年度统筹整合使用财政涉农资金实施产业发展互助资金项目评审的通知	（西脱贫办通〔2017〕43号）
13	关于上报脱贫攻坚产业项目建设计划及相关项目申报材料的通知	（西脱贫办通〔2017〕53号）
14	关于统计上报建档立卡贫困户现有产业发展情况的通知	（西脱贫办通〔2017〕59号）
15	关于上报2018年支撑脱贫出列产业发展方案的通知	（西脱贫发〔2017〕64号）
16	关于印发普洱市农业产业扶贫"百日行动"实施方案的通知	（西政办便笺〔2017〕67号）
17	关于调查统计产业及新型经营主体覆盖农户情况的通知	（西脱贫办通〔2017〕86号）
18	关于西盟县2017年财政涉农资金统筹整合使用调整方案的请示	（西扶办发〔2017〕87号）
19	关于同意西盟县2017年度财政涉农资金统筹整合使用调整方案的批复	（西政复〔2017〕130号）
20	关于印发《2018年西盟县金融扶贫工作实施方案》的通知	（西脱贫发〔2018〕5号）
21	关于印发《西盟县文化精准扶贫实施方案》的通知	（西脱贫发〔2017〕8号）
22	关于印发《西盟县农村集体资产股份权能改革试点方案》的通知	（西农发〔2017〕150号）
23	关于发展产业工作组集中办公的通知	（西脱贫发〔2018〕4号）
24	关于印发西盟县2018年发展生产脱贫一批暨产业建设年实施方案的通知	（西脱贫发〔2018〕6号）

25	关于上报乡（镇）脱贫攻坚产业发展分管领导及工作人员的通知	（西脱贫办通〔2018〕7号）
26	关于上报"一县一业、一村一品"产业工作情况的报告	（西政发〔2018〕8号）
27	关于认真做好西盟县2018年产业项目进度周报工作的通知	（西政办便笺〔2018〕11号）
28	关于印发《西盟县2018年精准扶贫精准脱贫产业发展扶持方案》的通知	（西办通〔2018〕23号）
29	关于进一步构建和完善产业利益联结机制促进贫困群众稳定持续增收脱贫的指导意见	（西脱指发〔2018〕11号）
30	关于下达2018年度统筹整合使用财政涉农资金的通知	（西财农〔2018〕11号）
31	关于印发西盟县2018年开展耕地抛荒专项治理工作全面助力脱贫攻坚的实施方案的通知	（西政办发〔2018〕12号）
32	关于印发西盟县重点产业招大引强工作方案的通知	（西政发〔2018〕13号）
33	关于印发《西盟县主要农产品单产、单价及农用物资价格参考表》的通知	（西统发〔2018〕20号）
34	关于印发《西盟佤族自治县脱贫攻坚巩固提升三年行动茶叶产业精准扶贫实施方案》的通知	（西开组〔2018〕23号）
35	关于印发《西盟佤族自治县脱贫攻坚巩固提升三年行动电子商务精准扶贫实施方案》的通知	（西开组〔2018〕24号）
36	关于印发《西盟佤族自治县脱贫攻坚巩固提升三年行动甘蔗产业精准扶贫实施方案》的通知	（西开组〔2018〕25号）
37	关于印发《西盟佤族自治县脱贫攻坚巩固提升三年行动人才精准扶贫实施方案》的通知	（西开组〔2018〕37号）
38	关于印发《西盟佤族自治县脱贫攻坚巩固提升三年行动生态补偿精准扶贫实施方案》的通知	（西开组〔2018〕39号）

续表

39	关于印发《西盟佤族自治县脱贫攻坚巩固提升三年行动文化旅游精准扶贫实施方案》的通知	（西开组〔2018〕40 号）
40	关于印发《西盟佤族自治县脱贫攻坚巩固提升三年行动橡胶产业精准扶贫实施方案》的通知	（西开组〔2018〕41 号）
41	关于印发《西盟佤族自治县脱贫攻坚巩固提升三年行动中蜂产业精准扶贫实施方案》的通知	（西开组〔2018〕44 号）
42	关于印发《完善村民自治提升农户脱贫攻坚内生动力的指导意见》的通知	（西办通〔2018〕44 号）
43	关于印发《进一步发挥村集体经济带动作用在建档立卡贫困户中实施激励分配机制的指导意见》的通知	（西办通〔2018〕45 号）
44	关于印发《西盟县扶持甘蔗产业发展方案（2018—2019)》的通知	（西政办发〔2018〕47 号）
45	关于印发《西盟县 2018 年肉牛产业青贮玉米收储指导意见》的通知	（西脱贫办通〔2018〕49 号）
46	西盟县人民政府办公室关于加快推进产业项目实施进度的通知	（西政办发〔2018〕52 号）
47	关于转发《云南省产业扶贫领导小组办公室关于进一步加强产业扶贫工作通知》的通知	（西脱贫办通〔2018〕88 号）
48	关于开展 2018 年西盟县产业扶贫工作督查指导工作的通知	（西脱贫办通〔2018〕104 号）
49	关于进一步做好产业扶贫有关工作的通知	（西脱指综协办〔2018〕106 号）
50	关于印发《西盟县推进财政支农资金形成资产股权量化改革实施细则》的通知	（西政办发〔2018〕137 号）
51	关于成立景谷"双百"产业园建设工作领导小组的通知	（西政办发〔2018〕151 号）
52	关于加快推进产业扶贫的实施意见	（西政办发〔2018〕175 号）
53	西盟佤族自治县人民政府办公室关于印发《西盟佤族自治县控辍保学实施方案》的通知	（西政办发〔2017〕51 号）

续表

54	西盟佤族自治县住房和城乡建设局关于农村危房改造工作情况的报告	（西住建发〔2019〕44号）
55	西盟佤族自治县教育体育局关于教育扶贫工作情况的报告	（西教体发〔2019〕29号）
56	关于党建扶贫"双推进"工作情况的报告	中共西盟佤族自治县委组织部 2019年8月25日
57	关于驻村工作队管理及驻村帮扶情况的报告	中共西盟佤族自治县委组织部 2019年8月25日
58	材料汇编：西盟县创新在村民小组中成立"脱贫工作委员会"的探索与实践	西盟佤族自治县 2019年7月
59	从源头上阻断贫困的代际传递——西盟县脱贫攻坚教育精准扶贫新模式	内部资料
60	西盟佤族自治县脱贫攻坚巩固提升三年行动教育精准扶贫实施方案	内部资料
61	中共西盟县委、西盟县人民政府：《努力建设中国特色社会主义脱贫示范区率先在"直过民族"地区实现脱贫摘帽——西盟县脱贫攻坚工作情况材料》	内部资料
62	西盟县人民政府：《共筑安居促脱贫佤山巨变唱新歌——西盟县实施农村安居工程建设典型经验》	内部资料
63	西盟县人民政府：《西盟县"四个全覆盖"闯出扶贫新路》	西盟县脱贫攻坚典型经验汇编
64	西盟县人民政府：《西盟县："双抓双强"激活本土人才》	西盟县脱贫攻坚典型经验汇编

后 记

脱贫攻坚是实现我们党第一个百年奋斗目标的标志性指标，是全面建成小康社会必须完成的硬任务。党的十八大以来，以习近平同志为核心的党中央把脱贫攻坚纳入"五位一体"总体布局和"四个全面"战略布局，摆到治国理政的突出位置，采取一系列具有原创性、独特性的重大举措，组织实施了人类历史上规模空前、力度最大、惠及人口最多的脱贫攻坚战。经过8年持续奋斗，现行标准下9899万农村贫困人口全部脱贫，832个贫困县全部摘帽，12.8万个贫困村全部出列，区域性整体贫困得到解决，完成了消除绝对贫困的艰巨任务，脱贫攻坚目标任务如期完成，困扰中华民族几千年的绝对贫困问题得到历史性解决，取得了令全世界刮目相看的重大胜利。

根据国务院扶贫办的安排，全国扶贫宣传教育中心从中西部22个省（区、市）和新疆生产建设兵团中选择河北省魏县、山西省岢岚县、内蒙古自治区科尔沁左翼后旗、吉林省镇赉县、黑龙江省望奎县、安徽省泗县、江西省石城县、河南省光山县、湖北省丹江口市、湖南省宜章县、广西壮族自治区百色市田阳区、海南省保亭县、重庆市石柱县、四川省仪陇县、四川省丹巴县、贵州省赤水市、贵州省黔西县、云南省西盟佤族自治县、云南省双江拉祜族佤族布朗族傣族自治县、西藏自治区朗县、陕西省镇安县、甘肃省成县、甘肃省平凉市崆峒区、青海省西宁市湟中区、青海省互助土族自治县、宁夏回族自治区隆德县、新疆维吾尔自治区尼勒克县、新疆维吾尔自治区泽普县、新疆生产建设兵团图木舒克市等29个县（市、区、旗），组织中国农业大学、华中科技大学、华中师范大学等高校开展贫困县脱贫摘帽研究，旨在深入总结习近平总书记关于扶贫工作的重要论述在贫困县的实践创新，全面评估脱贫攻坚对县域发展与县域治理产生的综合效应，为巩固拓展脱贫攻坚成果同乡村振兴有效衔接提供决策参考，具有重大的理论和实践意义。

脱贫摘帽不是终点，而是新生活、新奋斗的起点。脱贫攻坚目标任务完成后，"三农"工作重心实现向全面推进乡村振兴的历史性转移。我们要高举习近平新时代中国特色社会主义思想伟大旗帜，紧密团结在以习近平同志为核心的党中央周围，开拓创新，奋发进取，真抓实干，巩固拓展脱贫攻坚成果，全面推进乡村振兴，以优异成绩迎接党的二十大胜利召开。

由于时间仓促，加之编写水平有限，本书难免有不少疏漏之处，敬请广大读者批评指正！

本书编写组

责任编辑：黄煦明
封面设计：姚　菲
版式设计：王欢欢
责任校对：胡　佳

图书在版编目（CIP）数据

西盟:素质型贫困治理/全国扶贫宣传教育中心 组织编写. —北京:人民出版社，
　　2022.9

（新时代中国县域脱贫攻坚案例研究丛书）
ISBN 978－7－01－023233－1

Ⅰ.①西…　Ⅱ.①全…　Ⅲ.①扶贫-研究-西盟佤族自治县　Ⅳ.①F127.744

中国版本图书馆 CIP 数据核字（2021）第 042429 号

西盟:素质型贫困治理
XIMENG SUZHI XING PINKUN ZHILI

全国扶贫宣传教育中心　组织编写

人民出版社 出版发行
（100706　北京市东城区隆福寺街 99 号）

北京盛通印刷股份有限公司印刷　新华书店经销

2022 年 9 月第 1 版　2022 年 9 月北京第 1 次印刷
开本:787 毫米×1092 毫米 1/16　印张:17. 25
字数:228 千字

ISBN 978－7－01－023233－1　定价:51.00 元

邮购地址 100706　北京市东城区隆福寺街 99 号
人民东方图书销售中心　电话 （010）65250042　65289539